Die neue Rolle der Personalräte
bei der Einführung eines „Neuen Steuerungsmodells“

Europäische Hochschulschriften
Publications Universitaires Européennes
European University Studies

Reihe XXXI
Politikwissenschaft

Série XXXI Series XXXI
Sciences politiques
Political Science

Bd./Vol. 338

PETER LANG
Frankfurt am Main · Berlin · Bern · New York · Paris · Wien

Ingo Unkelbach

Die neue Rolle der Personalräte bei der Einführung eines „Neuen Steuerungsmodells“

2., durchgesehene und überarbeitete Auflage

PETER LANG
Europäischer Verlag der Wissenschaften

Die Deutsche Bibliothek - CIP-Einheitsaufnahme

Unkelbach, Ingo:

Die neue Rolle der Personalräte bei der Einführung eines „Neuen Steuerungsmodells" / Ingo Unkelbach. - 2., durchges. u. überarb. Aufl. - Frankfurt am Main ; Berlin ; Bern ; New York ; Paris ; Wien : Lang, 1998
(Europäische Hochschulschriften : Reihe 31, Politikwissenschaft ; Bd. 338)
ISBN 3-631-33715-9

ISSN 4721-3654
ISBN 3-631-33715-9

Vorwort zur 2. Auflage

Nach der freundlichen Aufnahme des Buches in der Leserschaft ist nach fast einem Jahr die zweite Auflage meiner Veröffentlichung notwendig geworden. Dies zeigt die Aktualität und Relevanz der Thematik. Sie gibt auch einen Hinweis auf den großen Kreis von Betroffenen, die nach Antworten auf die anstehenden Fragen der Rollenneudefinition der Personalvertretung suchen. Gerade die Verbesserung des Verhältnisses zwischen Personalrat und Verwaltung trägt m.E. nicht unerheblich zum Erfolg des Konzepts einer „bürgerorientierten Dienstleistungsverwaltung" bei.

Diese überarbeitete Auflage unterscheidet sich von der ersten Auflage durch die Fortschreibung der Modernisierungsprozesse, eine Erweiterung des Anhangs um bedeutsame Dokumente (beispielsweise der Vereinbarung über die Errichtung einer Konzernarbeitnehmervertretung in gemischt privat-öffentlich-rechtlichen Konzernen) und deren Verortung im Modernisierungsprozeß, die Beseitigung fomaler Fehler und die Aktualisierung von zahlreichen Literaturhinweise. Ebenso waren geringe Akzentverschiebungen unvermeidlich, die den neueren Entwicklungen Rechnung tragen.

Speyer, im August 1998

Ingo Unkelbach

Geleitwort

Dieser Veröffentlichung der Diplomarbeit von Herrn Ingo Unkelbach, zum Thema „Modernisierung von Stadtverwaltungen und die neue Rolle der Personalräte bei der partizipativen Einführung eines 'Neuen Steuerungsmodells' unter Berücksichtigung von drei Fallstudien des 'Bergischen Städtedreiecks' Remscheid, Solingen, Wuppertal" wünsche ich eine große Verbreitung und intensive Aufnahme. So spröde sich der Titel anhört, ist die Arbeit nicht. Oder anders: Aufgezählt, wie die Aspekte der Arbeit hier ankommen, werden sie nicht bearbeitet.

Diplomarbeiten sind in der Regel, auch wenn sie eine sehr gute Bewertung erfahren, wie in diesem Fall, für den öffentlichen Diskurs wenig geeignet, weil sie durch die formalen Kriterien einer großen Hausarbeit zum Studienabschluß im wesentlichen bestimmt sind. Ausnahmen bilden empirische Untersuchungsberichte dann, wenn sie auf der Grundlage fundierter Kenntnisse der Materie durchgeführt wurden. Kommt ihnen dann die Aktualität des Themas zugute, wobei die Suche nach Lösungen, also die Darstellung der Übergänge von hergebrachten Verfahren zu neuen Formen wesentlich ist, wird eine Abhandlung auch für einen größeren Kreis interessant.

Ein besonderes Problem stellt sich in der Arbeit von Herrn Unkelbach als besonders diffizil dar. Die bisherigen Beteiligungsformen der Personalräte im Übergang zu einer Modernisierung von Stadtverwaltungen müssen neu definiert und demnach auch anders praktiziert werden. Schon in der Einleitung seiner Arbeit hebt der Autor hervor, daß in drei Fallstudien das Hauptgewicht auf die Darstellung verwaltungsmäßiger Einbindung und Entwicklung der Personalräte gelegt wird. Er skizziert ihre Stellung so: „Gegenüber einem privatrechtlichen Industrieunternehmen müssen für eine Verwaltungsreform zusätzliche Barrieren (...) durchbrochen werden." Und weiter: „Mit der umfassenden Erneuerung der Verwaltung geht auch eine Reform der Aufgabenwahrnehmung aller beteiligten Organe einher." (S. 15 ff.)

Es ist dieser Zusammenhang, der nach meinem Dafürhalten die Veröffentlichung der Arbeit nicht nur rechtfertigt, sondern auch empfehlenswert macht. Der Text ist überzeugend gegliedert, die Sprache verständlich, so daß ich hoffe, diese Erfahrungen in den drei Fallstudien mögen vielen Frauen und Männern als Personalräte in anderen Gebietskörperschaften bei der eigenen Arbeit hilfreich sein.

Duisburg im September 1997

Prof. Dr. Dankwart Danckwerts

Inhaltsverzeichnis

Abbildungs- und Dokumentenverzeichnis

Abkürzungsverzeichnis

ADV	automatisierte Datenverarbeitung
Az.	Aktenzeichen
BAG	Bundesarbeitsgericht
BBesO	Bundesbesoldungsordnung
BDI	Bundesverband der deutschen Industrie
BetrVG	Betriebsverfassungsgesetz
BPersVG	Bundespersonalvertretungsgesetz
BR	Betriebsrat
BremPVG	Bremisches Personalvertretungsgesetz
BV	Bezirksverwaltung (der Gewerkschaft ÖTV)
BVerfG	Bundesverfassungsgericht
BVerwG	Bundesverwaltungsgericht
CDU	Christlich Demokratische Union Deutschlands
DAG	Deutsche Angestellten Gewerkschaft
Dez.	Dezernat
DBB	Deutscher Beamtenbund
DGB	Deutscher Gewerkschaftsbund
Drs.	Drucksache
DST	Deutscher Städtetag
DV	Dienstvereinbarung
EDV	elektronische Datenverarbeitung
EigBetrVO	Eigenbetriebsverordnung
F.D.P.	Freie Demokratische Partei
GdP	Gewerkschaft der Polizei
GEW	Gewerkschaft Erziehung und Wissenschaft
GG	Grundgesetz für die Bundesrepublik Deutschland
GmbH	Gesellschaft mit beschränkter Haftung
GemHVO	Gemeindehaushaltsverordnung
GO NW	Gemeindeordnung Nordrhein-Westfalen
GPR	Gesamtpersonalrat
HBS	Hans-Böckler-Stiftung
HmbPersVG	Hamburger Personalvertretungsgesetz
HPVG	Hessisches Personalvertretungsgesetz
HSK	Haushaltssicherungskonzept
IAT	Institut Arbeit und Technik (Wissenschaftszentrum NRW)
IG	Industriegewerkschaft
IMK	Innerministerielle Kommission
KAV	Kommunale Arbeitgebervereinigung

KGSt	Kommunale Gemeinschaftsstelle für Verwaltungsvereinfachung
KOMBA	Gewerkschaft für den Kommunal- und Landesdienst im DBB
KV	Kreisverwaltung (der Gewerkschaft ÖTV)
KVP	kontinuierlicher Verbesserungsprozeß
LPVG NW	Landespersonalvertretungsgesetz Nordrhein-Westfalen
MBG Sch.-H.	Mitbestimmungsgesetz Schleswig-Holstein
Mbl.	Ministerialblatt
MdL	Mitglied des Landtags
Nds.	Niedersachsen
NRW	Nordrhein-Westfalen
NSM	Neues Steuerungsmodell
ÖTV	Gewerkschaft Öffentliche Dienste, Transport und Verkehr
OStD	Oberstadtdirektor
PPR	Produkt- und Prozeß-Reengineering
PR	Personalrat
RdErl.	Runderlaß
RKW	Rationalisierungskuratorium der deutschen Wirtschaft
RPA	Rechungsprüfungsamt
SächsPersVG	Sächsisches Personalvertretungsgesetz
SKP	Senatskommission für das Personalwesen (Land Bremen)
SPD	Sozialdemokratische Partei Deutschlands
TBS	Technologieberatungsstelle
TQM	Total Quality Management
Verf.	Verfassung
WiDuT	Wissenschaftliche Dokumentations- und Transferstelle für Verwaltungsmodernisierung in den Ländern
WSI	Wirtschafts- und Sozialwissenschaftliches Institut (in der HBS)
WZB	Wissenschaftszentrum Berlin
ZöD	Zukunft durch öffentliche Dienste

Im übrigen wird verwiesen auf

Kirchner, Hildebert [4]1993: Abkürzungsverzeichnis der Rechtssprache. Berlin u. New York.

1 Einleitung

Die öffentliche Verwaltung ist in den letzten Jahren auf allen Ebenen und in allen Bereichen unter einen verstärkten Legitimationsdruck geraten. Dringend notwendige Reformen für den öffentlichen Dienst werden seit dem Beginn der neunziger Jahre vermehrt bundesweit in vielen Bundes-, Landes- und vor allem in den Kommunalverwaltungen diskutiert.

Ausgelöst wurde diese Situation vor allem durch die rapide angewachsene Abgaben- und Staatsquote.[1] Privatwirtschaftliche Unternehmen versuchen sich den neuen Krisenbedingungen seit Mitte der achtziger Jahre anzupassen. In der Industrie wurden Veränderungsprozesse initiiert, die unter den Schlagwörtern „lean management", „lean production", „Kaizen", „Kontinuierlicher Verbesserung-Prozeß", „Total Quality Management" etc. bekannt geworden sind.[2] Mit zeitlicher Verzögerung mußte sich auch der öffentliche Sektor mit den Krisenbedingungen („Teufelskreis der Verschuldungskrise öffentlicher Haushalte") auseinandersetzen.[3] Die belastende Finanzkrise resultiert bei den Städten, Kreisen und Gemeinden vornehmlich aus der Lastenumverteilung im Sozialbereich (vermehrte Sozialhilfeaufwendungen; Asylbewerberaufkommen; Kindergartenprogramm etc.). Seit den achtziger Jahren versuchen die Kommunen mit Spar- und

---

[1] HILL 1995, S. 24. Die Staatsquote lag 1995 bei 50,6 Prozent, die Abgabenquote bei 43,7 Prozent. Sie sollen nach einem Konzept des BDI zur Schaffung neuer Arbeitsplätze auf 45,8 Prozent bzw. 40,7 Prozent bis zum Jahr 2000 gesenkt werden (s. BDI 1996).

[2] Z.B. BÖSENBERG/METZEN [5]1995; CLARK/FUJIMOTO 1990; KARSTEN/FEIGE 1994; LITTLE 1994; MÜLLER 1987; OHNO 1988; WOMACK/JONES/ROOS [6]1992.

[3] ZAVELBERG 1994, S. 1043 ist einer der wenigen Autoren, die sich kritisch mit der Übertragbarkeit von japanischen Managementmethoden auf die öffentliche Verwaltung auseinandersetzen. Er kommt zu dem Schluß, daß das „lean management"-Konzept für die japanische Automobilindustrie ein interessantes Diskussionsthema ist, aber als solches für das Management in der öffentlichen Verwaltung kein Rezept bietet. Vielmehr ist er der Ansicht, daß die öffentliche Verwaltung sich auf eigene bewährte Grundsätze und Instrumente (analytische Personalbedarfsermittlung, Regel- und Anlaßbeurteilung, Personalgespräch, Fortbildung etc.) rückbesinnen sollte.

Konsolidierungsprogrammen sowie mit dem Abbau freiwilliger Aufgaben und Leistungen (zumeist im Kultur- und Sportbereich) dem entgegenzuwirken. Einerseits löste der Rückzug des Staates auf seine Kernaufgaben (Stichworte: „Kahlschlagspolitik" oder „Deregulierungsmaßnahmen") schnell Diskussionen und Proteste bei den Einwohnern und auch bei den Beschäftigten aus. Andererseits wurde durch die „Kahlschlagspolitik" immer mehr das Leistungsangebot der Gemeinden auf reine Pflichtaufgaben und Pflichtaufgaben nach Weisung beschränkt. Um wieder eine Handlungsoption zu bekommen, muß der Staat sich auf wesentliche Aufgaben beschränken. Gemäß eines Beschlußvorschlages der Arbeitsgruppe der Staatskanzleien vom 30.03.1995 ist dies die Steuerung und nicht die Erbringung von Verwaltungsleistungen.[4]

Die Strukturen der Verwaltung haben sich seit 1945 nicht grundlegend geändert. Die zu bearbeitenden Aufgabenbereiche dehnten sich immer mehr aus. Erst in den sechziger und siebziger Jahren beschäftigte man sich mit Reformvorhaben im öffentlichen Sektor (s. a. Aufstellung Fußnote 26). Während dieser Zeit „... kam es in Politik und Verwaltung zu einer drastischen Nachfrage nach wissenschaftlicher Beratung und innerhalb der bundesdeutschen Politikwissenschaft zu der Forderung, sich diesen Anforderungen stärker zu stellen."[5] Neben der Gebiets- und Funktionalreform befaßte man sich insbesondere mit dem Versuch einer Dienstrechtsreform. Diese Reformbemühungen blieben allerdings im Stadium der Debatten

---

[4] Vgl. HILL 1995, S. 24.

[5] STÖBE 1993, S. 128. „Die Politologie darf sich also nicht länger allein mit der Erforschung des 'Wesens der Politik' und mit institutionellen Konstruktionen begnügen. Sie hat darüber hinaus unmittelbare 'praktische Aufgaben' zu erfüllen; sie soll und kann Entscheidungshilfen bieten." (BÖHRET 1970, S. 11). Diese Orientierung war innerhalb der Wissenschaft nie unumstritten. Es wurde und wird von den Vertretern eines politökonomischen Theorieansatzes kritisch beurteilt bzw. grundsätzlich verneint, daß Wissenschaft einen Beitrag zur praktischen Problemlösung beitragen kann und soll (beispielsweise RONGE 1977).

stehen, weil die Grundsätze für die Reform umstritten waren. Bundes- und Landesprogramme zur Straffung der Gesetzgebung erbrachten nur kurzfristige Erfolge. Oftmals entstanden für jedes aufgehobene Gesetz in kürzester Frist viele neue Vorschriften.

Gegenüber einem Reformvorhaben in einem privatwirtschaftlichen Industrieunternehmen müssen für eine Verwaltungsreform zusätzliche Barrieren - beispielsweise das starre Beamtenrecht, die relativ schwierige Kündbarkeit von Beschäftigten[6] und das enorme Beharrungsvermögen - durchbrochen werden. Eine fundamentale Haushaltssanierung bzw. Haushaltskonsolidierung - ausschließlich mittels der Schließung von Einrichtungen sowie die Einsparung von Arbeitsplätzen im Stellenplan - ist spätestens seit dem Ende der achtziger Jahre nicht mehr möglich.

Aufgrund dieser Rahmenbedingungen ist seit Anfang der neunziger Jahre Bewegung hinsichtlich einer Modernisierung der öffentlichen Verwaltung zu spüren. Angelehnt an den Begriff „lean" bzw. „schlank" wurde auch bei der öffentlichen Verwaltung nach neuen Konzepten zur Haushaltskonsolidierung, aber auch zur Effektivierung, Effizienzsteigerung und Kundenorientierung der Verwaltung, gesucht.[7]

Mit der Propagierung des niederländischen Entwurfs einer reformierten Verwaltung („Tilburger Modell") unter dem Titel „Neues Steuerungsmodell"[8] warb die Kommunale Gemeinschaftsstelle für Verwaltungsvereinfachung (KGSt) bei ihren Mitgliedseinrichtungen für eine Neugestaltung der öffentlichen Verwaltung in der Bundesrepublik.

Mit der umfassenden Erneuerung der Verwaltung geht auch eine Reform der Aufgabenwahrnehmung aller beteiligten Organe (Rat, Oberstadtdirek-

---

[6] Vgl. Fußnote 213.

[7] Beispielsweise „schlanke Verwaltung", „schlanker Staat", „lean administration", „lean production" und „lean management".

tor, Personalvertretung) einher. Alle Beteiligten müssen ihre Strukturen den Erfordernissen anpassen. Das bedeutet, daß die Akteure ihre jahrelang gehegten (oftmals antagonistischen) Auffassungen gegeneinander zugunsten des Reformerfolgs aufgeben und zu einem ausgewogenen Miteinander finden sollten.

Während in der Vergangenheit bei Rationalisierungsmaßnahmen der Verwaltung die Mitwirkung der Personalvertretung sich fast ausschließlich auf die Aufstellung von Sozialplänen im Rahmen von Rationalisierungsschutzabkommen reduzierte[9], wird nunmehr nicht zuletzt durch den vollzogenen gesellschaftlichen Wertewandel[10] eine Mitgestaltung gewünscht. Die dadurch implizierte Rollenwandlung der Personalvertretung soll deshalb vor dem Hintergrund der Reform der Kommunen untersucht werden.[11] Dabei wird auch die Frage des neuen Selbstverständnisses der Beteiligten - vor allem der Interessenvertretung als Gegenmacht und/oder Gestaltungskraft (bzw. vom Regulierer zum Moderator) - und die Formen der Auseinandersetzung zwischen dem Dienststellenleiter und dem Personalrat untersucht werden. Eine Strategie- und Verhaltensänderung aller Beteiligten zur Bewältigung der neuen Aufgaben erscheint notwendig bzw. unumgäng-

---

[8] KGSt 1991 u. KGSt 1993.

[9] Vgl. GLAEẞNER/HAENSCH 1977, S. 47.

[10] Siehe z.B. ROSENSTIEL ^{2}1993.

[11] Zum neueren Forschungsstand siehe BUSSE/HEISIG/MIX/MÖNNICH/PRIGGE 1996, S. 2 f.: „Bisher mangelt es in Deutschland vor allem an empirisch belegten Erkenntnissen über die Struktur und Steuerung der Modernisierungsprozesse, die Realisierungsformen und Prozeßverläufe einer Dezentralisierung der Ressourcenverantwortung in den verschiedenen Bereichen des öffentlichen Sektors sowie das Verhalten und die Rolle der beteiligten Akteure. (...) Bei den bisherigen Untersuchungen der Modernisierungsprozesse des öffentlichen Sektors ist auffällig, daß der Kreis der einbezogenen Modernisierungsakteure auf die Politik- und Verwaltungsspitzen sowie - mit erheblichen Einschränkungen - auf die Rolle des Bürgers beschränkt blieb und etwaige Konsequenzen für die Arbeitsbeziehungen und Arbeitsbedingungen weitgehend ausgeblendet wurden. (...) Auch die Rolle der gewerkschaftlichen und personalrätlichen Interessenvertretung im Modernisierungsprozeß wurde kaum beachtet."

lich. Hierbei sollen im Rahmen der Arbeit auch die gesetzlichen Handlungsmöglichkeiten (in bezug auf die Mitbestimmung) sowie die innerbetriebliche Gestaltungsmöglichkeiten (Partizipation) der Personalvertretung kritisch beleuchtet werden.

Im Anschluß daran werden anhand von Fallstudien hinsichtlich der Modernisierungsbemühungen von drei Kommunen des „Bergischen Städtedreiecks“[12] die sich daraus ergebenen Probleme bei der partizipativen Einführung eines „Neuen Steuerungsmodells“ (NSM) untersucht. Mittels dieser drei konkreten Fallskizzen soll, mit Hilfe der Methoden des teiloffenen Leitfadeninterviews und der Quellenauswertung, untersucht werden, inwieweit die Strategie des „Klassenkampfes“[13], sofern sie es je in der Verwaltung gegeben hat, von den Personalvertretungen bzw. den Beschäftigten aufgegeben worden ist. Da der Personalrat sich in einem Netz unterschiedlicher Bindungen und Verhaltenserwartungen die sein Handeln beeinflussen befindet, und das inegalitäre Handlungsfeld zwischen Dienststellenleitung und Personalrat „durch Macht- und Abhängigkeitsverhältnisse geprägt wird“[14], soll der Fokus vor allem auf die Veränderungen und die Formen der Zusammenarbeit der Personalvertretung mit der Verwaltungsführung und den Beschäftigten bei der Modernisierung der Verwaltungsstrukturen gerichtet werden. Begründet ist diese Untersuchung u.a. auch damit, daß der Personalrat in dem Ausmaß wie er ein Partner des Arbeitgebers wird, die tatsächliche Interessens-

---

[12] Das „Bergische Städtedreieck“ (Remscheid, Solingen, Wuppertal) bildet eine von 15 Regionen, die Ende der achtziger Jahre im Zuge der regionalisierten Strukturpolitik des Landes NRW in einem offenen Prozeß kreiert worden sind. (Vgl. Antworten der Landesregierung vom 08.09.1992 auf eine kleine Anfrage - Landtagsdrucksache 11/4288).

[13] ARMANSKI/PENTH/POHLMANN 1975 verwenden diesen Begriff bezogen auf die Streikbewegung und Rationalisierungsauseinandersetzungen der Beschäftigten des öffentlichen Dienstes gegenüber den öffentlichen Arbeitgebern.

[14] BUSSE/HEISIG/MIX/MÖNNICH/PRIGGE 1996, S. 7.

repräsentation für seine Wähler eventuell zum Problem werden wird. Auch ist es möglich, daß die Macht des Personalrates etwas gegenüber dem Arbeitgeber durchzusetzen schwächer wird, je weiter sich seine Rolle[15] nicht mehr mit den Interessen der Belegschaft deckt. Ob und in welche Richtung eine Rollenwandlung der beteiligten Modernisierungsakteure in den öffentlichen Dienststellen möglich ist und / oder sich vollzieht, soll gleichermaßen Gegenstand der Vergleichsuntersuchung der drei unterschiedlichen Reformprojekte werden.

„Zwar sind der Verallgemeinerung der Ergebnisse einer Fallstudie natürliche Grenzen gesetzt“[16] jedoch lassen sich meines Erachtens die Schlußfolgerungen auf vergleichbare öffentliche Institutionen, deren Modernisierungsprozesse und die dort handelnden Akteure beziehen.

---

[15] Zur Rollentheorie siehe DAHRENDORF [15]1977.

[16] BUSSE/HEISIG/MIX/MÖNNICH/PRIGGE 1996, S. 10.

2 Modernisierung der öffentlichen Verwaltung

2.1 Ausgangslage

Hauptgrund für die Modernisierung der öffentlichen Einrichtungen bzw. des öffentlichen Dienstes ist der Kosten- und Belastungsdruck der öffentlichen Haushalte.[17] Faktisch steht mehr denn je das Selbstverwaltungsrecht der Gemeinde- und Gemeindeverbände gemäß Artikel 28 GG[18] i. V. m. Art. 78 I Verf. NRW zur Disposition. Doch Ursache für eine umfassende Neugestaltung „... sind nicht nur leere Kassen (...) vielmehr verabschieden sich immer mehr Unternehmen von der Stadt. Es ist nicht nur der Abbau von Arbeitsplätzen durch rezessionsgeplagte Branchen. Viele Unternehmen haben die Nase voll von den hohen Kosten in den Großstädten (...) und der Unfähigkeit der Ämter, über Anträge in angemessener Zeit zu entscheiden. Ohne Kurswechsel droht den Städten ein Attraktivitätsverlust."[19] Diese dramatische Feststellung führte zwar nicht allein zum Umdenken in den öffentlichen Verwaltungen, jedoch weist sie auf die Mangelfaktoren Effizienz, Effektivität, Kundenorientierung und auf die obengenannte Verschuldungskrise der Kommunen hin.

Die bestehenden Organisations- und Entscheidungsstrukturen entstanden nach dem Ende des Zweiten Weltkrieges neu und basieren auf der weitgehenden Rekonstruktion weit älterer Verwaltungsorganisationsmodelle

---

[17] Vgl. REICHARD ^{4}1995, S. 7. ff. Vgl. dazu auch die Aussage von Oberstadtdirektor Dr. Cornelius (Wuppertal): „Nutzen wir die Chance, die Geldmangel bedeutet, auch wenn er uns sehr schmerzhaft trifft. Nur unter harten Rahmenbedingungen werden grundsätzliche Änderungen möglich." (WUPPERTAL 1995b, S. 16)

[18] Bis auf das BremPVG, das HPVG, das MBGSch.-H., das PersVG-MV und das SächsPersVG sind alle angeführten Gesetzestexte in der Loseblattsammlung PAPPERMANN 1998 zu finden.

[19] FRIEDEMANN 1994; vgl. auch REINERMANN ^{5}1995, S. 10.

vor 1933.[20] Seit 1945 wurde diese Struktur immer weiter durch Ausfächerung der Aufgabenstellungen, die Gesetzgebungsflut und die damit einhergehende Rechtsprechung verkompliziert. Eine Prüfung der Strukturen auf ihre Funktionsfähigkeit wurde nicht vorgenommen. „Anpassungs- und Veränderungsnotwendigkeiten wurden in der Regel über eine Justierung der bürokratischen Aufbauorganisation oder aber mittels der Einführung von Datentechnik abgearbeitet. Eine systematische Optimierung des unmittelbaren Leistungs- und Wertschöpfungsprozesses einschließlich der hierzu notwendigen Lernprozesse auf der Ebene des einzelnen Mitarbeiters und der betreffenden Organisationseinheiten fand nicht statt."[21]

Fest steht weiterhin, daß die öffentliche Verwaltung einerseits objektiv nicht ins Ausland verlagert werden, und andererseits auch nicht einfach in Konkurs gehen kann. Es steht ihr somit nur der Weg der Kostensenkung durch die Einführung neuer Arbeitsverfahren und Organisationsstrukturen (lean administration) offen. Eine einfache Übertragung der in der Industrie erprobten Umstrukturierungsmodelle auf die staatlichen Verwaltungsstrukturen ist hierbei nur beschränkt möglich, da es in den Behörden um ganz andere Aufgaben, Gesetzmäßigkeiten, Inhalte und Regelungen geht.

Die Erfahrung der siebziger Jahre[22] bezüglich der Verwaltungsreformdiskussion und aufgrund der oben beschriebenen Zwänge führte zu der

---

[20] Die Wurzeln der deutschen Verwaltung reichen bis zum Anfang des 18. Jh. zurück. Als man Anfang des 19. Jh.s Justiz und Verwaltung trennte, bildete sich die noch heute gültige Organisationsstruktur heraus. Äußerlich veränderte sie sich durch den dreistufigen Verwaltungsaufbau und intern durch die Zunahme bürokratischer Elemente. Sie bewahrte weitgehende Kontinuität während dem Wechsel der Staatsform (1815, 1919, 1933 und 1945).

[21] BARTHEL 1994, S. 296.

[22] Es wurden zwar wissenschaftliche Diskussionen geführt, eine Umsetzung in die Praxis erfolgte allerdings kaum. Das bekannteste Beispiel einer Kooperation von Wissenschaftlern und Praktikern war die interministerielle Projektgruppe „Regierungs-

Einsicht, daß eine Modernisierung der öffentlichen Verwaltung heute mehr denn je offensiv betrieben werden muß. Die Landesregierungen[23], so auch die nordrhein-westfälische, erkannten, daß die Durchführung von Verwaltungsreformprozessen auf kommunaler Ebene im seinerzeitigen Gesetzesrahmen kaum möglich waren. Deshalb fügte beispielsweise das Land NRW, als erstes Bundesland überhaupt, eine „Experimentierklausel"[24] in die Gemeindeordnung (§ 126 GO NW) ein, um den Kommunen den Weg zur Entwicklung eigener Reformkonzepten zu öffnen. Die „Experimentierklausel" besagt, daß es den Gemeinden, auf Antrag bei der jeweiligen Bezirksregierung, freigestellt wird, auf gesetzlich vorgeschriebene Instrumente (z.B. Haushaltssatzung und Stellenplan) und auf die Organisationsrichtlinie der KGSt verzichten können, um neue Modelle entwickeln und testen zu können.[25] Mit ihrer Hilfe hofft die Landesregierung den Kommunen verloren gegangene Steuerungs- und Handlungsspielräume im Kernbereich der kommunalen Selbstverwaltung wieder zurückgeben zu können.

---

und Verwaltungsreform" (BRINCKMANN ^{2}1994, S. 178 ff. u. NASCHOLD ^{2}1994b, S. 7, 368).

[23] Siehe LANGE 1995 u. SIEDENTOPF 1995.

[24] Grundlage war der Beschluß der Innenministerkonferenz der Länder vom 06.05.1994. Ein erster Erfahrungsbericht des Innenministeriums liegt zwischenzeitlich vor (INNENMINISTERIUM NRW 1996b).
Die „Experimentierklausel" ähnelt dem skandinavischen Muster der „Free Commune Experiments" (BALDERSHEIM 1993).

[25] Die „Experimentierklausel" trifft jedoch nicht für den § 26 Bundesbesoldungsgesetz und die Stellenobergrenzenverordnung zu. Siehe Schreiben des Innenministers vom 02.06.1995 (INNENMINISTERIUM NRW 1995).

2.2 Das „Neue Steuerungsmodell“ der KGSt

Die KGSt verfolgt seit ihrer Gründung (1947/48) das Ziel der Erneuerung, Modernisierung, Normierung, Rationalisierung und Veränderung der Kommunalverwaltung.[26] Zu diesem Zweck veröffentlicht sie in zwangloser Folge Berichte und Gutachten[27] zu vielfältigen, wichtigen Problemstellungen für ihre Mitgliedsorganisationen. Die Arbeitsthemen der KGSt werden - im Gegensatz zum Rationalisierungskuratorium der deutschen Wirtschaft (RKW) - vom Vorstand und der Geschäftsführung ohne Beteiligung der arbeitspolitischen Akteure (Arbeitgeberverbände, Gewerkschaften, Interessenvertretungen) bestimmt.

Einer der wichtigsten Denkanstöße für eine grundlegende Modernisierung der Kommunalverwaltung war die Überlegung zu einem längerfristigen Veränderungsprozeß und führte zum Vorschlag der Einführung eines „Neuen Steuerungsmodells“ in den öffentlichen Verwaltungen.[28] Grundlage war die Erkenntnis, daß sich die Gemeinden von einer Hoheits- zu

---

[26] KGSt 1995, S. 25. Die KGSt ist eine gemeinsame Einrichtung der Städte und Gemeinden in der Bundesrepublik Deutschland mit Sitz in Köln.

Phasen der Verwaltungsreform in der Bundesrepublik Deutschland

Zeitraum	Reformphase	Ebene	Inhalte / Ziele
50er - 60er Jahre	Rechtsbereinigung	Länder	Systematisierung der Gesetze u. Verordnungen
60er - 70er Jahre	Territorialreform	Länder	Kommunale Gebietsreform
70er Jahre	Funktionalreform	Länder	Stärkung dezentraler Einrichtungen
70er Jahre	Dienstrechts-reform	Bund	Einheitliches Dienstrecht für Angestellte, Arbeiter u. Beamte
70er - 80er Jahre	‘Bürgernähe’	Bund u. Länder	Bürgerfreundlichkeit u. Verwaltungsvereinfachung
80er -90er Jahre	‘Pragmatische Anpassung an das Machbare’	Länder u. Kommunen	Schlanker Staat, Privatisierung, Outsourcing, „Konzern Stadt“ ...

Quelle: eigene Grafik nach HESSE/ELLWEIN [7]1992, S. 319-327.

[27] Übersicht über die aktuellen Gutachten und Berichte siehe in: KGSt 1994b.

[28] KGSt 1991.

einer Dienstleistungsverwaltung wandeln müssen. Für die Zukunft droht den Kommunen nicht nur eine Fortsetzung des Wettbewerbs mit der Privatwirtschaft, sondern auch mit anderen Gemeinden im Hinblick auf die Gewinnung von Unternehmen und Arbeitsplätzen und somit zur Sicherung der kommunalen Finanzen durch Steuereinnahmen.[29]

Aus einem Vergleich der Modernisierungsstrategien im öffentlichen Sektor einiger OECD-Länder gewinnt NASCHOLD (^{2}1994a) die Erkenntnis, daß sich der öffentliche Sektor international gesehen zumindest in den entwikkelten modernen Gesellschaften und Staaten in einer globalen, allgemeinen Umbruchsituation befindet. Diese Situation kann nicht mehr allein mit ökonomischen oder finanziellen Zwängen erklärt werden, auch wenn diese nach wie vor für viele Strukturveränderungen die Legitimationsbasis bilden. Die „hausgemachten" Strategien staatlicher Modernisierung reichen mittlerweile von der Maßgabe marktwirtschaftlicher Rationalisierungsstrategien (USA, Großbritannien, Neuseeland), über den „schlanken Staat" auch bei einer Expansion des binnenwirtschaftlichen Konsums (Japan) bis zum Umbau des Sozialstaates mittels „geplanter Märkte" und „öffentlichen Wettbewerbs" auf normativer Basis des Sozialstaates (Schweden). Die Situation der Bundesrepublik war also in Variationen, auch in vielen anderen entwickelten Industrieländern zu beobachten. Dort reagierten die Kommunen mit radikalen Verwaltungsreformen zur Steigerung ihrer Effizienz. Anders reagierte man dagegen in der Bundesrepublik: konzeptionsloses „Durchwursteln" - ohne Vision und ohne Konsequenz.[30]

---

[29] Oberstadtdirektor Dr. Cornelius im Februar 1994, zitiert nach WUPPERTAL 1995b, S. 22: „Im Dienstleistungsbereich sind künftig öffentliche Aufgaben nur noch dann vertretbar, wenn sie mit vergleichbaren privaten Leistungsangeboten konkurrenzfähig sind." Siehe auch NASCHOLD 1995, S. 88 f.

[30] Vgl. NASCHOLD ^{2}1994a, S. 64 ff.

Die KGSt hat sich deshalb der Problematik angenommen und beschreibt die Reform der niederländischen Stadt Tilburg[31] in einer Fallstudie. Ausgewählt wurde Tilburg aufgrund der Vergleichbarkeit des politisch-administrativen Systems der Niederlande mit dem der Bundesrepublik Deutschland.[32] Die Stadt Tilburg übernimmt eine erfolgreiche Vorreiterrolle bei der Verwaltungsmodernisierung. Nach einem auf Unumkehrbarkeit angelegten achtjährigen Modernisierungsprozeß verfügt Tilburg nunmehr über ein vollständig neues Steuerungsmodell mit den folgenden Merkmalen:

- Der Aufbau der Verwaltung entspricht dem eines Konzerns. Die Verwaltung gliedert sich nach dem Vorbild der Divisionalisierung in produktorientierte Sparten. Die Fachämter stellen eigenständige Dienste dar, die nur mit dem saldierten Betriebsergebnis im Haushaltsplan vertreten sind.
- Ihnen stehen Serviceeinrichtungen sowie ein Steuerungsdienst (z.B. mit dem Haupt- und dem Personalamt) zur Verfügung. Auf Anforderung der Fachämter wird beispielsweise das Hauptamt in Fragen der Organisationsberatung oder das Personalamt bei der Personalentwicklung unterstützend tätig.
- Das Verwaltungshandeln ist nicht mehr an den Haushalt, sondern an Kontrakte gebunden. Anzubietende Produkte sind, im Rahmen des eigenen Etats, selbstverantwortlich zu erstellen. Die Fachdienste

---

[31] Tilburg steht mit seinen 170.000 Einwohnern an sechster Stelle der niederländischen Städterankingliste. Die Metropole liegt im Herzen der Provinz Brabant. Hauptgewerbezweige sind der Maschinenbau und die Textilindustrie. Mitte der achtziger Jahre drohte der Kommune der finanzielle Kollaps mit einer Schuldenlast von ca. 12 Mio. Gulden. Nach der erfolgreichen Reform, in der u.a. 50 Prozent der 3.000 Beschäftigten entlassen worden sind, erwirtschaftet die Stadt nunmehr 11,6 Mio. Gulden Gewinn (1994). (Vgl. ROSER 1996)

[32] KGSt 1992, S. 11 ff. u. BERTELSMANN 1993, S. 99 ff.

verfügen bei der Umsetzung der Kontrakte über die volle Ressourcenverantwortung (auch beispielsweise bezüglich der Stellenbesetzung und der Leistungslohnzuschläge).

- Die kommunalpolitischen Akteure sind nur noch für die Leit- und Richtlinienentscheidungen zuständig und haben in der Regel keinen Einfluß auf Einzelfallentscheidungen.[33]

Da die neuen Verwaltungseinheiten aufgrund der o. g. Veränderungen in der Aufbau- und Ablaufverwaltung mit einer relativ umfassenden Selbständigkeit und Selbstverantwortung ausgestattet worden sind, mußte die Tilburger Verwaltungs- bzw. Konzernleitung nun lernen, den „Konzern Stadt" anders zu managen. Erforderlich waren neben einem neuen Selbstverständnis auch neue Qualifikationen: Kosten- und Leistungsrechnung, modernen Managementmethoden und nicht zuletzt auch einen partizipativen Führungsstil.

Eine Übernahme des Tilburger Modells konnte jedoch nicht einfach in dieser Form von den bundesrepublikanischen Gemeinden erfolgen, da dem zahlreiche haushalts-, mitbestimmungs-, tarif- und verwaltungsrechtliche Bestimmungen entgegenstehen. Vielmehr ging es der KGSt darum, „... den Leser oder die Leserin durch die Beschreibung einer 'fremden' Praxis zu eigenem Denken anzuregen und damit die eigene Problemlösungsfähigkeit zu erhöhen."[34]

---

[33] Die Socialistiese Partij (SP) bemängelte schon 1993, daß der Stadtrat gegenüber der Verwaltung, dem Bürgermeister und den Stadtdirektoren zunehmend an Einfluß verliere. Die vom Konzern Stadt ausgearbeiteten Pläne seinen derart komplett, daß es den „Hobby"-Gemeinderäten aufgrund ihrer geringen Fachkenntnis schwer falle, daran noch etwas zu verändern. (Vgl. ROSER 1996)

[34] KGSt 1992, S. 10.

2.3 Kommunale Modernisierungsbestrebungen

Seit den ersten Gedanken der KGSt zur Reform der Verwaltung wird auf allen Ebenen des politisch-administrativen Systems der Bundesrepublik Deutschland[35] an Modell- und Pilotprojekten zur Veränderung der althergebrachten Aufbau- und Ablauforganisation gearbeitet. Hinsichtlich des Standes bei den Modernisierungsbestrebungen sind allerdings weitreichende Unterschiede zwischen dem Bund und seinen Behörden, den Ländern und den Kommunen zu beobachten. Die derzeit initiierten Reformbestrebungen finden vor allem in den Kommunen statt.[36] Deshalb wird im weiteren die kommunale Ebene in den Mittelpunkt der Betrachtung gestellt.

Bei den Vorhaben wird u.a. über die Optimierung der öffentlichen Verwaltung und über Outsourcing (Verselbständigung / Privatisierung) von Verwaltungsteilen sowie über die Einführung neuer Arbeitsweisen und Organisationsmodelle diskutiert. Dabei ist festzustellen, daß keine allgemeingültigen Modelle gesucht werden. Auch wird kein allgemein gültiges theoretisches Konzept umgesetzt, sondern mit einem „Konglomerat betriebswirtschaftlicher Reformideen und -instrumente, die ausgehend

---

[35] Z.B. auf der Bundesebene und in den Bundesländer mehr oder weniger intensiv betrieben. Bei den Gemeinden werden vielerorts Reformprojekte initiiert z.B. Bochum, Düsseldorf, Duisburg, Hagen, Köln, Nürnberg, Offenbach, Remscheid, Solingen, Wuppertal.

[36] Inzwischen werden auch bei Bund und Ländern die Bemühungen für eine Verwaltungsmodernisierung mit unterschiedlichem Erfolg vorangetrieben. So hat auf der Bundesebene am 06.10.1997 der SACHVERSTÄNDIGENRAT „SCHLANKER STAAT“ seinen Abschlußbericht über Möglichkeiten des Abbaus überflüssiger Bürokratie vorgelegt. In den Bundesländern wird an verschiedenen Modernisierungsprojekten (z.B. Controlling; Kosten-Leistungs-Rechnung; Personalführung; Fortbildung etc. pp.) gearbeitet. Die „Wissenschaftliche Dokumentations- und Transferstelle für Verwaltungsmodernisierung in den Ländern“ (WiDuT; erreichbar unter http://foev.dhv-speyer.de/WIDUTINT.HTM) übernimmt seit rd. 1½ Jahren die Aufgabe, als Mittler und Kontaktstelle zwischen den Bundesländern in puncto Verwaltungsmodernisierung zu

von der aktuellen Bedarfssituation und je nach Standpunkt neu komponiert werden."[37]

Erstmals beschäftigte sich die KGSt - im Rahmen der Modernisierungsdebatte - auch mit der Frage der Beteiligung u.a. des Personalrates und der Mitarbeiter[38] bei der Umsetzung des Reformvorhabens. So wird ihnen ein Eigeninteresse an der Situationsänderung zuerkannt. Den öffentlichen Verwaltungen (als Arbeitgeber) wird von der KGSt empfohlen, sich den Sachverstand von Personalvertretung und Beschäftigten in neuzugründenden Projektgruppen zunutze zu machen.[39] Sie kommt zu dem Ergebnis, daß der Umbau „... mit den vorhandenen Mitarbeitern und Mitarbeiterinnen bewirkt werden ..." sollte. Die notwendigen neuen Kompetenzen für die Bewältigung des gemeinsamen partizipativen Veränderungsprozesses sollen alle Seiten begleitend erwerben. Die Verwaltung könnte somit zur „lernenden Organisation" werden.[40]

Der Deutsche Städtetag führte in der Zeit vom November 1994 bis Februar 1995 eine Umfrage bei den Mitgliedsstädten zur Frage der Modernisierung / Umstrukturierung der Stadtverwaltungen durch.[41] Demnach wurden in 85 Prozent der nordrhein-westfälischen Städten konkrete Modernisierungsmaßnahmen durchgeführt. Im Gegensatz zum Bundesgebiet (dort wird die Reform bei 83 Prozent aus Gründen und zur Lösung der Finanznot

---

fungieren. Sie ist am Forschungsinstitut für öffentliche Verwaltung bei der Deutschen Hochschule für öffentliche Verwaltung Speyer angesiedelt.

37 BUSSE/HEISIG/MIX/MÖNNICH/PRIGGE 1996, S. 234.

38 Zur besseren Lesbarkeit wurde in dieser Arbeit für geschlechtsbezogene Funktionsbezeichnungen nur die männliche Sprachform gewählt. Damit sind ausdrücklich jeweils die weiblichen und männlichen Personen gleichermaßen gemeint. Diskriminierende Absichten sind damit nicht verbunden.

39 KGSt 1992, S. 25 ff. u. KGSt 1994a, S. 38.

40 KGSt 1992, S. 29.

41 DST 1995a, S. 262 ff.: Basis waren 273 angeschriebene Städte. Der Rücklauf lag bei 71 Prozent (= 195). Die Auswertung wurde getrennt nach den alten und neuen Bundesländern sowie für NRW gesondert vorgenommen.

betrieben) wurden die Reformen zwar auch aufgrund der schwierigen Haushaltslage eingeleitet, jedoch bezweckten die Kommunen mit der Veränderung vorrangig (93 Prozent) ihre Umgestaltung zu einem effizienterem Dienstleistungsunternehmen. Den NRW Städten war bekannt, daß die Umstrukturierung ein langfristiger Prozeß sei, der nicht dazu geeignet ist, kurzfristig die aktuelle Finanzkrise bewältigen zu können. Entsprechend haben die befragten Städte mehrheitlich einen Zeithorizont von drei bis fünf Jahren (56 Prozent) oder aber von sechs bis zehn Jahren (33 Prozent) für den Umbau der Verwaltung avisiert. Die Veränderungsbemühungen werden sowohl auf Gesamtverwaltungsebene (49,7 Prozent) als auch in Teilbereichen (50,3 Prozent), wie z.B. in Ämtern, Einrichtungen etc., angegangen. Dabei befanden sich die meisten der befragten Städte noch in der Planungsphase. Die wenigsten verwirklichten schon ihre Umstrukturierungsideen, da es ihnen oftmals an einer klaren Zielvorstellung mangelte. Als Modernisierungsmethode stand die kritische Bestandsaufnahme von Aufgaben- und Aufbaustruktur sowie den Verfahrensabläufen (64 Prozent) an erster Stelle. Als zweite wichtige Methode wird die Einführung der Budgetierung (51 Prozent) gesehen. Erst an dritter Stelle - mit 33 Prozent - nennen die befragten Verwaltungen die Motivation der Beschäftigten durch Information und Beteiligung. Hierbei ist für die Frage der Partizipation am Umstrukturierungsprozeß interessant, daß 77 Prozent der befragten Kommunen äußern, daß für sie die größten Probleme in den Vorbehalten und der geringfügigen Akzeptanz der Mitarbeiter bei der Modernisierung der Verwaltung liegen.

Die durchgeführte Umfrage bestätigt auch die Ergebnisse der von mir untersuchten Modernisierungsprojekte (siehe Abschnitt 0). Die drei bergischen Städte Remscheid, Solingen und Wuppertal repräsentieren in etwa die o. g. Spannbreite der getätigten Aussagen. So variiert beispielsweise die geplante Durchführungsdauer von ca. zwei Jahren bei der Stadt Wuppertal über rund fünf Jahre in Remscheid bis hin zu sieben Jahren in Solingen. Während Remscheid in der Regel nur Teilprojekte (in Form von Ausgliederungen) durchführt, streben Solingen und Wuppertal den Umbau der Gesamtverwaltung mit Hilfe von Teilprojekten an. Als Methode favorisierte Remscheid den „top-down" Ansatz (d.h. ohne Mitarbeiterbeteiligung), während Solingen und Wuppertal dem „Gegenstromprinzip" („bottom-up / top-down") Modell mit seiner breiten Partizipationsmöglichkeiten für alle Beteiligten den Vorzug geben.

2.4 Gewerkschaften und kommunale Verwaltungsmodernisierung

Neben den Überlegungen der Verwaltung zur Modernisierung ihrer Strukturen beschäftigen sich auch die Gewerkschaften mit dieser Problematik. Dies geschah zuerst zögerlich, aber nunmehr seit zwei Jahren sehr intensiv. Die Interessenvertreter (Gewerkschaftsfunktionäre und gewerkschaftlich organisierte Personalräte[42]) sehen sich nicht mehr als reine Gegenmacht, sondern sie wollen nunmehr bei der Neugestaltung der Arbeitsverhältnisse ihre Ideen und Vorstellungen in die Diskussion mit einbringen. Es ist ihnen u.a. aufgrund des Wertewandels innerhalb der Gesellschaft bewußt geworden, daß eine Veränderung und Gestaltung der Arbeitsbedingungen, im Sinne ihres Klientels, nicht mehr mit einer Blokkadepolitik gegen, sondern nur durch eine flexible Kooperationsstrategie mit dem Arbeitgeber erfolgen kann: In einer Anhörung vor dem NRW-Landtag „... zeigten sich die Gewerkschaften gegenüber der Einführung

[42] Laut ALEMANN ^{2}1978, S. 170 sind mehr als 80 Prozent der Interessensvertreter gewerkschaftlich organisiert. Der Prozentsatz dürfte sich heute trotz der Gewerkschaftsaustritte nur geringfügig reduziert haben.

neuer Steuerungsmodelle generell aufgeschlossen."[43] Auch einer der Designer des NSM, Michael Blume, stellt fest, daß die „Gestaltung des Veränderungsprozesses von Führungskräften und Mitarbeitern gemeinsam getragen wird und sie sich auch mit der Idee identifizieren."[44] Deshalb soll an dieser Stelle kurz auf die Vorstellungen der zwei führenden Gewerkschaftsorganisationen im Bereich der Kommunalverwaltungen eingegangen werden.

2.4.1 Gewerkschaft ÖTV

Während der DGB sich fast ausschließlich mit der Dienstrechtsreform im öffentlichen Dienst auseinandersetzt, hat die DGB-Gewerkschaft ÖTV frühzeitig - seit 1987 - mit dem Dialog über eine Modernisierung der Struktur des öffentlichen Dienstes begonnen.[45] Mit der Initiative „Zukunft durch öffentliche Dienste" (ZöD) sucht die Gewerkschaft wieder eine Meinungsführerschaft in der Zukunftsdebatte zu erlangen, denn gegenüber der Frage des Einsatzes neuer Technologien war sie in der Vergangenheit sehr skeptisch eingestellt.[46] Ausschlaggebend für die Haltungsveränderung war die Erkenntnis, daß die Beeinflussung und damit die Gestaltung der einzuführenden Systeme und Verfahren möglich ist. Trotzdem lief die ZöD-Debatte in der Gewerkschaft ÖTV relativ zäh an[47] und konzentrierte sich zu Anfang auf eine Buchreihe im gewerkschaftsnahen Bund-Verlag[48] sowie auf wenige zentrale Seminarangebote. Ein unterstützendes

---

[43] SCHMIDT ^{2}1995, S. 73: Geäußert hatten sich Gewerkschaftsvertreter von DAG, DBB, DGB, KOMBA und ÖTV.
[44] Vgl. KLAGES 1995, S. 5.
[45] Vgl. WULF-MATTHIES 1987, S. 120.
[46] Vgl. z.B. FALCK 1992, S. 53 u. SIEVERS/THANE/WIRTH 1995, S. 242.
[47] Erster Antrag zur „Zukunft des öffentlichen Dienstes" (Nr. 180) auf dem 11. Gewerkschaftstag 1988 in Hamburg. Vgl. ÖTV 1989, S. 86 ff.

Seminarangebot zum Thema Verwaltungsmodernisierung fehlt in der Regel vor Ort und wird auch heute noch nicht flächendeckend angeboten. Die Lücke des Angebots vor Ort füllen oftmals Personalratsmitglieder als Initiatoren von Bildungsmaßnahmen und Tagungen.[49]

In der Folgezeit hat sich die Hauptverwaltung der Gewerkschaft ÖTV im offenen Modernisierungsprozeß einerseits als Koordinator kommunaler Erfahrungen[50] und andererseits als Dienstleister, indem sie wissenschaftlich unterstützte Projekte initiierte, verstanden. Die Gewerkschaft ÖTV lehnt es somit ab vorzugeben, was ein ZöD-Projekt ist bzw. wie es auszusehen hat[51]: „Die Suche nach dem Generalplan zur Umkrempelung der gesamten deutschen Verwaltung ist der eigentliche Irrweg."[52] Vor allem gegen die Privatisierungsbestrebungen im öffentlichen Sektor meldet die Gewerkschaft ÖTV stärkste Vorbehalte an.[53] Sie propagiert statt dessen als Alternative den Weg der Verwaltungsmoderniserung. Allerdings ist ihr bewußt, daß die Vorstellung von einem einheitlichen Modernisierungsprogramm für den gesamten öffentlichen Sektor der Bundesrepublik

---

48 Reihe „Zukunft durch öffentliche Dienste", herausgegeben von Monika Wulf-Mathies (ehem. Vorsitzende der Gewerkschaft ÖTV). Zu verschiedenen Fragestellungen sind bisher sieben Bände erschienen.

49 Vgl. SIMON 1993, S. 35 f.

50 Forschungsergebnisse der Infopool-Projekte werden innerhalb der Grauen Reihe der HBS dokumentiert und publiziert. Veröffentlicht wurden bislang drei Teile. Interessant ist hier vor allem Teil 2 von BEYER/FREUDENSTEIN/RÖßNER 1993.

51 SIMON 1993, S. 36: „Wir haben beschlossen, die Antwort [auf die Frage, was ist ein ZöD-Projekt, I. U.] keinem Gremium, sozusagen einem ZöD-ZK, zu überlassen. Es gibt also keinen ausgewählten Kreis etwa von Hauptamtlichen, der Anfragen und Anträge sichtet, in Schubfächer steckt und Zensuren verteilt. Es gibt keinen Ausschuß, der darüber entscheidet, was das Label ZöD verdient und was nicht. ... Konsens entsteht im breit und offen angelegten Diskurs."

52 Ebd., S. 39.

53 Die Möglichkeit der Einrichtung von kommunalen Eigen- und optimierten Regiebetrieben etc. im Vorfeld von Privatisierungen lehnt sie in der Praxis nicht ab (so wurde beispielsweise in Solingen die Gründung der EBS als Eigenbetrieb und der Reinigungsdienst als optimierter Regiebetrieb maßgeblich von der ÖTV Kreisverwaltung mitinitiiert und getragen).

angesichts seiner differenzierten Gliederung nach Aufgaben, Bereichen, Ebenen und Institutionen unrealistisch ist.

Deshalb orientiert die Gewerkschaft ÖTV auf Partizipationsstrategien vor Ort und vertraut auf eine breite Beteiligung und Kommunikation als eine Voraussetzung für erfolgsorientiertes Verhalten.[54] Im Anschluß an eine zentrale Veranstaltung der ÖTV in Kochel (1989) bildeten sich auf Kreisverwaltungsebene der Gewerkschaft ÖTV viele Initiativen. Diese haben in der Folgezeit viele unterschiedliche lokale Gestaltungsprojekte angestoßen.[55] Dabei verpflichteten sich die Beteiligen (Arbeitgeber und Gewerkschaft ÖTV) vertraglich[56], die Beschäftigten, die betriebliche Interessenvertretung und die Gewerkschaft ÖTV im Sinne einer umfassenden Partizipation an allen Reformschritten zu beteiligen und eine wissenschaftliche Begleitforschung beizuziehen.[57]

Trotz der getroffenen Kooperationsvereinbarungen[58] können die Kreisverwaltungen der Gewerkschaft ÖTV die Betreuungsfunktion für die Personalräte vor Ort, bezüglich der auftretenden Evaluations- und Implementationsprobleme, nicht oder nur unzureichend wahrnehmen. Eine

---

[54] Vgl. ebd., S. 39.

[55] Zum Beispiel die Bürgeramtsprojekte Bielefeld und Unna, der Bürgerladen Hagen, das Bürgerservicezentrum Hannover etc. (Vgl. z.B. KIßLER/BOGUMIL/ WIECHMANN 1993; ÖTV BV NIEDERSACHSEN 1994). Im März 1996 wurde auch von der Bezirksvertretung Wuppertal-Vohwinkel ein Pilotprojekt für die Entwicklung eines Stadtbüros aus der bisherigen Bezirksverwaltungsstelle beschlossen (http://oetv-nw1.de/kv/wuppertal/aktuelles/stadtver.htm).

[56] Eine Liste der, zwischen der ÖTV und den Dienststellenleitern, abgeschlossenen Kooperationsverträge zum Reformprozeß ist im ÖTV Magazin, Nr. 10/1995, S. 16 abgedruckt.

[57] Auf Initiative der Gewerkschaft ÖTV wurde 1990 bei der HBS in deren Forschungsförderungsprogramm der Förderschwerpunkt 8 „Entwicklungsperspektiven des öffentlichen Sektors unter Einbeziehung von Bildung und Qualifizierung" aufgenommen. Die Stiftung unterstützt die Reform mit Hilfe von Transparenzstudien, Bildungs- und Transfermaßnahmen, Symposien und ausgewählten Gestaltungsprojekten.

[58] Eine Übersicht der bisher getroffenen Vereinbarungen zur kommunalen Verwaltungsreform bietet MÜHGE 1998.

kompetente und ausreichende Unterstützung hängt regelmäßig vom Interesse und von der Belastung des jeweiligen Gewerkschaftssekretärs ab, sich in die Debatte und die Problemlage einzuarbeiten. Bei fast allen befragten Personalräten[59] ist deshalb der Wunsch nach einer besseren Unterstützung durch die hauptamtlichen Gewerkschaftssekretäre vor Ort geäußert worden. Auch wurde das Anliegen artikuliert, daß die Gewerkschaft ÖTV einen Informationspool in Form einer Beratungsstelle (ähnlich den Technologieberatungsstellen [TBS] des DGB) einrichten solle.[60]

2.4.2 DBB / KOMBA-Gewerkschaft

Seit 1991 beschäftigte sich auch der Deutsche Beamtenbund (DBB) und seine Untergliederung, die KOMBA-Gewerkschaft für den kommunalen Verwaltungsdienst, mit dem Thema „Modernisierung der öffentlichen Verwaltung".[61] Die Standesorganisation der Beamten begann relativ spät mit der Entwicklung und Diskussion eigener Reformkonzeptionen: der DBB mit dem Konzept „Verwaltung 2000"[62] und die KOMBA-Gewerkschaft mit dem Entwurf „Rathaus 2000"[63].

Das Positionspapier der KOMBA-Gewerkschaft beschäftigt sich mit den Begriffen des Neuen Steuerungsmodells, und ist damit eine gute Hilfe für die Personalräte und die Beschäftigten, sich mit den Chancen und Risiken der Veränderung im öffentlichen Sektor vertraut zu machen.

---

[59] Dieses Anliegen wurde beispielsweise vielfach von ÖTV-Personalräten bei der Stadtverwaltung Remscheid und Solingen aber auch von Personalräten und Vertrauenleuten im Rahmen der Konferenz „Kommunalverwaltungen im Umbruch" (ausgerichtet von den ÖTV-Bezirken NRW I und II am 23.10.1995 in Herne) geäußert.

[60] Entsprechendes versuchen die Kommunen auch einzurichten. So sammeln DST und KGSt alles zur Verwaltungsreform und betätigen sich auch als Berater (KGSt-Consult). Weiterhin werden in bestimmten Bereichen Informationspools aufgebaut. (Siehe DST 1995c, S. 372)

[61] Vgl. Vorwort in: KOMBA o.J.

[62] DBB 1996.

[63] KOMBA o.J.

Dagegen ist das vom DBB entworfene und auf ihrem Bundesvertretertag im November 1995 verabschiedete Reformpapier umfassender. Der DBB begründet die Ausarbeitung des Gesamtkonzepts damit, daß von den meisten Politikern bisher kaum erkennbare Konzeptionen vorgelegt worden sind.[64] Vorliegende Pläne betrachten bzw. behandeln, seiner Meinung nach, oftmals nur einzelne Aspekte isoliert (beispielsweise das Dienst- und Haushaltsrecht sowie Fragen der Verwaltungsorganisation).

Der Vorschlag „Verwaltung 2000“ besteht aus einer Präambel, in der die Gründe für die Reformüberlegungen dargelegt werden, und weiteren sechs Einzelkapiteln. Im ersten Kapitel wird eine grundlegende Aufgabenkritik des Staates vorgenommen sowie verschiedene Möglichkeiten und Formen der Privatisierung analysiert. Das zweite Kapitel beschäftigt sich mit der Struktur und den Instrumenten einer modernen und leistungsfähigen Verwaltung. Ein weiterer Schwerpunkt wird auf den Themenkomplex des auch künftig unverzichtbaren Einsatzes von Beamten in einer reformierten Verwaltung gelegt. Der vierte Abschnitt beschäftigt sich mit dem Problem einer Dienstrechtsreform, wobei prinzipiell an den Grundsätzen des Berufsbeamtentums[65] festgehalten wird. Anschließend widmet sich das Papier der Thematik Personalpolitik und -führung sowie schließlich im letzten Kapitel den Veränderungen in der Arbeitswelt.[66]

Die Einführung eines Neuen Steuerungsmodells als Instrumentarium zum einseitigen Personalabbau zugunsten eines besseren finanzpolitischen Spielraums der öffentlichen Einrichtungen und Verwaltungen wird von der

---

[64] Vgl. DBB 1995c, S. 4.

[65] Siehe Art. 33 V GG. U.a. ist mir aus langjähriger Personalratsarbeit bekannt, daß die (KOMBA)-Personalräte, entsprechend dieser Grundlage (entgegen der Intention des LPVG NW [vgl. § 34 I LPVG NW]), z.B. bei Abstimmungen auf der Anwendung des Gruppenprinzips (Beamte, Angestellte und Arbeiter) beharren. Dabei machen sie, soweit es zulässig ist, extensiv vom § 34 II LPVG NW (Rückholrecht) Gebrauch.

[66] Vgl. DBB 1996.

KOMBA-Gewerkschaft abgelehnt.[67] Vielmehr vertritt sie die Meinung, daß der öffentliche Dienst von der Beschäftigtengröße richtig bemessen sei. Der ehemalige Bundesvorsitzende der KOMBA-Gewerkschaft, H. OSSENKAMP, meinte in einem Zeitungsbericht, daß „es ... nicht zu viele Mitarbeiter im öffentlichen Dienst [gäbe], sondern ein Zuviel an Aufgaben".[68] Die größte Herausforderung für die Reform sieht die KOMBA-Gewerkschaft statt dessen in der Eindämmung der Gesetzgebungsflut und, damit einhergehend, in der Durchführung einer konsequenten Aufgabenkritik[69]. So muß die Verwaltung einerseits wieder in die Lage versetzt werden, freiwillige Aufgaben wahrnehmen zu können. Sie soll wirtschaftlicher und leistungsfähiger werden. Andererseits sollen die Mitarbeiter während und vor allem infolge der Verwaltungsreform mehr Eigenverantwortung und Selbständigkeit erhalten.[70]

Mehr denn je tritt die KOMBA-Gewerkschaft für eine kooperative Zusammenarbeit von Arbeitgeber und Personalrat bei der Gestaltung der Arbeitsbedingungen für die Beamten und Arbeitnehmer des öffentlichen Dienstes ein. Der grundlegende Zielkonflikt zwischen Haushaltskonsolidierung und Verwaltungsmodernisierung soll, ihrer Meinung nach, „sozial verträglich und fair" gelöst werden.[71] Bei der anstehenden Dezentralisierung der Ressourcen - also auch des Personalwesens - sollen desweiteren die Vorteile einer zentralen Bewirtschaftung erhalten „... und Benachteiligungen von Mitarbeitergruppen auf ein Mindestmaß beschränkt bleiben."[72]

---

[67] Vgl. LEHMANN 1994, S. 5.

[68] Vgl. Solinger Tageblatt vom 27.04.1995, S. 14: „Komba für Reform der Verwaltung"; Solinger Tageblatt vom 14.06.1995, S. 11: „Die Verwaltung als 'Baustelle'".

[69] Zum Begriff „Aufgabenkritik" siehe z.B. OBENAUER 1993, S. 338.

[70] Vgl. DBB 1995b, S. 11 u. DBB 1996, S. 9.

[71] Vgl. DBB 1996, S. 35.

[72] Ebd.

Der DBB verfolgt mit seinem Konzept „Verwaltung 2000“ ebenfalls die kooperative Beteiligung der Personalräte und Mitarbeiter an Modellprojekten in den Kommunen. Er ist oftmals dort beteiligt, wo auch die Gewerkschaft ÖTV schon Kooperationsverträge mit den Verwaltungen geschlossen hat. Federführend war der DBB beispielsweise beim Reformprojekt „Bezirksamt Weißensee“[73] innerhalb der Reform der Berliner Verwaltung beteiligt.[74]

2.5 Grundlegende Probleme bei der Verwaltungsmodernisierung

Mit der Durchführung der bisherigen Reform- bzw. Modernisierungsprojekte zeichnen sich, neben Teilerfolgen bei der Kosten- und Leistungsfähigkeit sowie bei der externen und internen Kundenorientierung, weitere Problembereiche ab. Festzustellen ist, daß

- alle Akteure (Politik und Verwaltung ebenso wie Personalvertretung und Belegschaft) oftmals nicht an den Veränderungswillen der jeweils anderen Seite glauben.
- von der politischen Führung keine klaren Reformziele definiert werden.
- die Mitglieder der Verwaltungsspitze nicht die in den Leitbildern proklamierten Regeln und Verhaltensweisen vorleben.
- die Verantwortung für den Veränderungsprozeß und die mit ihm einhergehenden Probleme auf die zweite Managementebene (Dezernenten) und/ oder dritte Führungsebene (Amtsleiter) verlagert werden.

---

[73] Eines von vier Modellbezirksämtern.

[74] Vgl. DBB 1995a, S. 30. Das „Modellprojekt Weißensee“ zur Einrichtung von Bürgerämtern wurde im Jahre 1991 in Gang gesetzt. Einer Studie der Berlin-Forschung (Becker, P./Jonas, U., 1994: Das Modellbezirksamt Weißensee: Ergebnisse einer Begleituntersuchung. Berlin.) zufolge war das Projekt insgesamt nicht erfolgreich verlaufen. Am 10.051994 wurde vom Berliner Senat, trotz des o.g. Mißerfolges, der Beschluß über die flächendeckende Durchführung (Stellungnahme des Berliner Senats vom 16.05.1995) der Verwaltungsreform in den 23 Bezirks- und sieben Senatsverwaltungen gefaßt.

- das Verhältnis bzw. die Abgrenzung von Kosten der Verwaltungsreform zur Haushaltskonsolidierung im vorhinein nicht oder nicht ausreichend geklärt worden sind. Die Reform sollte bzw. soll, nach Auffassung der Politiker, keine Kosten verursachen. Statt dessen soll sie zu Einsparungen im Haushalt führen. Diese Auffassung wird und wurde von den Ratsmitgliedern in den Medien vertreten und verursachten dadurch bei den Bürgern ein Angstgefühl vor einem weiteren Leistungsabbau und bei Beschäftigten Ängste vor Arbeitsplatzabbau und Leistungsverdichtung.
- die Verwaltung in der Regel die Auffassung vertritt, daß der Verwaltungsumbau neben dem „Tagesgeschäft" erledigt werden kann. Außerdem soll die Partizipationsarbeit im Modernisierungsprozeß von den Beschäftigten kostenneutral (unentgeltlich) geleistet werden.

Diese Fehler und Probleme von Politik und Verwaltungsführung führen im Rahmen der Reformdebatte zu komplizierten Modernisierungsbarrieren bei den Personalvertretern sowie bei den Beschäftigten.

Die Sorge der Mitarbeiter (in der Regel im unteren Qualifikationsbereich) vor dem potentiellen Verlust ihres Arbeitsplatzes basiert auf der Annahme, daß eine intelligente Arbeitsprozeßgestaltung und die Einführung von effizienzsteigernder Gruppen- bzw. Teamarbeit zu einer Leistungsverdichtung führen könnte. Folglich ist es möglich, daß mittelfristig Personal- und Stellenüberhänge festgestellt und daß im Stellenplan vermehrt die Einfügung von ku-/ kw-Vermerken[75] vorgenommen werden können.

---

[75] Der Stellenplan ist gemäß § 64 II GO NW Anlage des Haushaltsplanes der Verwaltung. Der Inhalt ist durch § 6 GemHVO sowie die verbindlichen Muster festgelegt. Die einzelnen besetzten Planstellen können mit kw-/ku-Vermerken versehen werden. *Kw* bedeutet, daß eine Planstelle *künftig wegfällt*, wenn die Aufgabe erledigt ist oder der Stelleninhaber ausscheidet. *Ku* zeigt an, daß eine Planstelle *künftig umgewandelt* werden muß, sobald diese neu besetzt wird. Der künftige Stellenwert ist dabei im Plan

Vereinbarungen über den Ausschluß betriebsbedingter Kündigungen (siehe z.B. der Abschluß von Dienstvereinbarungen in Remscheid und Wuppertal) zwischen dem Arbeitgeber und der Personalvertretung helfen zwar die Sorge zu mindern, völlig ausgeräumt werden kann sie jedoch damit nicht.

Auch die Problematik der Leistungsverdichtung wird vielfach eher negativ als positiv gesehen. Unter diesem Fragenkomplex verstehen die Mitarbeiter zumeist die schnellere und vermehrte Akten- bzw. Fallbearbeitung. Den wenigsten Arbeitnehmern ist aber bewußt, daß es, aufgrund der Neustrukturierung der Verwaltung, auch zu einer positiven Veränderung ihres Arbeitsplatzes in Form der Steigerung von Gestaltungsfreiheit und Verantwortlichkeit kommen kann.[76]

Das dritte wichtige Akzeptanzproblem der Mitarbeiter ist die Angst vor dem Zwang der immerwährenden Qualifikationsaneignung durch Fort- und Weiterbildungsmaßnahmen. Früher war der Faktor „Lernen" ein außerordentliches Ereignis im Arbeitsleben eines Bediensteten der öffentlichen Verwaltung. Es fand „near the job" oder, je nach Position des Beschäftigten, auch im „learnig by doing" statt. Mit dem derzeitigen Wandel der Gesellschaft (und damit auch dem Reformprozeß) geht einher, daß der Lernfaktor dem Mitarbeiter alltäglich bei der Gestaltung des eigenen Arbeitsprozesses, d.h. „on the job", begegnen wird. Hier ist also ebenfalls die Einsicht in die Notwendigkeit relevant, durch die kontinuierliche Information der Belegschaft (Beispiel: Wuppertaler Modell) und die

angegeben. (Vgl. BERNHARDT/SCHÜNEMANN/SCHWINGELER [11]1995, S. 159 f., 436)

[76] Evident ist dabei, daß nicht jeder Mitarbeiter auch mehr Verantwortung übernehmen will. Dies sollte die Arbeitgeberseite berücksichtigen. Wichtig für die Aktzeptanz unter den Belegschaftsmitgliedern ist es aber, daß sie frühzeitig über die Vor- und Nachteile ausführlich informiert und bei einer Übernahme von größerer Verantwortung auch geschult werden.

Vermittlung von Umgangsstrategien durch die Personalverwaltung sowie die Interessenvertretung die Beteiligung der Mitarbeiter bei der Einführung des NSM zu erreichen. Dieses Feld sollte nicht der Dienstelle (Personalverwaltung) allein überlassen werden, da die Belegschaft ihr in der Regel mißtrauisch gegenübersteht. Die Personalvertretung hat durch das LPVG NW bisher nur eingeschränkt die Möglichkeit, in Form von Informationsverbreitung (§ 40 IV LPVG NW) und der Eröffnung von Kommunikationsmöglichkeiten (§§ 39, 45 ff. LPVG NW) gestaltend tätig zu werden. Um der besonderen, neuen Gestaltungsaufgabe gerecht werden zu können, sind Kontrakte zwischen Personalvertretung und Dienststellenleitung abzuschließen (s. a. Abschluß einer Dienstvereinbarung gemäß § 70 LPVG NW), um aufgrund der wenig geeigneten Mitbstimmungsinstrumente des LPVG NW im Modernisierungsprozeß partizipativ tätig werden zu können. In diesem Zusammenhang ist selbstverständlich zu erwähnen, daß die Personalvertreter ebenso wie die Mitarbeiter im Kontext mit dem Veränderungsprozeß durch den Arbeitgeber und die Gewerkschaft geschult werden müssen, um ihrer neuen Rolle gerecht werden zu können.[77]

2.6 Fazit

In den späten sechziger und frühen siebziger Jahren wurde schon einmal eine Debatte hinsichtlich der Entwicklung von Instrumenten zur Effizienzsteigerung der öffentlichen Verwaltung geführt. Noch Anfang der achtziger Jahre hegten die Politiker die Hoffnung „... über staatliche Planung und über die Reform von Regierung und Verwaltung politische Innovationen realisieren zu können ...“[78] Dieser Ansatz ist der Forderung und den

[77] Vgl. FRITSCH 1993a u. FRITSCH 1993b.
[78] HILBERT/STÖBE 1993a, S. 13.

darauf gründenden Konzepten nach einer Deregulierung des öffentlichen Sektors gewichen. Verfolgt wurde nunmehr die Überführung von öffentlichen Organisationseinheiten in verschiedene private Rechtsformen als auch die direkte Aufgabenübertragung an Unternehmen der Privatwirtschaft.

Erst am Ende der achtziger Jahre wurde die Diskussion in puncto Verwaltungsmodernisierung aufgrund der dauerhaft angespannten kommunalen Finanzlage wieder aufgenommen. Sie hat dadurch auch eine neue Aktualität erhalten. Die KGSt entwarf auf der Basis der Reformansätze in den Niederlanden ein NSM für die Kommunen. Dieses soll die Verwaltungen schlanker, ihr Verhalten effektiver, effizienter und kundenfreundlicher gestalten und ihnen dadurch einen gewissen Gestaltungsspielraum bei der Erledigung ihrer Aufgaben zurückgeben. Um den Prozeß nicht nur in der Theorie zu erarbeiten, sondern auch in die Praxis umsetzen zu können, fügte u.a. die Landesregierung Nordrhein-Westfalens eine „Experimentierklausel" in ihre Gemeindeordnung ein. Die Verwaltungen haben daraufhin landesweit begonnen, mit wissenschaftlicher Hilfe und / oder unter Einbeziehung von Unternehmensberatern, die Chance der Modernisierung wahrzunehmen.

Aufgrund der Erfahrungen der Gewerkschaften und Personalräte mit dem mißlungenen Versuch, die Einführung „Neuer Technologien" in den Verwaltungen zu verhindern, und aus Sorge vor einer Privatisierungswelle im öffentlichen Dienst waren diese bestrebt, sich von der Rolle des „Blockierers" zu lösen und sich statt dessen der Aufgabe des Mitgestalters der Verwaltungsreform anzunehmen. Zur Bewältigung der neuen Aufgabe im Rahmen der Erarbeitung von Reformmodellen bedienen sie sich auch der wissenschaftlichen Unterstützung[79].

Infolge der Mitarbeit der (organisierten) Personalräte wird es evident, daß die Entwicklung von eigenen Reformalternativen nicht ausreicht. Vielmehr ist die fortwährende Begleitung bei der Einführung und Umsetzung der örtlichen Modernisierungsideen durch die Interessensvertreter wichtig, um offensichtliche Probleme schon im Vorfeld abfedern zu können bzw. nicht eintreten zu lassen. Es tritt dabei die Frage auf, wie sie ihrer Aufgabenstellung trotz des verfassungsrechtlichen Hindernisses (Letztentscheidungsrecht des Verwaltungsleiters) erfolgreich realisieren können und wie sich ihre zukünftige Rolle gestalten wird.

---

[79] Die DGB-Gewerkschaften der Bundesrepublik Deutschland, die sich als außerbetriebliche Interessenvertreter der Arbeitnehmer verstehen, suchten seit ca. 1972 (Aufnahme der Begrifflichkeit *„gesicherte arbeitswissenschaftliche Erkenntnisse"* im BetrVG) die Zusammenarbeit mit wissenschaftlichen Gruppen an Hochschulen. Auftrieb erhielt die wissenschaftliche Begleituntersuchung durch das sozial-liberale Regierungsprogramm zur Humanisierung des Arbeitslebens (HdA) im Jahre 1974. Aufgrund dessen wurden Technologieberatungs- und Kooperationstellen errichtet, „die sich mit der Erarbeitung und Weitergabe von Grundlagenwissen, mit der praktischen Beratung bei betrieblichen Rationalisierungsprozessen sowie mit der Entwicklung gewerkschaftlicher Strategien und Standpunkte" befaßten (FALCK 1992, S. 53). KOMBA und ÖTV bedienen sich in der Folgezeit, d.h. seit dem Beginn der neunziger Jahre, (ebenso wie verschiedene Kommunalverwaltungen) der Hilfe durch die Bertelsmann Stiftung. Darüber hinaus nimmt die KOMBA die Hilfe von Prof. Dr. H. E. Meixner, Bonn, in Anspruch. Die Gewerkschaft ÖTV wird u.a. durch die HBS, das WSI sowie von Prof. Dr. F. Naschold, Berlin und Prof. Dr. H. Brinckmann, Kassel, (SIMON 1993, S. 37, 39) beraten.

3 Partizipation im Rahmen der Verwaltungsmodernisierung

3.1 Definition

Der Begriff „Partizipation“ stammt aus der altlateinischen Sprache „participatio“ und wandelte sich später zum lateinischen „particeps“ (teilhabend). Die Brockhaus-Enzyklopädie ^{19}1991, S. 570 unterscheidet bei der Einbeziehung von Personen bzw. Gruppen - bei der sie selber betreffenden Entscheidungen - zweierlei Sinngebungen:

1. „Teilnahme an bestimmten (konstituierenden) Prozessen (vor allem an Wahlen und anderen Formen demokratischer Willensbildung) [sowie]
2. Möglichkeit, die verschiedenen Phasen eines Entscheidungsprozesses wirksam und dauerhaft zu beeinflussen.“

In der Literatur wird eine Abgrenzung von Partizipation, Mitbestimmung und kooperativer Führung kaum vorgenommen, da es zu begrifflichen Überschneidungen kommt oder weil es in verschiedenen gesellschaftlichen Bereichen mit diesen synonym verwendet wird.

Allerdings wird z.B. von WUNDER/GRUNDWALD[80] eine Differenzierung des Begriffs Partizipation, hinsichtlich der von ZEPF[81] vorgenommenen Unterscheidung der idealtheoretischen Ausprägungen Mitbestimmung und kooperative Führung, vorgeschlagen: „Beide Formen der Partizipation sind ... nicht Gegensätze im Sinne eines Entweder-Oder, sondern sie ergänzen einander bei dem Bemühen um Machtausgleich und um Verbesserung der Qualität des Arbeitslebens.“[82] Partizipation soll im Folgenden dagegen als Oberbegriff verwendet werden.

---

[80] Vgl. WUNDER/GRUNDWALD 1980, S. 27 ff.
[81] Vgl. ZEPF 1972, S. 177 ff.
[82] WUNDER/GRUNWALD 1980, S. 28.

Der Oberbegriff „Partizipation" wird uneindeutig und diffus verwendet. Er überschneidet sich inhaltlich mit den Begriffen Herrschaft, Demokratisierung, Mitbestimmung, Teilhabe oder Teilnahme[83] und schließt Begriffe wie Autonomie, Selbstbestimmung, Selbstverantwortung etc.[84] als Unterbegriffe mit ein. Die Wirkung und Funktionsweise von Partizipation wird je nach Demokratiebegriff und Argumentation unterschiedlich betrachtet. So kann man beispielsweise erweiterte Teilhaberechte an Entscheidungen - im politisch-gesellschaftlich-wirtschaftlichen Raum - als Mittel drohender Systemüberwindung als auch als Mittel notwendiger gesellschaftlicher und individueller Evolution verstehen.

Im modernen, pluralistisch-liberalen Verständnis wird der Begriff aus Demokratietheorien, dem Rechtsstaatsgrundsatz und dem Sozialstaatsgebot hergeleitet. Darüber hinaus formulieren die Gewerkschaften den Begriff Partizipation als Gegenmacht- und Gestaltungskraftfunktion.

3.2 Inhalt und Ziel der Partizipation

Partizipation ist vom Ursprung her ein Konzept zur politischen Regelung der Beziehungen zwischen Entscheidern und den von der Entscheidung betroffenen Beschäftigten. Der Begriff umfaßt verschiedene, abgestufte Formen der Beteiligung. Sie reicht, je nach Führungsstil, von der passiven Teilnahme bzw. reinen Teilhabe an Entscheidungen über die aktive, abgestimmte Gestaltung bis hin zur autonomen Selbstgestaltung von Arbeitsbedingungen. TANNENBAUM/SCHMIDT stellten 1958 eine eindimensionale Kontinuum-Theorie auf. Dabei gingen sie von dem in der Realität zu beobachtenden Führungsverhalten aus. Die Führungsstile ordneten sie nach dem Ausmaß der Anwendung von Autorität durch den

---

[83] Vgl. BROCKHAUS ^{19}1991, Bd. 16, S. 570 ff.

[84] Vgl. ALEMANN ^{2}1978, S. 16.

Vorgesetzten und dem Grad der Entscheidungsfreiheit der Mitarbeiter auf einem Kontinuum von extrem Vorgesetztenzentrierten zu extrem Mitarbeiterzentrierten Verhaltensmustern an (Abbildung 1).

Abbildung 1: Führungsstil-Grundformen im Kontinuum

1. Der Vorgesetzte entscheidet und gibt die Anweisung. (autoritär)	**Führerzentriert** („autoritär")
2. Der Vorgesetzte entscheidet, „verkauft" seine Entscheidung sehr diplomatisch. (patriarchalisch)	
3. Der Vorgesetzte präsentiert seine Idee und bittet um weitere Vorschläge. (beratend)	
4. Der Vorgesetzte präsentiert vage Vorschläge und ermuntert zu Veränderungsvorschlägen. (kooperativ)	
5. Der Vorgesetzte präsentiert Probleme, sucht Vorschläge, trifft dann aber trotzdem die Entscheidung. (partizipativ)	
6. Der Vorgesetzte setzt Rahmenbedingungen, die Gruppe löst das (vorgegebene) Problem. (demokratisch)	
7. Der Vorgesetzte fungiert als Koordinator für Problemdefinition, Alternativsuche und Entscheidung. (demokratisch)	(„partizipativ") **Gruppenzentriert**

Quellen: TANNENBAUM/SCHMIDT (1958), S. 96; ZEPF (1972), S. 28.

Bevor ein in Abbildung 1 genannter Führungsstil gewählt wird, sind drei Determinanten zu prüfen:

1. Die Charakteristika des Vorgesetzen (Wertesystem, Vertrauen in seine Mitarbeiter, seine Führungsqualitäten, Höhe des Sicherheitsbedürfnisses),
2. die Charakteristika der Mitarbeiter (Erfahrung im Partizipationsprozeß, fachliche Kompetenz, Engagement, Ansprüche bezüglich eigener Qualifikationsentwicklung) und
3. die Charakteristika der Situation (Organisationsart, Eigenschaft der Gruppe, Problemart).

Je nach Konstellationseinschätzung der Charakteristika innerhalb der Punkte 1 bis 3 muß ein unterschiedlicher Führungsstil gewählt werden, d.h. es existiert kein einzig richtiger bzw. optimaler Führungsstil für alle Situationen.[85] Im vorhinein zum Scheitern verurteilt wäre jedenfalls der Versuch, autoritär mit der Frage des Modernisierungsprozesses umzugehen: z.B. in Form eines ausschließlichen „top-down" Verfahrens (z.B. Stadt Remscheid; teilweise bei der Modernisierung in Bremen[86]) oder mit dem Versuch, Implementationsbarrieren schnell zu durchbrechen. Statt dessen sollte ein hohes Maß an Flexibilität sowie eine breite Verankerung des Diskussionsprozesses verlangt werden.

Mit dem Konzept der Partizipation (bzw. des partizipativen Führungsstils) soll die Vorstellung von mehr Gerechtigkeit und Verantwortung gegenüber Betroffenen im Rahmen einer demokratischen Mitbestimmung erreicht werden. Hilfreich für die Bestimmung der Interessen (und somit für die Organisationsentwicklung) ist dabei die vorherige Erstellung eines Leitbildes für die Verwaltung (negative Verfahrensbeispiele sind z.B. die gescheiterten Versuche in Solingen und Wuppertal).[87] Alle Beteiligten besitzen dabei im günstigsten Fall die Möglichkeit zur Einbringung ihrer Interessen, Normen und Werte, Philosophien etc. Das im Dialog entstehende Leitbild wird so zu einem gemeinsamen Orientierungsrahmen hinsichtlich der Erreichung des Reformziels werden. In ihm sind das

---

[85] Vgl. STAEHLE ^{3}1987, S. 549.

[86] Am 21.10.1997 vereinbarte der Senat der Freien Hansestadt Bremen mit den Gewerkschaften ÖTV, GEW, GdP, DAG, DBB sowie mit dem Gesamtpersonalrat für das Land und die Stadtgemeinde Bremen ein umfassendes Verwaltungsreformabkommen (BREMEN 1997). Darin wird eine umfassende Partizipation der Arbeitnehmervertreter und der Gewerkschaften festgelegt. (Siehe Dokument 5 im Anhang) Ähnliche Abkommen wurden auch in anderen Bundesländern mit den Gewerkschaften geschlossen (z.B. FINANZMINISTERIUM NIEDERSACHSEN 1995; INNENMINISTERIUM NRW 1998; LANDESREGIERUNG SCHLESWIG-HOLSTEIN 1995; SENAT DER FREIEN UND HANSESTADT HAMBURG 1997.)

[87] Vgl. BARTHEL 1994 S. 313 u. LOTZ 1995, S. 451. Beispiele für NRW siehe bei BELZER 1995.

Selbstverständnis und die zentralen Leistungen der Kommunalverwaltung zu klären.

Im weiteren Partizipationsprozeß sind folgende fünf Grundprobleme[88] zu lösen:

1. Der Zeitpunkt der Beteiligung. Dieser wird im Falle der Mitbestimmung durch die Personalvertretungsgesetze genau vorgegeben. Es ist aber festzustellen, daß der Einfluß auf den Prozeß mit einer frühzeitigen Einbindung der Personalvertretung stark anwächst. Würden die Ergebnisse des Verfahrens schon feststehen, hätte die Partizipation gegebenenfalls eine Alibifunktion und würde im besten Fall nur zur Konsensbildung dienen.
2. Der Kreis der Beteiligten. Für den Erfolg eines partizipativen Prozesses ist es unerläßlich sicherzustellen, daß eine Repräsentanz der Betroffenen erreicht wird. Wird die Beteiligung selektiv vorgenommen oder wird eine sogenannte reine „Stellvertreterpolitik" von einzelnen Personen oder Gruppen betrieben, können sich diese Prozeßmängel negativ auf die Akzeptanz des Ergebnisses bei den „vertretenen" Betroffenen auswirken.
3. Die Form der Beteiligung. Hier sollte ein möglichst offenes Verfahren mit breiter und freier Beteiligungsmöglichkeit gesucht werden. Der Ablauf kann in Diskussionsforen oder Ausschüssen mit Rückkopplung bei den Betroffenen in öffentlichen Hearings gestaltet werden. Auch die Zulassung von schriftlichen Stellungnahmen einzelner Mitarbeiter oder von Gruppen zur Unterstützung sollte erwogen werden. Eine völlige Abschottung der Gruppe ohne Möglichkeit sich auch später noch beteiligen zu können oder aber die autoritäre Bestimmung der

---

88 MAYNTZ ^{4}1997, S. 248 f. für die Punkte 1 - 4.

Gruppenmitglieder sollte unterbleiben. Ausdrücklich ist die Kreativität der einbezogenen (und nicht der befragten!) Mitarbeiter als entscheidendes Moment (Potential) im Reformprozeß gefordert.

4. Die Information der Beteiligten. Ein offener Modernisierungsprozeß erfordert eine umfangreiche Informationsstruktur für alle daran Beteiligten und auch für alle von den Maßnahmen später Betroffenen. Dabei müssen rückhaltlos die Informationen gegeben und vor allem entsprechend anschaulich aufbereitet werden. Sollte der Informationsstand den Betroffenen bzw. Beteiligten nicht ausreichen, um die Vorschläge der Verwaltung beurteilen und Gegenvorschläge entwickeln zu können, dann „... bleiben selbst institutionalisierte Beteiligungsrechte praktisch relativ unbedeutend.“[89]
5. Die für den Prozeß notwendige Zielbestimmung sollte gemeinsam von Stadtrat, Verwaltungsspitze und Personalvertretung vorgenommen werden. Hierbei sollte neben der Verfahrensweise und der Projektarchitektur auch der Ausschluß von prozeßbedingten Nebenwirkungen (z.B. Ausschluß betriebsbedingter Kündigungen) festgelegt werden.

Von der Wahl und der Form der Partizipationsfaktoren hängt es ab, ob die Verwaltung bei der Modernisierung ihrer Strukturen eine Konfliktvermeidungs- oder eine Öffnungsstrategie gegenüber dem Personalrat und der Belegschaft (evtl. auch gegenüber den politischen Gremien) anstrebt. Ein entscheidender Faktor für die vorgenommene Wahl und Form der Partizipationsfaktoren wird u.a. auch davon abhängen, inwieweit sich die Verwaltungsspitze ein partizipationsfreundliches oder -feindliches Meinungsklima wünscht.[90]

---

[89] Ebd., S. 248.

[90] BUSSE/HEISIG/MIX/MÖNNICH/PRIGGE 1996, S. 262 stellen in ihrem Forschungsbericht sogar fest, daß zwar „im privatwirtschaftlichen Sektor bei der

3.3 Die gewerkschaftliche und die gesetzliche Mitbestimmung

Die Mitbestimmung bezeichnet eine Form „... der Partizipation von Personen und Personengruppen an gesellschaftlichen Entscheidungen.“[91] Der Mitbestimmungsbegriff ist in verschiedene ausgeprägte Rechtsgrade eingeteilt, die vom Anhörungsrecht, über das Mitberatungs- und Mitwirkungsrecht bis zur Mitbestimmung reichen.

Die Forderung nach einer direkten Beteiligung der Gewerkschaft kann weder mit dem Hinweis auf den bestehenden Rationalisierungsschutztarifvertrag[92] noch mit dem Hinweis auf das LPVG NW und die Kompetenzen des Personalrates glaubwürdig abgewehrt werden. Die dem Personalrat kraft Gesetz zugestandenen Kompetenzen sind im Hinblick auf die tiefgreifenden Wirkungen eines Umbaus der Kommunalverwaltung nicht geeignet, die Durchsetzung konsensfähiger und sozialverträglicher Ergebnisse zu gewährleisten. Gegenstand des Rationalisierungsschutztarifvertrages ist die Milderung von Rationalisierungsfolgen und nicht die Rationalisierungsmaßnahme selber.

Der gewerkschaftliche Mitbestimmungsbegriff zielt in seiner Intention u.a. darauf ab,

- Arbeitsplätze zu sichern,
- angemessene Einkommen der Arbeitnehmer zu erreichen und zu sichern,
- die Sicherheit am Arbeitsplatz und den Gesundheitsschutz weiterzuentwickeln,

---

Einführung neuer Produktionsmethoden der Beteiligung der Beschäftigten eine große Rolle zugemessen wird, ... dieses im Bereich des öffentlichen Sektors [jedoch] noch nicht der Fall“ ist.

[91] BROCKHAUS [19]1991, Bd. 14, S. 660.

- weitere Verbesserungen der Arbeitssituation zu bewirken,
- die Fähigkeiten und Fertigkeiten der Arbeitnehmer zu sichern und deren Entfaltung zu gewährleisten sowie
- Kontrollmaßnahmen der Arbeitgeber abzubauen.

Zur Verwirklichung der gewerkschaftlichen Forderungen bedienen sich die Personalräte der Regelungen der Personalvertretungsgesetze.[93] Das Gesetz regelt die Beteiligungsrechte und Tätigkeitsfelder der Personalvertretung in personellen, sozialen und organisatorischen Angelegenheiten. Mit der inhaltlichen Ausgestaltung der Personalratsarbeit und der hiervon ausgehenden Impulse wird die Aufgabe der Interessenvertretung erfüllt. Die Aufgabenschwerpunkte der Personalvertretung sind vor allem die Vertretung der Interessen der Mitarbeiter sowie die Funktion einer Beratungs- und Beschwerdeinstanz für die Beschäftigten. Dabei haben die Personalräte die Bestimmungen der Personalvertretungsgesetze bisher oftmals nur technokratisch angewendet. Anders ausgedrückt heißt dies, daß die Personalvertretungen vielfach nur reagierend aber nicht agierend tätig geworden sind. Die entscheidenden Impulse gingen eher von der Dienststellenleitung in Form von Maßnahmen oder Vorlagen aus, die entweder der Personalrat im Rahmen des Mitbestimmungsverfahrens billigte oder in einem Erörterungsgespräch oder einem Einigungsstellenverfahren abzumildern versuchte.

Der Begriff „Mitbestimmung" wird im Sprachgebrauch oftmals undifferenziert verwendet, d.h. alle Beteiligungsrechte werden unter diesem

---

[92] Abgedruckt in: KRASEMANN 1997: „Tarifvertrag für den Rationalisierungsschutz für Angestellte" vom 09.01.1987 in der Fassung des Änderungstarifvertrages Nr. 2 vom 04.11.1992.

[93] In den folgenden Ausführungen der Arbeit wird nur auf die Situation in NRW eingegangen, da sich die unter Abschnitt 0 untersuchten drei kommunalen Reform-

Begriff subsumiert. Der Gesetzgeber hat jedoch die beteiligungspflichtigen Angelegenheiten in den Personalvertretungsgesetzen und im Betriebsverfassungsgesetz einer Unterscheidung der Tatbestände Mitbestimmung, Mitwirkung und Anhörung unterworfen. Die Mitbestimmungsrechte (§ 72 LPVG NW) werden in einem Ausschließlichkeitskatalog aufgeführt. Sie begründen eine Mitverantwortung des Personalrates.

Keine echten Mitbestimmungsrechte sind die Mitwirkungsangelegenheiten (§ 73 LPVG NW). Sie unterscheidet sich dahingehend, daß Mitwirkungsrechte keiner Zustimmung der Personalvertretung oder der Einigungsstelle bei der Durchführung von Maßnahmen der Dienststelle bedürfen. Vielmehr wird lediglich eine rechtzeitige Erörterung mit dem Ziel der Verständigung bezweckt. Die endgültige Entscheidung der Maßnahme liegt weiterhin auf seiten der Dienststelle.

Bei den Tatbeständen „personelle" (§ 74 LPVG NW) und „organisatorische" (§ 75 LPVG NW) Angelegenheiten wurde vom Gesetzgeber dem Personalvertretungsorgan nur ein Anhörungsrecht zugebilligt. Sie stellt die schwächste Form der „Mitbestimmung" dar.

Da die Personalvertretungsgesetze (so auch das LPVG NW) nur unzureichend Mitbestimmungsmöglichkeiten bei den Dezentralisierungsbestrebungen im öffentlichen Dienst einräumen, kommt dieser Bestimmung, aufgrund der unmittelbaren Berührung von Belegschaftsinteressen bei Durchführung von Reformmaßnahmen, eine große Bedeutung zu. Eine übergreifende Mitwirkungsmöglichkeit kann allenfalls infolge der Regelung des § 73 Nr. 7 LPVG NW bestehen. Danach unterliegt die „Auflösung, Einschränkung, Verlegung oder Zusammenlegung von Dienststellen oder wesentlichen Teilen von ihnen" dem Mitwirkungs- und

---

verwaltungen sämtlich in NRW liegen. Deshalb wird in der Regel auch nur auf das LPVG NW als gesetzliche Rahmenbedingung Bezug genommen.

somit nicht dem Mitbestimmungsrecht der Personalvertretung. Bei den derzeitigen Reformbestrebungen in den Kommunalverwaltung ist vor allem nur deshalb der Tatbestand der „Einschränkung“ von besonderer Bedeutung, da die Dezentralisierung von Aufgaben (z.B. aus dem personalwirtschaftlichen oder organisatorischen Bereich) die Aussonderung aus dem bisherigen und die Zuweisung zu einem neuen Zuständigkeitsbereich bedingen.

Die Änderung des § 73 LPVG NW hin zu einem echten Mitbestimmungsrecht ist allerdings aus verfassungsrechtlichen Gründen problematisch, da der Verwaltung (als verantwortliches Organ gegenüber der Volksvertretung gemäß § 104 BPersVG[94]) nicht das Letztentscheidungsrecht in organisatorischen Angelegenheiten entzogen werden darf.[95] OSSENBÜHL (1986) stellt in einem Gutachten schließlich auch fest, daß alle Mitbestimmungsregelungen verfassungswidrig sind, die bei Verwaltungsentscheidungen die Verantwortungs- und die Entscheidungsmacht entkoppeln. Der Grundsatz der Einheit von Entscheidung und Verantwortung erfordert, daß behördliche Entscheidungen (z.B. Organisationsmaßnahmen und Personalangelegenheiten) nur von der Verwaltungsspitze oder aber vom Rat (als parlamentarisch verantwortlicher Stelle) getroffen werden können.[96]

---

[94] Erlassen als Rahmenvorschrift für die Rechtsverhältnisse der im öffentlichen Dienst der Länder, Gemeinden und anderen Körperschaften des öffentlichen Rechts stehenden Personen aufgrund des Art. 75 Nr. 1 GG.

[95] Siehe ORTH/WELKOBORSKY ^{5}1993, S. 485 f.; OSSENBÜHL 1986, S. 69, 71 f.; Schreiben des Bundesjustitiars des DBB, Dr. Wilhelm Ilbertz, v. 19.04.1995 an den Verfasser.

[96] Vgl. OSSENBÜHL 1986, S. 73.

Im Hinblick auf die Modernisierung sind für die Arbeit der Personalvertretung weiterhin folgende Paragraphen von Relevanz:

- die vertrauensvolle Zusammenarbeit zwischen der Dienststelle und der Personalvertretung gemäß § 2 LPVG NW,
- die rechtzeitige und umfassende Unterrichtung des Personalrats durch den Arbeitgeber gemäß § 65 I LPVG NW und
- die Vierteljahresbesprechungen zwischen dem Personalrat und dem Leiter der Dienststelle gemäß § 63 LPVG NW.

Die „vertrauensvolle Zusammenarbeit" von Dienststellenleiter und Personalrat ist nicht als Leerformel vom Gesetzgeber in das LPVG NW eingefügt worden. Vielmehr sollte die Chance genutzt werden, den Gesetzesauftrag nunmehr mit Leben zu füllen, wenn der Prozeß der Verwaltungsmodernisierung transparent, offen und betroffenenorientiert gestaltet werden soll. Für eine moderne Verwaltungsorganisation ist beiderseitiges Vertrauen auch im Verhältnis zwischen Personalrat und Dienststelle - gekennzeichnet durch Transparenz und Kooperation - unabdingbar. Die grundsätzlichen Ziele sind damit für beide Seiten bezeichnet worden: Verbesserung der Arbeitsbedingungen für die Mitarbeiter und Verbesserung des Dienstleistungsangebotes für die Bürger. Die Ziele sollten gleichberechtigt nebeneinander stehen und mit dem „ernsten Willen zur Einigung" (§ 63 Satz 2 LPVG NW) auch verfolgt werden.

Die rechtzeitige und umfassende Unterrichtung des Personalrates durch die Dienststelle soll sich nicht nur auf die gemeinsamen Vierteljahresgepräche beschränken. Sie stellen jedoch vor allem eine Möglichkeit dar, wie Personalrat und Dienststellenleitung frühzeitig Gestaltungsfragen, beispielsweise hinsichtlich der Privatisierung, der Rationalisierung und des

Umbauprozesses, besprechen bzw. klären können. Zur Unterstützung wäre die Einrichtung einer vorbereitenden und gestaltenden Arbeitsgruppe mit Beteiligung der Personalvertretung zur Lenkung und Planung des Modernisierungsprozesses zu erwägen. Die Einbindung des Personalrates in eine solche Arbeitsgruppe würde nicht nur die Weitergabe von Informationen und Unterlagen gemäß § 65 LPVG NW sicherstellen, sondern auch die gegenseitige Vertrauensbildung im Rahmen des § 2 LPVG NW fördern und festigen.

Der Abschluß von Dienstvereinbarungen (DV) ist nur zulässig, soweit ihnen nicht gesetzliche oder tarifliche Regelungen entgegenstehen. Sie können zwischen Verwaltungsspitze und Personalrat ausgehandelt werden. Die vereinbarten Regelungen sind gemäß § 70 LPVG NW festzuschreiben. Solche prozeßgestaltenden Vereinbarungen existieren in vielen Reformkommunen, so z.B. bei den Stadtverwaltungen Frankfurt/Main, Kassel und Wuppertal.[97] Die Schwierigkeit beim Abschluß einer DV liegt in der gesetzlich normierten Begrenzung von Regelungstatbeständen. Eine Erweiterung ist z.B. im Fall des grundsätzlichen Ausschlusses von betriebsbedingten Kündigungen oder von Privatisierungen nicht möglich. Allenfalls die Absichtserklärung seitens der Dienststelle, diese Kündigungsart auszuschließen, ist abschlußfähig.[98]

Einen Ausweg bietet die Möglichkeit des Abschlusses von Kooperationsverträgen zwischen den politischen Entscheidungsträgern und den Gewerkschaften. Die Regelungsmöglichkeit - beispielsweise von Problemfeldern[99], die nicht dienstvereinbarungsfähig sind - wird hier nur

---

[97] Vgl. Fußnote 56.

[98] Verwaltungsgericht Hamburg, Beschluß vom 26.08.1986 -2 VG FB 4/86-.

[99] Z.B. Ausschluß von betriebsbedingten Kündigungs- und von Privatisierungsmaßnahmen, Sicherung von Arbeitsplätzen, Einführung von beschäftigungsorientierten Arbeitszeitmodellen, Erstellung von Personalentwicklungskonzeptionen etc.

von der Abschlußbereitschaft der beiden Vertragsseiten bestimmt. Dabei werden in der Regel auch die Verfahrensregelungen (z.B. Sicherstellung der direkten und/oder repräsentativen Partizipation) berücksichtigt. Entsprechende Kooperationsverträge zwischen den Entscheidungsträgern bestehen z.B. im Main-Kinzig-Kreis, in Nürnberg und in Offenbach.

3.4 Restriktionen der Mitbestimmung

Grundsätzlich sind die Mitbestimmungsgesetze des Bundes und der Länder durch verfassungsrechtliche Schranken begrenzt. Insbesondere haben die Artikel 20 und 28 GG konstitutionellen Charakter und schränken damit gegenläufige Gesetzesbestimmungen ein bzw. schließen sie aus.

Für die personalvertretungsrechtliche Gesetzgebung hat das Grundgesetz sogar eine doppelte Funktion: Einerseits ist es die Grundlage für die Mitbestimmung im öffentlichen Dienst, andererseits legt die Verfassung auch ihre Grenzen fest. Gegner wie Befürworter einer Erweiterung der Mitbestimmungsregelungen im öffentlichen Dienst stützen ihre jeweiligen - sich widersprechenden - Argumentationen auf das Grundgesetz.[100] Gleichzeitig steuern sie durch die verfassungsrechtliche Positionierung der Personalvertretung ihre extensive oder restriktive Auslegung des geltenden Rechts. Dieser Streit ist, wie im folgenden noch aufzuzeigen ist, zwar bezüglich einer Auseinandersetzung förderlich, jedoch steht derzeit die Rahmenvorschrift des § 104 III BPersVG einer etwaigen „Mitregentschaft" der Personalvertretungen in der Verwaltungsführung entgegen. Dieser zeigt nämlich die derzeitigen Grenzen einer uneingeschränkten Mitbestimmung auf.[101]

---

[100] Z.B. OSSENBÜHL 1986 u. SCHNEIDER 1985.

[101] Vgl. OSSENBÜHL 1986, S. 69 ff. Die Grenzen sind durch einige BVerfGE immer wieder bestätigt worden. Als wichtige Entscheidungen sind beispielsweise das Urteil des BVerfG zum BremPVG (BVerfGE 9, 268), das Urteil des hessischen Staats-

Diese Einschränkung einer erweiterten Mitbestimmung wurde zuletzt durch das Urteil des Bundesverfassungsgerichtes (BVerfG) vom 24.05.1995 zum Mitbestimmungsgesetz Schleswig-Holstein (MBG Sch.-H.) präzisiert und z.T. sogar ausgedehnt. Die umfassende Beteiligung der Personalräte in Form einer Mitbestimmung mit Letztentscheidungsrecht der Einigungsstelle ist mit dem Grundgesetz (Artikel 28 I Satz 1 GG in Verbindung mit Artikel 20 II GG) unvereinbar. Aufgrund dessen hat das Gericht folgende Leitsätzen aufgestellt und für Recht erklärt:

1. „Als Ausübung von Staatsgewalt, die demokratischer Legitimation bedarf, stellt sich jedenfalls alles staatliche Handeln mit Entscheidungscharakter dar (BVerfGE 83, 60 <73>). Es kommt nicht darauf an, ob es unmittelbar nach außen wirkt oder nur behördenintern die Voraussetzungen für die Wahrnehmung der Amtsaufgaben schafft. Will der Gesetzgeber die Beschäftigten an Entscheidungen über innerdienstliche Maßnahmen mit Rücksicht auf deren spezifische Interessen als Dienst- und Arbeitnehmer beteiligen, so sind ihm durch das Erfordernis hinreichender demokratischer Legitimation Grenzen gesetzt.
2. In welcher Art und in welchen Fällen die Mitbestimmung oder eine andere Form der Beteiligung der Personalvertretung verfassungsrechtlich zulässig ist, ist unter Würdigung der Bedeutung der beteiligungspflichtigen Maßnahmen sowohl für die Arbeitssituation der Beschäftigten und deren Dienstverhältnis als auch für die Erfüllung des Amtsauftrags zu bestimmen: Die Mitbestimmung darf sich einerseits nur auf innerdienstliche Maßnahmen erstrecken und nur so weit gehen, als die

---

gerichtshofs zum HPVG vom 30.04.1986 (PersV 86, 227), das Urteil des nordrhein-westfälischen Verfassungsgerichtshofes zur direkten Mitbestimmung im LPVG NW

spezifischen im Beschäftigtenverhältnis angelegten Interessen der Angehörigen der Dienststelle sie rechtfertigen (Schutzzweckgrenze). Andererseits verlangt das Demokratieprinzip für die Ausübung von Staatsgewalt bei Entscheidungen von Bedeutung für die Erfüllung des Amtsauftrags jedenfalls, daß die Letztentscheidung eines dem Parlament verantwortlichen Verwaltungsträgers gesichert ist (Verantwortungsgrenze).“[102]

Aus der Rechtsprechung und den formulierten Leitsätzen des BVerfG ergibt sich, daß die Personalvertretung - außer bei organisatorischen, personellen und sozialen Einzelfallentscheidungen - kaum erzwingbare Rechte, beispielsweise über eine Einstellungsverfügung, besitzt. Da die demokratische Legitimation der Volksvertretung nicht durch andere Gesetze oder Vereinbarungen (z.B. Mitbestimmungsrechte im Personalvertretungsgesetz; Dienstvereinbarungen) „unterlaufen“ werden darf - selbst dann nicht, wenn es sich ausschließlich um innerbehördliche Maßnahmen handelt - kann von einem umfassenden Mitbestimmungsrecht nicht die Rede sein. Mit der Rechtsprechung des BVerfG ist die Rahmenvorschrift des § 104 III BPersVG weiter gefestigt worden.

Daß mit der Modernisierung des öffentlichen Dienstes und dem allerorts feststellbaren Wandel der Interessenvertretungsrolle nicht unbedingt eine Erweiterung der Mitbestimmungsrechte einhergehen muß, wurde oben anhand der Rechtsprechung gezeigt. Verschiedene Länderregierungen (z.B. in Bremen und Sachsen) versuchen sogar schon im Vorfeld Mitbestimmungsrechte sukzessive abzubauen.

---

vom 15.09.1986 (NVwZ 87, 211) sowie das Urteil des BVerfG -2 BvF 1/92- vom 24.10.1995 zum MBG Sch.-H. zu nennen.

[102] BVerfG 1995 (- 2 BvF 1/92 - vom 29.10.1995): Leitsätze.

In der programmatischen „Vereinbarung zur Zusammenarbeit in einer Regierungskoalition für die 13. Wahlperiode der Bremischen Bürgerschaft“[103] wurden im Teil V unter Ziffer 3 Aussagen zur Verwaltungsmodernisierung getroffen. In ihr wurde u.a. die Novellierung des Bremischen Personalvertretungsgesetzes (BremPVG) bis 1993 vermerkt. Beabsichtigt wurde „... die Überprüfung der Aufgaben der Personalvertretung einschließlich des Mitbestimmungsverfahrens unter Mitwirkung des Gesamtpersonalrates und der übrigen Interessenvertretungen der Bediensteten“ (Mängelanalyse) durch juristische und organisationswissenschaftliche Untersuchungsmethoden. Ziel war die Durchsetzung einer Verschlechterung des BremPVG mit der Begründung der „Wahrung des Grundsatzes der gleichberechtigten Partnerschaft zwischen Dienststellenleitung und Personalvertretung ... vor dem Hintergrund der bisherigen Erfahrungen einschließlich der Rechtsprechung ...“ Konkret sollten nachfolgende Vorschläge der F.D.P. und des Bündnis 90/Die Grünen zur Veränderung des BremPVG geprüft werden:

- „die Erleichterung von Abordnungen und Versetzungen auch über einen senatorischen Bereich hinaus,
- Modernisierung der Aufgabenstellung des Personalrats im Hinblick auf Maßnahmen zur Verwirklichung der Gleichberechtigung der Frau und der Integration ausländischer Beschäftigter,
- Vereinfachung der Konfliktregelungsmechanismen von Schlichtung und Einigung,
- Beseitigung von Gesetzesunklarheiten zur Vermeidung unnötiger Rechtsstreitigkeiten und
- das Problem der Mischtatbestände.“

---

[103] Nachfolgende Zitate s. BREMEN 1991, Ziffer 1890.

Eine Zwischenbilanz wurde im Januar 1995 durch die *Senatskommission für das Personalwesen* (SKP) und den bremischen Senator für Finanzen erstellt. Darin kommen sie zum Schluß, daß ihre Einschränkungsabsichten aufgrund von Auseinandersetzungen der SKP mit dem GPR innerhalb des „Nichtständigen Ausschusses der Bürgerschaft zur Verwaltungsreform" gescheitert sind.[104]

Nicht vom Tisch sind weitere „Reformabsichten" verschiedener Parteien zum BremPVG auch in der 14. Wahlperiode. Zwar legten die derzeitige Koalition keine Novellierungsabsichten in ihrem Koalitionsvertrag fest. Immer wieder werden jedoch in der Bremer Bürgerschaft Anträge[105] zu dieser Thematik behandelt. Daß die o.g. Absichten der ehemaligen Koalition ebenfalls noch nicht hundertprozentig abgelehnt werden, wird aus einem Redebeitrag des Abgeordneten Zachau (Bündnis 90/Die Grünen) deutlich: „... Aus der Zeit der Ampel [-koalition, I.U.] gibt es bereits einen weitgehend gestalteten Gesetzentwurf, der den meisten unserer Anforderungen entspricht. Diese Vorarbeiten sollten wir nutzen. Es ist dringend Zeit zu handeln, damit endlich Bewegung in die Reform des öffentlichen Dienstes kommt. Bisher ist leider die Reform auf der Ebene der zähen Finanzreform hängengeblieben. (...) Wir sind der Gesetzgeber und nicht die SKP und auch nicht der dazugehörige Senator."[106]

Auch das Staatsministerium des Innern des Landes Sachsen hat zwischenzeitlich einen Referentenentwurf zur Änderung des Sächsischen Personal-

[104] Vgl. HBS 1995, S. 6.

[105] Siehe z.B. LT-Drs. 14/386, 14/395 sowie die Diskussion in der Bremischen Bürgerschaft, Plenarprotokoll, 14. Wahlperiode, 26. Sitzung vom 26.09.1996, S. 1603-1618.

[106] Rede des Abgeordneten Zachau (Bündnis 90/Die Grünen) in der Bemischen Bürgerschaft (Landtag), Plenarprotokoll, 14. Wahlperiode, 16. Sitzung am 26.09.1996, S. 1612.

vertretungsgesetzes (SächsPersVG) vorgelegt.[107] Dieser inoffizielle Entwurf sieht u.a. folgende gravierende Verschlechterungen vor:

- Ausdehnung des § 4 V SächsPersVG. Dieser Paragraph schränkt den Personenkreis, der zu den Beschäftigen im Sinne des Gesetzes zählt, ein. Nunmehr sollen auch die Wissenschaftler, Professoren, studentischen und wissenschaftlichen Hilfskräfte etc. nicht mehr unter das SächsPersVG fallen. Damit wird die einheitliche Personalvertretung im öffentlichen Dienst für große Teile der Mitarbeiter mit der Begründung, daß das LPVG NW im § 5 eine im wesentlichen gleichlautende Regelung vorsieht, weiter eingeschränkt.
- Veränderung des § 46 IV SächsPersVG. Diese Bestimmung sieht die starke Absenkung der Freistellung von Personalräten nach Wahlberechtigten vor.[108] Weiterhin wird der Satz 4 „Auf Beschluß des Personalrats können anstatt ganz freizustellender Personalratsmitglieder auch entsprechende Teilfreistellungen erfolgen" gestrichen. Damit wird die bisher weitgehendste Freistellungsregelung für Personalvertreter in Sachsen auf das derzeit geltende Durchschnittsniveau der anderen bestehenden Länderregelungen abgesenkt. Die vorgesehene Reduzierung wird damit begründet, daß die vorgesehene Neuregelung der Freistellungsstaffel auf eine auf vieljährige Erfahrung beruhenden gesetzlichen Vermutung für die Erforderlichkeit von vollständigen Freistellungen basiert. Diese Annahme berücksichtigt aber nicht die sich

[107] SÄCHSISCHES STAATSMINISTERIUM des Innern, 1996.

[108] Gegenüberstellung der bisherigen und der zukünftigen Freistellungsregelungen (Anpassung z.B. an § 38 III PersVG-MV) gemäß § 46 IV SächsPersVG:

abzeichnenden Auswirkungen der anlaufenden Reformprozesse auf kommunaler Ebene. Denn in Zukunft sollte diese Freistellungsregelung, wie sie z. Zt. bereits (bzw. noch) in Sachsen besteht, auch in den anderen Landespersonalvertretungsgesetzen ihren Eingang finden. Die Forderung hinsichtlich einer erhöhten Freistellungsmöglichkeit wird um so dringender als es darum geht eine weitere, erfolgreiche Arbeit der Personalräte aufgrund der einschneidenden Veränderungen infolge der Verwaltungsmodernisierungsmaßnahmen ermöglichen zu können.[109]

- Die Mitwirkung des Personalrats bei Kündigungen gemäß § 78 I 2 SächsPersVG ist für Angestellte, die eine entsprechende Beamtenstelle der Besoldungsordnung (BBesO) B innehaben, bisher ausgeschlossen. Diese Einschränkung soll nunmehr auch auf die Angestellten ausgedehnt werden, die vergleichsweise eine Beamtenstelle ab der Besoldung A 16 (BBesO A) innehaben (§ 81 I SächsPersVG). Damit wird bereits teilweise die Mitbestimmung der Personalvertretung für Angestellte, die eine Amtsleiterstelle bekleiden, ausgeschlossen. Zum

z. Zt. geltende Freistellungsregelung		**künftig geltende Freistellungsregelung**	
Anzahl Beschäftigte	**freigestellte PR**	**Anzahl Beschäftigte**	**freigestellte PR**
200 bis 400 Mitarb.	ein Personalrat	300 bis 600 Mitarb.	ein Personalrat
401 bis 700 Mitarb.	zwei Personalräte	601 bis 1.000 Mitarb.	zwei Personalräte
701 bis 1.000 Mitarb.	drei Personalräte	1.001 bis 2.000 Mitarb.	drei Personalräte

[109] Interessanter Weise hat das BAG am 26.06.1996 für den Bereich des BetrVG entschieden, daß freigestellte Betriebsräte Anspruch darauf haben, ihre Betriebsratstätigkeit mit Kollegen zu teilen. Betriebsräte dürfen ebenso wie andere Arbeitnehmer „Time-sharing" praktizieren, wenn sie es wünschen. Der Hinweis des Arbeitgebers auf einen mit der Arbeitsteilung verbundenen größeren organisatorischen Aufwand reiche nach Meinung des BAG für eine Ablehnung nicht aus. Allerdings müssen vom Betriebsrat plausible Gründe für eine Aufteilung der Betriebsratstätigkeit vorgebracht werden. (Vgl. BAG -7 ABR 48/95- vom 26.06.1996) Diese Entscheidung könnte nicht nur Sachsens Novellierungswunsch des SächsPersVG zunichte machen; vielmehr könnte die z. Zt. geltende sächsische Regelung auch Eingang in die übrigen Landespersonalvertretungsgesetze finden.

Vergleich: Im § 72 I Satz 2 Nr. 2 LPVG NW wird die Mitbestimmung erst ab der Besoldungsgruppe B 3 (BBesO B) in Abrede gestellt.

- Der Mitbestimmungstatbestand, nach der die Personalvertretung bei Angestellten und Arbeitern in Abordnungsfällen von mehr als drei Monaten mitzubestimmen hat (§ 80 I Nr. 4 SächsPersVG), soll gemäß dem Referentenentwurf nunmehr erst ab einer Dauer von mehr als sechs Monate greifen. Entsprechend soll die eingeschränkte Mitbestimmung gemäß § 81 I Nr. 5 SächsPersVG bei Beamten verändert werden. Problematisch daran ist, daß gerade in einer Zeit des Personalabbaus die Verwaltung „zur Aufrechterhaltung des Dienstbetriebes“ und nicht zuletzt auch für eine erfolgreiche Modernisierung der Verwaltung „regen Gebrauch“ von dieser erweiterten flexiblen Personaleinsatzregelung machen wird. Der Personalrat kann seiner Schutzfunktion bzw. seiner Tätigkeit nur noch unter erschwerten Bedingungen nachgehen.
- Eine Mitbestimmung der Personalvertretung bei Nebenabreden (gemäß § 80 I Nr. 8 SächsPersVG) und der Verlängerung oder Verkürzung der Probezeit (gemäß § 80 I Nr. 10 SächsPersVG) soll erst auf Antrag des betroffenen Beschäftigten möglich sein (gemäß § 80 II [neu] Referentenentwurf SächsPersVG). Mit dieser Neuregelung wird zwar die Mitbestimmung des Personalrats gewahrt. Sie ist faktisch jedoch außer Kraft gesetzt, denn die Erfahrung aus der Praxis zeigt, daß in der Vergangenheit kaum ein Beschäftigter von sich aus die Einbeziehung der Arbeitnehmervertretung beantragt hat.

Das Verfahren zur Änderung des SächsPersVG ist zwar noch nicht abgeschlossen, jedoch sollte anhand des vorstehenden Referentenentwurfs eine weitere regressive Entwicklungsrichtung der Mitbestimmung angezeigt werden.

3.5 Fazit

Die neuere Entwicklung in der Mitbestimmungsgesetzgebung der Bundesrepublik Deutschland zeigt, daß einerseits durch die Rechtsprechung des BVerwG, des BVerfG[110] und verschiedener Landesgerichte und andererseits durch einige konservative Landesregierungen immer wieder arbeitnehmerfreundliche Regelungen für verfassungswidrig erklärt bzw. außer Kraft gesetzt werden. Ein Handlungsbedarf für eine Fortentwicklung des Personalvertretungsrechts wird nur für Fälle des beruflichen Alltags, d.h. für organisatorische, personelle und soziale Angelegenheiten, in denen der einzelne Beschäftigte unmittelbar betroffen ist (innerbehördliche Mitbestimmung), anerkannt.[111] Dennoch fordern der DGB und die Gewerkschaft ÖTV mehr denn je die Vorlage eines innenministeriellen Referentenentwurfs zur Novellierung des Bundespersonalvertretungsgesetzes (als Personalvertretungsgesetz für die Bundeseinrichtungen, aber auch als Rahmenvorschrift für die Landespersonalvertretungsgesetze). Dem Ansinnen der Erweiterung von Mitbestimmungsrechten verschlossen sich bisher die Bundesregierung und die Koalitionsparteien von CDU/CSU und F.D.P.[112], obwohl beispielsweise eine weitgehende Beteiligung des Personalrates an der Umgestaltung der öffentlichen Verwaltung seitens der Arbeitgeber und der Politiker gewünscht wird.[113]

---

[110] Zuletzt durch die BVerfGE -2 BvF 1/92- vom 24.10.1995 zum MBG Sch.-H. vom 11.12.1990.

[111] Vgl. ILBERTZ 1989, S. 523. Der Begriff „*Innerbehördliche Mitbestimmung*" wurde von LEISNER 1970, S. 9 geprägt.

[112] Vgl. ILBERTZ 1989, S. 524.

[113] Vgl. so z.B. SCHMIDT ^{2}1995, S. 146 u. LANDTAG NRW 11/1498, 11/3949, 11/3957, 11/3958, 11/3966. Vgl. auch die Meinung von Prof. Dr. jur. U. Battis „... gleichwohl sei eine Verwaltungsmodernisierung nur im Einvernehmen mit den Beschäftigten - also auch der Personalvertretung - realisierbar." (Ebd., S. 146 f. bzw. LANDTAG NRW 11/3928)

Die in der Vergangenheit von den Gewerkschaften geforderte und von den Personalräten geübte technokratische Anwendung der Gesetzesregelungen ist, auch aufgrund verschiedener Erfahrungen und der von den Personalräten erkannten örtlichen Notwendigkeiten, dem Wunsch nach einer flexiblen, problemorientierten Arbeit gewichen. Aufgrund des Demokratieprinzips des Grundgesetzes darf allerdings, laut oberster Rechtsprechung, das Letztentscheidungsrecht des Rats (als parlamentarisches Organ) nicht angetastet werden. Eine Ausdehnung der gesetzlichen Mitbestimmungsrechte für die betriebliche Interessenvertretung ist somit weitgehend nicht möglich. D.h., daß die Forderung des Personalrates hinsichtlich seiner Einbeziehung bei der Entwicklung und Gestaltung von Verwaltungsreformkonzeptionen und der damit verbundenen Projektbegleitung rechtlich nur sehr eingeschränkt möglich ist.

Wie werden die Modernisierungsprojekte, die in vielen öffentlichen Verwaltungen angegangen werden, nun unter diesen Prämissen von den Interessenvertretungen begleitet? Der alleinige Rückgriff der Personalvertretungen auf ihre gesetzlich verbrieften Mitbestimmungs- und Mitwirkungsrechte reicht für eine ausreichende Gestaltungsoption nicht aus.

Anhand von drei unterschiedlichen Modernisierungsbeispielen aus dem „Bergischen Städtedreieck“ in NRW sollen deshalb im nachfolgenden Kapitel drei unterschiedliche Modernisierungsprojekte und -strategien der Städte Remscheid, Solingen und Wuppertal beschrieben und im Anschluß den bisherigen theoretischen Ausführungen gegenübergestellt werden. Dabei soll speziell der Fokus auf eine Verhaltensänderung der Personalvertretungsmitglieder sowie die Formen der Zusammenarbeit der Verwaltungsführung mit der Personalvertretung und auch den Beschäftigten bei der Modernisierung der Verwaltungsstrukturen gerichtet werden. Dabei ist neben der unterschiedlichen Herangehensweise auch die Frage interessant, ob und in welche Richtung sich die Rolle der Dienststellenleitung und die der Personalvertretung verändert haben.

4 Fallstudien zur Partizipation bei der Verwaltungsmodernisierung

4.1 Vorbemerkung zur Auswahl und Methodik

Die Fallstudien wurden in den drei kreisfreien Städten des „Bergischen Landes“ durchgeführt. Die Kommunen Remscheid, Solingen und Wuppertal liegen unmittelbar aneinandergrenzend im Städtedreieck dieser urbanen Region.[114]

Mehrere Gründe haben mich dazu bewogen, die nachfolgenden drei Modernisierungsprojekte für die Diplomarbeit auszuwählen:

1. Die drei Kommunalverwaltungen sind von der Größenordnung und der Aufgabenlage vergleichbar. Sie grenzen zudem geographisch aneinander. Ihre Behördeneinrichtungen sind jeweils aufgrund der späten Großstadtgründung (1929) und der in jüngerer Zeit vorgenommenen kommunalen Funktionalreform (1975) dispers über das gesamte Stadtgebiet verteilt. Die örtliche Lage der Ämter und Einrichtungen ist oftmals kundenunfreundlich. Gleichzeitig sind die Kommunikationsstrukturen und die Arbeitszusammenhänge aufgrund der häufig kilometerweit entfernten Ämter gestört. Diese Tatsache schränkt einerseits die Effizienz und Effektivität der Kommunalverwaltung, andererseits die Informationsbeziehungen zwischen den Personalräten und Beschäftigten (auch untereinander) stark ein.

[114] Zum Begriff Region bzw. Städtedreieck „Bergisches Land“ siehe die Untersuchung von RONGE 1995. Er prüft anhand verschiedener Indikatoren (Bildungsregion, Historiographie, Kulturraum, Politikregion sowie Sozial- u. Wirtschaftsraum) ob es die Region „Bergisches Land“ (und damit auch das „Bergisches Städtedreieck“) überhaupt gibt und wenn ja, wer und was dazu gehört oder zählt.

2. Alle drei Städte haben einen überdurchschnittlich starken, monostrukturierten Industriebesatz.[115] Die ausgesprochen klein- und mittelständisch strukturierten Betriebe sind aufgrund von Konjunkturproblemen und ihrer Abhängigkeit von den großen Weltmarktbranchen (z. B. Automobilbau) besonders belastet. Sie führen zu zahlreichen Insolvenzen und damit für die Städte zu sinkenden Gewerbesteuereinnahmen. Die fehlenden Einnahmen führen u.a. zu einer immer schwierigeren Haushaltssituation. Der Anteil des tertiären (Dienstleistungs-) Sektors ist in den drei Städten unterdurchschnittlich vertreten.
3. Die Ausgangslage der Kommunen im Vorfeld der Reformbestrebungen differierte nicht sonderlich. Alle drei Haushaltspläne wiesen hohe Defizite aus. Die Kommunen waren deshalb mehrfach durch Auflagen von der Bezirksregierung gehalten, ihre mittelfristige Finanzplanung zu korrigieren. Der Versuch, diese mit Hilfe der Gewerbesteuersätze und einer konsequenten Stellenstreichungspolitik auch nur ansatzweise resp. auf Dauer zu erfüllen, muß als mißlungen betrachtet werden.
4. Alle drei Städte reformieren z. Zt. ihre Verwaltungsstrukturen - u.a. aufgrund ihrer prekären Haushaltssituation - auf sehr unterschiedliche Art und Weise. Die Herangehensform bezüglich der Partizipationsmöglichkeiten variiert von einer strikten „top-down“ Methode über eine kombinierte „top-down/bottom-up“ Verfahrensweise bis hin zu einer fast reinen „bottom-up“ Strategie. Weiterhin bedienen sie sich externer Unternehmensberater, die den Modernisierungsprozeß begleiten und / oder konzipieren. Während Solingen den Umbau punktuell in Form von

---

[115] Remscheid (KFZ-Zuliefererindustrie; Werkzeugindustrie); Solingen (KFZ-Zuliefererindustrie; Schneidwarenindustrie); Wuppertal (KFZ-Zulieferindustrie; Farben-, Lacke- und Tuchwarenindustrie).

Modellprojekten angeht, versucht Wuppertal mit einem Reengineeringprozeß die gesamte Verwaltung zu reformieren. Dagegen hat Remscheid bislang den Weg verfolgt, möglichst viele Aufgaben zu privatisieren bzw. diese auszugliedern.

5. Die drei Kommunen denken darüber hinaus über gemeinsame Kooperationsprojekte hinsichtlich einer kostengünstigeren Abwicklung von Verwaltungsleistungen nach. Angedacht wurde beispielsweise eine „Bergische Entsorgungsgesellschaft" der Städte Remscheid, Solingen und Wuppertal. Im Bereich der Kultur wurden die Orchester von Remscheid und Solingen in eine gemeinsam betriebene Gesellschaft „Bergischen Symphoniker GmbH" überführt. Wuppertal kooperiert im kommunalen Musik- und Theaterbereich mit der Stadt Gelsenkirchen.

Die Wirkungsweise von Mitbestimmungsnormen wird in der Organisation von Betrieben, Unternehmen und Verwaltungen als auch in den Einstellungen der Beschäftigten und der Interessenvertreter abgebildet. KIßLER stellte 1986 in seiner Auswertung von Untersuchungen der Mitbestimmungsforschung[116] in den letzten 35 Jahren fest, daß sich die Mehrheit der Forschungsprojekte mit der „subjektiven Verankerung der Mitbestimmung in Einstellungs- und Interessenhorizont von Interessenvertretern [und] Arbeitnehmern [beschäftigt]. Nur ein Sechstel nimmt Entscheidungsstrukturen, Produktionsorganisation, Führungsstile, mithin die organisatorische Dimension der Mitbestimmung schwerpunktmäßig ins Blickfeld."[117] Von den 42 ausgewerteten Forschungsprojekten der Jahre

---

[116] Die Mitbestimmungsforschung ist institutionell überwiegend an den Universitäten verankert. (Vgl. KIßLER 1986, S. 20)

[117] Ebd., S. 16.

1951 bis 1986 bezog sich nur ein einziges auf den öffentlichen Dienst[118]. Auch in den letzten Jahren hat das Verhältnis zwischen BetrVG- und PersVG-Forschungsprojekten nicht grundlegend verändert. Zwar befassen sich die wissenschaftlichen Einrichtungen resp. die Wissenschaftler vermehrt mit der Modernisierung der öffentlichen Verwaltung, die Entwicklung der Mitbestimmung und der Partizipation im öffentlichen Dienst sowie „die Rolle der gewerkschaftlichen und personalrätlichen Interessenvertretung im Modernisierungsprozeß" ist allerdings immer noch in diesem Forschungsbereich unterrepräsentiert.[119]

Methodisch stehen für eine Untersuchung der drei Fallstudien mehrere Instrumente der traditionellen Sozialforschung zur Verfügung: z.B. teilnehmende Beobachtung, schriftliche Befragung, Gruppendiskussion, Interview und Inhaltsanlayse. Es ist dabei möglich, diese je nach Forschungsziel und -gegenstand zu kombinieren.

Für die vorliegende Arbeit habe ich die Methode der teilstrukturierten Expertenbefragung gewählt. Die Methode wird vor allem dort angewendet, wo es beispielsweise darum geht, besonders individuelle Erfahrungen zu eruieren.[120] Dabei war die Erhebung tatsächlicher Meinungen und nicht deren Herstellung das Ziel der nach wissenschaftlichen Prinzipien durchgeführten Befragungen.[121]

Die teilstrukturierte Befragungsmethode steht zwischen dem Typ des stark und des wenig strukturierten Interviews.[122] Der Vorteil gegenüber den beiden anderen Interviewmethoden liegt einerseits im vorbereiteten und

---

[118] Siehe KIßLER 1986, S. 300: Das Forschungsvorhaben wurde von Faber 1977 im Rahmen seiner Dissertation erstellt. Thema: Vergleich der Bedingungen einer wirksamen Interessenvertretung im öffentlichen Dienst BRD-Frankreich.

[119] Zum Forschungsstand siehe auch Fußnote 11.

[120] Vgl. SCHNELL/HILL/ESSER [4]1993, S. 389 ff.

[121] Vgl. ATTESLANDER [7]1993, S. 142.

[122] Vgl. z.B. ebd., S. 155.

vorformulierten Fragenkatalog in Form eines Leitfadens und andererseits in der Offenheit der Fragen und deren Abfolge. Offene Fragen unterliegen dabei keinen festen Antwortkategorien und es ist möglich, daß sich aus dem Gespräch ergebende Themen aufgenommen und weiter verfolgt werden können. Gleichzeitig ist es üblich, daß vorgesehene Fragen nicht gestellt werden müssen, wenn sie bereits im Gesprächsverlauf gegeben worden sind.

Die empirische Basis für die Beispiele in dieser Diplomarbeit ergibt sich aus verschiedenen, mit Führungskräften und Personalräten der behandelten Stadtverwaltungen des „Bergischen Landes“ geführten, teilstrukturierten Einzelinterviews.[123] Die Interviews dauerten in der Regel ein bis zwei Stunden. Sie wurden anhand von Primärquellen (internen Protokollen; Ratsdrucksachen; Verwaltungsmitteilungsblätter etc.) überprüft. Auf Tagungen abgegebene Reformberichte der befragten Kommunen wurden ergänzend hinzugezogen.

4.2 Stadtverwaltung Remscheid

Die Stadt Remscheid ist aus der kommunalen Gebietsreform (1929) hervorgegangen. Mit ihren rund 125.700 Einwohnern (1995) ist sie die kleinste Kommune des bergischen Städtedreiecks.

Remscheid wurde bis zur Kommunalwahl 1994 durch eine CDU/F.D.P. Ratsmehrheit regiert. Seit der Neuwahl stellt eine Koalition von SPD und Bündnis 90/Die Grünen die Ratsmehrheit. Nach dem Fortgang des Oberstadtdirektors Dr. B. Lehmann (CDU) Ende Dezember 1994 wurde

---

[123] Für die angeführten Beispiele, Zitate und Schlußfolgerungen gilt, daß die Quellen nicht immer im einzelnen belegt werden können. So wurde beispielsweise zugesichert, daß ein Teil der Papiere bei der Auswertung vertraulich behandelt werden. Außerdem baten einige Gesprächspartner darum, daß bestimmte Aussagen nicht zitiert werden sollen. Es wird daher auf die namentliche Nennung der Interviewpartner bei Zitaten verzichtet.

die Doppelspitze abgeschafft. Die Amtsgeschäfte übernahm der alte und neue Oberbürgermeister R. Ulbrich (SPD).

Die städtischen Einrichtungen und Verwaltungsstellen sind dezentral über das gesamte Stadtgebiet verteilt. Zu Beginn der Modernisierungsmaßnahmen arbeiteten ca. 2.500 Arbeitnehmer bei der Remscheider Stadtverwaltung. Mittlerweile hat Remscheid rd. 450 Stellen abgebaut bzw. verlagert.[124]

Schon ein paar Jahre vor der Einführung des Neuen Steuerungsmodells hatte die Stadtverwaltung Remscheid mit der Überprüfung ihrer Verwaltung auf Effektivität und Effizienz begonnen. Der Rat beauftragte in den Jahren 1992/93 die Unternehmensberatung *Kienbaum*, ein Gutachten bezüglich der Überprüfung des Jugend- und Sozialamtes sowie des Baudezernats zu erstellen. Hierbei ging es um die Umstrukturierung von Teilbereichen der Verwaltung.

Mit dem Amtsantritt des 1993 gewählten ehemaligen Oberstadtdirektors der Stadt Remscheid, Dr. B. Lehmann, wurde die Vergabe von Teilgutachten zugunsten einer Gesamtuntersuchung umgestellt, um die Gesamtverwaltung zu und nicht nur Teilbereiche zu reformieren. Ausgangspunkt für seine Überlegungen war das Haushaltssicherungskonzept[125] (HSK) der Stadtverwaltung Remscheid. Das Hauptziel der Kostenreduzierung sollte durch mit Hilfe der folgende Bestrebungen erreicht werden:

- Erhöhung der Effektivität und der Effizienz des Verwaltungshandelns,
- verstärkte Bürgerorientierung,

[124] Rund 200 Arbeitsplätze wurden bisher aus dem Stellenplan gestrichen; ebenfalls rd. 200 Arbeitsplätze wurden bislang in Eigenbetriebe verlagert); 50 Stellen wurden durch die Orchesterfusion mit der Stadt Solingen eingespart.

- Sanierung des Haushalts und
- Steigerung der Zufriedenheit bei Mitarbeitern sowie Politikern.[126]

Um das vordringliche Ziel der Kostenreduzierung zu erreichen, wurde von OStD Dr. B. Lehmann die Maxime aufgestellt, möglichst viele Ausgründungen aus dem Aufgaben- bzw. Ämterkanon der Stadtverwaltung vorzunehmen. Mit den Outsourcing-Maßnahmen sollten das städtische Personalbudget entlastet und die Schulden der Verwaltung reduziert werden, indem die neugegründeten Firmen diese Kostenfaktoren übernehmen sollten. Der Grundsatz der Privatisierung städtischer (Dienst-) Leistungen ist unter dem neuen Verwaltungsleiter entschärft worden. Sie sollen „... erst dann vollzogen werden, wenn der Nachweis erbracht wird, daß diese Leistungen unter Berücksichtigung der arbeits- und gesellschaftspolitischen Aufgaben und Anforderungen in einer privaten Gesellschaft für die Stadt Remscheid wirtschaftlicher erbracht werden.“[127]

Als weitere Maßnahme zur Kostenreduzierung initiierte der Oberstadtdirektor mit dem Verwaltungsvorstand die Budgetierung der Dezernate und Ämter und verfügte die Erstellung eines Produktkataloges.[128]

Die diskutierte Einführung des NSM sollte der Erreichung der o. g. Bestrebungen bzw. des Hauptzieles der Kostenreduzierung dienen. Für die Verwirklichung der umfassenden Reformüberlegung sollte kein Unternehmensberater mehr engagiert werden. Statt dessen hat der Oberbürgermeister drei ehrenamtliche Berater zur freien Mitarbeit verpflichtet.

---

[125] Gemäß § 75 IV GO NW. Insgesamt 135 Kommunen in NRW mußten bis Mitte 1998 ein Haushaltssicherungskonzept vorlegen.

[126] Vgl. REMSCHEID 1996a, S. 4.

[127] Ebd., S. 8.

[128] Vgl. Ebd., S. 15 u. 24 f.: Ratsbeschluß vom 16.05.1994: Der Entwurf des Haushaltsplanes 1995 im Bereich des Verwaltungshaushaltes sollte gemäß dem KGSt-Bericht 6/1993 erstellt werden. Die Umstellung auf die Produktbudgetierung soll erst ab ca. 1998 erfolgen.

Weiterhin wurde beschlossen, eine „Koordinierungsgruppe Verwaltungsreform“ einzurichten. Darin sollen der Verwaltungs-, der Hauptamts-, der Personalamts- sowie der Kämmereileiter und je ein Mitglied der im Stadtrat vertretenen Parteien repräsentiert sein.

Neues Steuerungsmodell der Stadtverwaltung Remscheid

Das NSM wurde auf der Klausurtagung des Stadtverwaltung Remscheid am 25.08.1994 beschlossen. Innerhalb eines Einführungszeitraumes von mindestens fünf Jahren (01.01.1994-31.12.1998) soll eine unternehmensähnliche, dezentrale Führungs- und Organisationsstruktur, die „durch Wettbewerb aktiviert, motiviert und geprägt“ ist, eingeführt werden.[129] Im weiteren Verlauf der Modernisierung sollen die Strukturveränderungen mittels des kontinuierlichen Verbesserungsprozesses (KVP) weiter betrieben werden.

Als erste Veränderung wurden die Dezernate hinsichtlich ihrer Anzahl, ihres Zuschnitts und ihrer Aufgabenorientierung neugeordnet.[130] Sie werden nunmehr als Fachbereiche geführt (siehe Abbildung 5 und Abbildung 6 im Anhang). Gleichzeitig erfolgte die Einführung der Budgetierung und der Erstellung von Produktbeschreibungen, die die Fachbereiche ab ca. 1998 weitestgehend in die Lage versetzen sollen, eigenständig ihre Ressourcenverantwortung[131] wahrnehmen zu können. In diesem Rahmen wird den ehemaligen Dezernaten das strategische Controlling übertragen. Damit soll erreicht werden, daß die Fachbereiche einerseits flexibel auf veränderte Nachfragen reagieren, andererseits gleichzeitig auch eigenständige Ressourcenanpassungen vornehmen

---

[129] Vgl. REMSCHEID 1994, Anlage z. Tagesordnungspunkt I: „Vorschläge zu Definitionen zum Remscheider Wörterbuch“, S. 1; REMSCHEID 1996a, S. 7.
[130] Siehe REMSCHEID 1996a, S. 10 f.

können.[132] Zur Aufgabenerleichterung sind dem Oberbürgermeister und den vier Fachbereichen jeweils Stäbe zugeordnet worden.[133] Sie bestehen aus

- einem Budgetierungsbeauftragten, der verantwortlich für die Aufstellung des jeweiligen Produkthaushalts, für das Fachbereichsbudget sowie für das Budgetcontrolling ist,
- einem Organisator, der verantwortlich für die Fachbereichsorganisation und -beratung ist, sowie
- einem Betriebswirt, der zuständig für das betriebswirtschaftliche Instrumentarium und die Produktbeschreibungen ist.

Mit ihrer Tätigkeit übernehmen die Stäbe weitgehend Funktionen des Hauptamtes und der Kämmerei. Da sie jedoch außerhalb der „normalen" Hierarchie stehen, haben die Stabsmitarbeiter bessere Aufstiegsmöglichkeiten als die Mitarbeiter in den Fachdiensten. Dieses Problem gilt es noch zu lösen. Die Kosten der Stäbe sollen später anteilig auf die, noch zu ermittelnden, Produktkosten umgelegt werden.

Die Fachbereiche bilden Fachdienste (ehemals Ämter[134]), in denen fachlich zusammengehörende Aufgaben koordiniert und erledigt werden. Sie stehen, je nach Nachfrage, im Wettbewerb mit privaten Anbietern.[135] Die personalwirtschaftlichen Zuständigkeiten werden ihnen vom Personalamt übertragen.

---

[131] Die Ressourcenverantwortung umschließt die Bereiche Finanzen, Organisation und Personal.

[132] REMSCHEID 1994, Anlage z. Tagesordnungspunkt I: „Vorschläge zu Definitionen zum Remscheider Wörterbuch", S. 1.

[133] Vgl. REMSCHEID 1994, S. 8. Sie bestehen lt. Interview seit dem 01.01.1995.

[134] Die Anzahl der Fachdienste soll die Anzahl der Ämter möglichst unterschreiten. So sollen Ämter und Aufgaben nach dem Prinzip der Ganzheitlichkeit und der Geschäftsoptimierung zusammengeführt werden. Modellhaft wurde dies im Dezernat V mit der Zusammenlegung des Sozial- und Jugendamtes vollzogen. (Vgl. ebd., S. 4 f.)

[135] Vgl. ebd., S. 4.

Neben diesen internen, strukturellen Veränderungen wurden folgende Ämter als Gesellschaften mit beschränkter Haftung ausgegründet:

- BEG Entsorgungsgesellschaft mbH (zum 01.01.1996; sie setzt sich aus der Müllentsorgung, der Straßenreinigung und dem Kanalbetriebshof zusammen),
- Bergische Symphoniker - Orchester der Städte Remscheid und Solingen GmbH (zum 01.09.1995),
- Kliniken Remscheid GmbH,
- Stadtwerke Remscheid GmbH[136] und
- Wirtschaftsförderung Remscheid GmbH.

Der Vorteil dieser GmbH-Gründungen besteht darin, daß sie nicht den abgeschlossenen Vertragsvereinbarungen zwischen dem Kommunalen Arbeitgeberverband (KAV) und den Gewerkschaften unterliegen und somit Personalkosten gespart werden können. Außerdem wurde in den Überleitungsverträgen festgehalten, daß eine Rückkehr der dort beschäftigten Mitarbeiter zur inneren Verwaltung unmöglich ist. Desweiteren können nun in diesen Bereichen betriebswirtschaftliche Strukturen errichtet werden.

Darüber hinaus hat die Stadtverwaltung Remscheid 1995/96 folgende Eigenbetriebe[137] von der Verwaltung ausgegliedert:

- die Altenpflege- und Altenheime (zum 01.01.1996) sowie
- die Remscheider Entwicklungsgesellschaft[138] (erwogener Zusammenschluß von Hochbau-, Tiefbau- und Liegenschaftsamt).

---

[136] Die städtischen Bäder wurden den Stadtwerken Remscheid 1995 angegliedert.

[137] Ein Eigenbetrieb (gemäß § 115 Gemeindeordnung [GO] i. d. F. vom 14.07.1994 in Verbindung mit der Eigenbetriebsverordnung [EigBetrVO] i. d. F. vom 01.06.1988) ist ein gemeindliches, wirtschaftliches Unternehmen ohne Rechtspersönlichkeit.

[138] Siehe KENNEPOHL 1996, S. 5.

Weitere Eigenbetriebsgründungen hat sich die Verwaltung für die Zukunft vorbehalten. Sollte sich die Gesellschaftsform „Eigenbetrieb" als wirtschaftlich nicht effektiv erweisen, dann könnte vom Rat und der Verwaltung eine Umfirmierung zur GmbH erwogen werden. Während die frühere CDU/F.D.P. - Ratsmehrheit die Ausgründung von Verwaltungsbereichen zur GmbH präferierte, bevorzugt die derzeitige Mehrheitskoalition von SPD und Bündnis 90/Die Grünen die Form der Eigenbetriebsausgründung. Den Eigenbetrieben sollen nach Vorstellungen der Ratsfraktionen jeweils eigenständige Personalvertretungen zugeordnet werden.

Personalvertretung und Arbeitgeber

Bis zum Jahre 1992 bestanden ein Gesamtpersonalrat (GPR) sowie zwei örtliche Personalräte (Stadtverwaltung und Kliniken). Mit der Ausgründung der Kliniken Remscheid GmbH 1992 wurde der GPR obsolet. Seither besteht nur noch der Personalrat Stadtverwaltung Remscheid. Dieser setzt sich, gemäß § 13 III LPVG NW, aus 15 Mitgliedern[139] zusammen: vier Arbeitervertreter, neun Angestelltenvertreter und drei Beamtenvertreter. In den Gesellschaften mit beschränkter Haftung wurden neue Betriebsräte nach dem BetrVG gewählt. Bei den Eigenbetrieben sollen zu einem späteren Zeitpunkt Wahlen zu örtlichen Personalräten durchgeführt werden.

Im Personalrat gab es zwischenzeitlich zwei unterschiedliche Positionen. Aus Konkurrenzgründen vertraten die Personalräte der ÖTV-Liste in Sachfragen andere Standpunkte (u.a. bezüglich des NSM) als die KOMBA-Vertreter gegenüber dem Dienstherrn. Inzwischen sind die gegensätzlichen Auffassungen im Personalrat weitestgehend überwunden worden. Die Position des Personalrates gegenüber der Verwaltungsspitze, vor allem bezogen auf das Verfahren zur Einführung des NSM, ist nunmehr einheitlich.

Hinsichtlich der Verwaltungsmodernisierung und der damit verbundenen Probleme hatte sich der Personalrat nur unzureichend vorbereitet. Während die Verwaltungsspitze die Seminare und Tagungen der KGSt-Consult nutzte, um sich mit den neuen Anforderungen vertraut zu machen, erfolgte jedoch keine Schulung der Personalräte durch die Stadtverwaltung resp. durch die örtlichen Vertretungen der Gewerkschaften. Die Personalvertretung bediente sich allenfalls der als unzureichend angesehenen Unterstützungs- und Servicefunktion der ÖTV-Kreisverwaltung. Diese verstand sich lediglich als Vermittlungs- und Verbindungsbüro und stellte in der Regel Kontakte zu anderen, kommunalen Personalräten her. Die Möglichkeit eigene Klausurtagungen durchzuführen, nutzte die Interessenvertretung nur in einem sehr geringen Maß. Weiterhin verpaßte die Personalvertretung die Chance den Sachverstand der Mitarbeiter zu nutzen und über die Form der Partizipation an ihrer Arbeit eine enge Rückkopplung mit ihnen zu erreichen. Damit hätte die Möglichkeit bestanden, Verständnis für die Position des Personalrates bei den Mitarbeitern zu gewinnen und gegenüber der Verwaltungsleitung kraftvoller auftreten zu können.

Bisher wurden einerseits alle Aufgaben der Personalbeschaffung, -einsatz, -entwicklung, -erhaltung und -freistellung durch das Personalamt, als

[139] Davon gehören der Gewerkschaft ÖTV 13 Personalräte (sieben Angestellte, vier Arbeiter und zwei Beamte) und der KOMBA-Gewerkschaft zwei Personalräte (ein Angestellter und ein Beamter) an.

zentrales Querschnittsamt, erledigt.[140] Andererseits befaßte sich das Hauptamt, als weiteres Querschnittsamt, u.a. mit der gesamten Planung der Aufbau- und Ablauforganisation. Die vorgeschriebene Einheitlichkeit der Verwaltungsstruktur erwies sich jedoch u.a. als Modernisierungshindernis und wurde nun zugunsten differenzierterer Strukturen aufgegeben. Ein erster Schritt in die neue Richtung wurde mit der Einführung des NSM in der Stadtverwaltung Remscheid gewagt. Die zentrale Bewältigung der o. g. Aufgaben (z.B. Arbeitszeitregelung, Aufgabengliederung, Geschäftsverteilung, Personalbemessung sowie -bewirtschaftung) sollen nunmehr vom Haupt- und Personalamt auf die Fachdienste und Eigenbetriebe bzw. Gesellschaften mit beschränkter Haftung ganzheitlich übertragen werden.[141]

Das Verhältnis zwischen dem Personalrat der Stadtverwaltung Remscheid und dem ehemaligen Oberstadtdirektor Dr. B. Lehmann war bis zu seinem Ausscheiden gespannt. Faktisch gab es keine „vertrauensvolle Zusammenarbeit“ im Sinne des § 2 LPVG NW. Der damalige Oberstadtdirektor Dr. B. Lehmann entschied sich bei seiner Arbeitsaufnahme für ein autoritäres Führungskonzept[142]. Die Erarbeitung von Führungsgrundsätzen[143] zusammen mit den Betroffenen aller Führungsebenen und mit dem Per-

---

[140] Vgl. KGSt 1979, S. 22 f.

[141] Vgl. REMSCHEID 1994, S. 6 f.

[142] Vgl. die situative Führungstheorie von Hersey/Blanchard, u.a. in: STAEHLE ^{3}1987, S. 562 ff. sowie BAG-Beschluß vom 23.10.1984 -1 ABR 2/83-.

[143] „Unter Führungsgrundsätzen werden schriftlich fixierte, strukturale Verhaltensrichtlinien verstanden, die alle Vorgesetzten und auch deren Mitarbeiter dem täglichen Führungsprozeß im Unternehmen verbindlich zugrunde legen sollen.“ (FINZER/MUNEGAST 1989, S. 405). In ihren Aufsätzen nehmen sie auch Stellung zur Frage der Effektivität von Führungsgrundsätzen (siehe FINZER/MUNEGAST 1989 u. FINZER/MUNEGAST 1990). Ein Beispiel für gelungene partizipative Einführung von Führungsgrundsätzen führen MÜLLER-SEITZ/HEYER 1994, S. 423 f. das Amt für Strom- und Hafenbau der Freien und Hansestadt Hamburg an. Dabei stellen sie fest, daß die Konzeption von Führungsgrundsätzen stets betriebsindividuell erfolgen muß.

sonalrat zog er nicht in Erwägung, obwohl er mit der gemeinsamen Entwicklung eines Führungs- und Modernisierungskonzepts bei allen Beteiligten eine Identifikation und hohe Akzeptanz hätte erreichen können. Außerdem hätte die Möglichkeit bestanden, die vertrauensvolle Zusammenarbeit vorzuleben und zu festigen. Statt dessen beschränkte sich seine Zusammenarbeit mit dem Personalrat auf das vom Gesetz vorgesehene Mindestmaß.
Er vertrat während seiner gesamten Amtszeit den Standpunkt, daß nur „Querulanten und Bedenkenträger“[144] sein Konzept beanstanden würden. So bezog der Oberstadtdirektor den Personalrat in das Mitwirkungsverfahren gemäß § 73 Nr. 7 LPVG NW und in das Anhörungsverfahren gemäß § 75 Nr. 1 LPVG NW nicht frühzeitig und umfassend ein. Da eine frühzeitige bzw. teilweise eine gänzliche Unterrichtung durch den Dienststellenleiter unterblieb, zog es der Personalrat vor, sich zum Modernisierungsprozeß weder positiv noch negativ zu äußern bzw. Kritik- und Anregungspunkte in das Verfahren einzubringen.
Seit der Abschaffung der Doppelspitze in Remscheid und der Wahl von R. Ulbrich zum hauptamtlichen Oberbürgermeister vor eineinhalb Jahren verbessert sich langsam das Verhältnis zwischen Dienststellenleitung und Personalvertretung. Der neue Dienststellenleiter ist mittlerweile sich der Wichtigkeit der Beteiligtenpartizipation durchaus bewußt und fordert sie in seinem Strategiepapier vom Februar 1996 auch ein: „Personalrat und Gleichstellungsstelle werden an der Verwaltungsreform in Remscheid umfassend und rechtzeitig beteiligt. (...) Gleichzeitig muß der Personalrat die vorgesehene Mitarbeiterinformation und -beteiligung mit initiieren und verantwortlich begleiten. Dazu sollte eine Beteiligungsvereinbarung mit

---

[144] Zitat; siehe Fußnote 123.

dem Personalrat abgeschlossen werden, aus dem sich Rechte und Pflichten der Beteiligten im Prozeß sowie Verfahrensregelungen ergeben."[145] Der Personalrat begrüßt die Selbstverpflichtung der Verwaltung, lehnt es aber ab die Mitarbeiterbeteiligung und -information zu übernehmen, da dies von ihm einerseits nicht leistbar ist, andererseits auch nicht zu seinem Aufgabenbereich gehört.[146]

Der Partizipationsprozeß bei der Einführung des NSM

Im Vorfeld der Einführung des NSM wurde am 06.06.1994, auf Initiative des Personalrates der Stadtverwaltung Remscheid, eine Dienstvereinbarung mit dem Oberstadtdirektor „zur Sicherung des sozialen Friedens im Zusammenhang mit den notwendigen Maßnahmen zur Haushaltskonsolidierung und zur Umstrukturierung der Verwaltung" (Wuppertaler DV-Muster) abgeschlossen. Darin hat sich die Verwaltungsspitze verpflichtet, daß sie einerseits bis zum 31.12.1998 keine betriebsbedingten Kündigungen aufgrund des Reformprozesses aussprechen werde. Andererseits verpflichteten sich die Beschäftigten, bei Stellenreduzierungen einer Versetzung auf einen niedriger bewerteten Arbeitsplatz (bis zu zwei Stufen) zuzustimmen. In der Vereinbarung wurde jedoch festgehalten, daß das individuelle Klagerecht nicht durch die Vereinbarung beschnitten wird. In der Praxis bedeutet dies, daß der einzelne betroffene Mitarbeiter eigenständig darüber entscheiden kann, ob er der vom Personalrat aufgrund seiner Selbstverpflichtung mitgetragenen Maßnahme der Verwaltung seine Zustimmung gibt und eine eventuell vorzunehmende

---

[145] REMSCHEID 1996a, S. 22 f. Diese Verfahrensbeteiligung ist noch nicht geregelt worden, da derzeit das genannte Strategiepapier noch intensiv diskutiert wird. (siehe z.B. Auffassung des Remscheider Personalrats vom 03.04.1996 etc.)

[146] Vgl. REMSCHEID, Personalrat 1996, S. 10.

Herabgruppierung hinnimmt oder ob er dagegen den Klageweg vor dem Arbeitsgericht beschreiten will.

Ferner ist in der Dienstvereinbarung vorgesehen, daß die Personalvertretung bei der neu einzurichtenden Projektgruppe, bestehend aus dem Oberstadtdirektor, den Dezernenten und den drei Ratsmitgliedern, berücksichtigt werden soll. Die vorgesehene Arbeitsgruppe ist bisher jedoch nie einberufen worden und existiert daher faktisch nicht. Statt dessen hat der Verwaltungsleiter eine Projektleitungsgruppe, bestehend aus seiner Person und seinem persönlichen Mitarbeiterstab, zusammengerufen. Mit dieser Verfahrensweise zeichnete sich schon frühzeitig ein Konflikt ab. Anstatt die gesetzlich geforderte vertrauensvolle Zusammenarbeit zwischen Verwaltungsspitze und Arbeitnehmervertretung zu fördern, verfolgte der damalige Oberstadtdirektor eine antipartizipative Politik. Die Aktion und Reaktion beider Akteure soll nachfolgend beschrieben werden:

Die Zeit vor dem Amtsantritt des ehem. Oberstadtdirektor Dr. B. Lehmann war von einer vertrauensvollen Zusammenarbeit zwischen Dienststellenleitung und Personalvertretung gekennzeichnet. Der Personalrat wurde zwar nicht mit Informationen „überschüttet", jedoch erhielt er die ihm dem Gesetz nach zustehenden Informationen (z.B. bei Organisationsuntersuchungen, Höhergruppierungen etc.). Die Vorlagen wurden von dem Gremium entsprechend seinem gesetzlichen Auftrag beraten und bei Bedarf erörtert. Diese Kooperation sollte auch mit dem neuen Oberstadtdirektor, Dr. B.Lehmann, nach dessen Wahl 1993, fortgeführt werden. Dies scheiterte jedoch daran, daß der Verwaltungsleiter versuchte, den Personalrat im Rahmen der Gesetze soweit wie möglich vom Prozeß der Entscheidungsfindung fern zu halten. Als problematisch für die weitere Arbeit der Personalvertretung erwies sich dabei, daß das Gremium die veränderte

Situation nicht sofort wahrnahm und später auch keine wirksamen Initiativen zur Beteiligung dieses Zustandes ergriff.

Das folgende Beispiel soll die vorhergehende Ausführung illustrieren: Im Februar 1994 hielt die Verwaltungskonferenz eine Klausurtagung zum Thema „Budgetierung und Zuschußbedarf der Ämter" ab. Die Budgetierung wird nach ihrer Einführung auch Auswirkungen auf den Stellenplan haben und tangierte damit Mitwirkungs- und Anhörungsrechte[147] des Personalrates. Der Personalrat wurde, trotz der offenkundigen Auswirkungen auf spätere daraus resultierende Beteiligungsrechte, nicht beteiligt. Die Vermeidungsstrategie der Verwaltung den Personalrat im Vorfeld von Entscheidungen nicht einzubinden ist rechtlich unbedenklich, für eine erfolgreiche Umsetzung der Reformbestrebungen aber auch nicht förderlich. Beim anschließenden Beschluß der Verwaltungskonferenz über die Neugestaltung der Aufbau- und Ablauforganisation und der damit einhergehenden Stellenplanänderung wurde die Personalvertretung nicht in das Verfahren gemäß dem LPVG NW eingebunden. Die Chance zur vertrauensvollen Zusammenarbeit wurde nicht genutzt. Der Personalrat seinerseits zog sich deshalb grundsätzlich auf eine reaktive Haltung im Modernisierungsprozeß zurück. Die Gesetzeslücke des LPVG NW, bezüglich der Frage, zu welchem Zeitpunkt der Personalrat in das Mitwirkungs- und Anhörungsverfahren eingebunden werden muß, nutzte der Dienststellenleiter für seine Seite aus, um die bereits verwaltungsseitig beschlossene Maßnahme ohne Probleme und Zeitverzögerung umsetzen zu können. Die Interessenvertretung reagierte darauf nur partiell. Eine gerichtliche Überprüfung des Verfahrens wurde von ihr nicht beantragt. Sie nutzte nicht die Chance, Druck auf den Dienststellenleiter zu erzeugen,

---

[147] Siehe § 73 Nr. 9 und § 75 Nr. 1 LPVG NW.

um am Neugestaltungsprozeß beteiligt zu werden. Der Personalrat nahm damit schon zu einem frühen Zeitpunkt nur eine defensive, allenfalls reaktive Position wahr.

Mit dem Verzicht des Personalrates, die vertrauensvolle Zusammenarbeit zwischen den beiden Sozialpartnern mit Inhalt zu füllen und seine Beteiligung auf Grundlage der Dienstvereinbarung bei der Verwaltung einzufordern, verzichtete er auch auf eine Rollenänderung von seiner bisherigen Schutzmacht- zu einer Gestaltungskraftfunktion. Statt den Modernisierungsprozeß konstruktiv zu begleiten zog er es vor, Verwaltungsentscheidungen und damit das gesamte Verfahren zur Einführung des NSM zu blockieren bzw. zu verhindern. Gleichzeitig wurde auch von den Mitarbeitern Druck auf die Personalvertretung ausgeübt, mit der Zielrichtung, daß diese die Reformabsichten der Verwaltungsspitze zu Fall bringen sollte. Daraufhin begann die Personalvertretung mit einer Art Verzögerungstaktik auf Fragen der Mitbestimmung zu reagieren.

Die Gefahr, daß die Einführung des NSM offensichtlich durch den Personalrat verhindert bzw. zeitlich sehr stark verzögert werden sollte, erkannte die Verwaltungsspitze sehr schnell. Sie änderte ihren Führungsstil und beteiligte nun nicht mehr den Personalrat nur im gesetzlichen Rahmen, sondern verhandelte nun mit ihm auch über in Erscheinung tretende Probleme. Auftretenden Schwierigkeiten, die im Reformprozeß nur eine untergeordnete Rolle einnahmen, stand die Verwaltung hinsichtlich einer einvernehmlichen Lösung nun wohlwollend gegenüber. Bei Schwierigkeiten grundsätzlicher Art räumte sie jedoch keinen Verhandlungsspielraum bezüglich der von ihr verfolgten Position ein. Hier erwartete sie, aufgrund ihres Entgegenkommens bei der Lösung von Einzelproblemen, die schnelle Kompromißfähigkeit des Personalrates.

Das nunmehr praktizierte Informationsverfahren des Oberstadtdirektors wurde vom Vorsitzenden als neue Aufgeschlossenheit, d.h. als Aufgabe seines bisherigen autoritären Führungsstils, eingeschätzt. Als neues Problem trat jedoch hinzu, daß die dem Personalratsvorsitzenden gemäß § 29 II LPVG NW mündlich mitgeteilten Informationen - sie waren für das gesamte Personalratsgremium gedacht - von diesem nicht an die anderen Personalratsmitglieder weitergegeben wurden. Aus welchen Gründen der Vorsitzende die Informationen nicht weiterreichte, konnte nicht geklärt werden. Es kann jedoch festgestellt werden, daß aufgrund der fehlerhaften Handlungsweise des Personalratsvorsitzenden und auch der fehlenden inneren Geschlossenheit der gesamten Interessenvertretung weitere Konflikte auftraten, die einem gegenseitigen Vertrauen abträglich waren.

Das uneinheitliche Handeln des Interessenvertretungsgremiums gegenüber der Verwaltungsführung und das fehlende Vertrauen untereinander führte dazu, daß sich die Personalvertretung zeitweise selber in ihren Handlungsmöglichkeiten blockierte. Erst eine gemeinsame offene Aussprache aller Personalratsmitglieder führte dazu, daß das Gremium wieder eine einheitliche Haltung gegenüber der Verwaltungführung einnehmen konnte.

Aus den von den Personalratsmitgliedern intern geführten Aussprache- und Verständigungsprozessen ist das Gremium gestärkt hervorgegangen. Während der neugewählte Dienststellenleiter, Oberbürgermeister R. Ulbrich z. Zt. den Personalrat, wie bereits sein Vorgänger, nach wie vor nur im Rahmen des LPVG NW einbindet, stellt der Personalrat nunmehr geschlossen auch eigene Forderungen im Rahmen des Modernisierungsprojektes auf.

Das Verhältnis zwischen der Verwaltung einerseits und den Mitarbeitern, der Personalvertretung und der Gewerkschaft ÖTV scheint sich derzeit aufgrund von drei Faktoren positiv zu ändern:

1. Der Dienststellenleiter billigt dem Personalrat eine partizipative Rolle im Modernisierungsprozeß zu und verpflichtet sich im Strategiepapier selber zu einer frühzeitigen und umfassenden Information der Personalvertretung.[148]
2. Die Verwaltung und die Gewerkschaft ÖTV haben am 28.05.1996 einen Kooperationsvertrag[149] abgeschlossen, in dem sich beide verpflichten u.a. Abstimmungsgespräche zu führen und sich bei wichtigen Fragen gegenseitig zu konsultieren. Diese Abmachung ist nicht unwichtig, da die Personalvertreter zu einem hohen Anteil in der Gewerkschaft ÖTV organisiert und auf die Unterstützung sowie Beratung der Gewerkschaft angewiesen sind.
3. Eine abgeschwächte Form der Mitarbeiterbeteiligung, die nur „... in Bereichen erfolgt, die die einzelnen Mitarbeiterinnen und Mitarbeiter unmittelbar berühren[150] <und> nicht gleichzusetzen <ist> mit <einer> Mitarbeiterentscheidung."
4. Auch der Informationsweitergabe und dem Kommunikationsprozeß wird endlich ein größerer Stellenwert zugemessen. So wird eine Mitarbeiterzeitschrift (WIR-Mitarbeiterjournal) herausgegeben; es werden Belegschafts- und Teilbelegschaftsversammlungen abgehalten sowie Gesprächszirkel angeboten.

Damit wäre es auch in Remscheid möglich in einem partizipativ angelegten Prozeß mit der Umstrukturierung und Einführung eines NSM neu zu beginnen.

---

148 Vgl. REMSCHEID 1996a, S. 7 f. u. 22.
149 Siehe REMSCHEID 1996b (Dokument 1 im Anhang).
150 REMSCHEID 1996a, S. 23.

Fazit des Remscheider Reformprozesses

Im bisherigen Reformprozeß legte der ehemalige Oberstadtdirektor weder auf die Kooperation mit dem Personalrat noch auf die Partizipation der Belegschaft wert. Zur Durchsetzung seiner Modernisierungsvorstellungen wurde ein neuer zentraler Mitarbeiterstab zur Unterstützung der Verwaltungsspitze geschaffen, der das NSM im „top-down" Verfahren implementieren sollte.

Einerseits konnte der Verwaltungsleiter sein Konzept in wesentlichen Teilen weitgehend ohne den Widerstand des Personalrates und mit Hilfe seines autoritären Führungsstils verwirklichen. Der Personalrat war andererseits nicht fähig, seine Position als aktive Gestaltungskraft im Interesse seines Klientels aufgrund interner Konflikte sowie unzureichendem Wissens- und Informationsstand wahrzunehmen. Er begleitete deshalb den Modernisierungsprozeß nur reaktiv. Im Umkehrschluß führte dies dazu, daß eine mitarbeiterfreundliche Gestaltung des Neuen Steuerungsmodells bisher unterblieben ist. Dieser Mißstand hat sich trotz der personellen Veränderung auf Arbeitgeberseite bisher nicht grundlegend geändert. Der Personalvertretung ist kaum gestaltend im Modernisierungsprozeß tätig geworden. Das gesamte (gestörte) Verhältnis zwischen Verwaltung, Personalrat, Beschäftigten und Gewerkschaft ÖTV soll sich, folgt man den schriftlichen Äußerungen des Oberbürgermeisters in seinem Strategiepapier, in naher Zukunft grundlegend ändern. Dem derzeitig herrschenden Zustand des Mißtrauens untereinander muß durch gegenseitiges Vertrauen verändert werden. Dieser Prozeß kann nicht nur durch Worte geschaffen sondern muß auch durch Taten erfahrbar gemacht werden.

Trotzdem werden sich weitere Probleme nach der Einführung des NSM ergeben. Einerseits wird die Interessenvertretungsarbeit durch die Umstrukturierung und Kompetenzverschiebung atomisiert. In jedem Fachbereich sollen neue Teilpersonalräte errichtet werden, die die gesamte Aufgabenpalette des LPVG NW abdecken müssen. Andererseits werden die atomisierten Personalräte, aufgrund des derzeit geltenden LPVG NW, kaum (freigestellte) Gremiumsmitglieder für die Bewältigung der gesetzlichen Aufgaben gewinnen können. Probleme werden sich zudem aus der gesetzlich geforderten Zusammenarbeit mit den personalvertretungsrechtlich ungeschulten Fachbereichsleitern ergeben. Nur bei übergreifendem Regelungsbedarf würde in der Stadtverwaltung ein neu errichteter Gesamtpersonalrat mit dem Verwaltungsleiter verhandeln können.

Die bis Ende 1998 gültige Dienstvereinbarung soll nach Meinung beider Seiten[151] weiterhin fortbestehen. Allerdings sieht der Dienststellenleiter derzeit keinen Handlungsbedarf für weiterführende Gespräche über eine umfassende Beteiligung der Personalvertretung im Modernisierungsprozeß.

4.3 Stadtverwaltung Solingen

Die Stadt Solingen ist, infolge der kommunalen Gebiets- und Funktionalreform 1929, durch den Zusammenschluß von fünf Städten entstanden.

Die Kommune wird von einer SPD - Bündnis 90/Die Grünen – Ratsmehrheit regiert. Nach dem Fortgang des Oberstadtdirektors Dr. I. Deubel (SPD) am 01.05.1997 wurde auch in Solingen die Doppelspitze abgeschafft. Mit der Neuwahl des nun hauptamtlichen Oberbürgermeisters ist nun U. Uibel (SPD) oberster Dienstherr der städtischen Bediensteten.

Im Stadtgebiet leben z. Zt. rund 169.400 Einwohner (1995). Die Dienststellen und Einrichtungen sind, wie in den Städten Remscheid und Wuppertal, über das gesamte Stadtgebiet dispers verteilt.

Vor dem Reformprozeß (1993) waren in der Verwaltung circa 3.170 Mitarbeiter beschäftigt. Bis zum 01.01.1995 wurden rund 450 Stellen nicht mehr neu besetzt bzw. aufgrund der vorgenommenen Ausgründungen in die Eigenbetriebe verlagert.

Die Verwaltungsmodernisierung der Stadtverwaltung Solingen wurde im Jahre 1990 mit einer Informationsphase begonnen. Der Personal- und Sonderausschuß beschloß am 17.05.1990 die *„Gesellschaft für betriebswirtschaftliche Beratung mbH (Gebera)“, Köln*, zusammen mit dem *„betriebswirtschaftlichen Institut für Organisation und Automation an der Universität zu Köln“ (BIFOA)* mit der Erstellung eines Organisationsgutachtens zur Effizienzsteigerung der Verwaltung durch Optimierung der Organisation sowie des Steuerungs- und Informationssystems (Controlling) zu beauftragen.[152] Im Jahre 1991 wurde über die Privatisierung der Reinigungsdienste diskutiert. Aufgrund der Durchführung eines Kosten- und Leistungsvergleichs mit Betrieben der Privatwirtschaft im gleichen Jahr, organisierte die Verwaltung den Reinigungsbetrieb zu einem städtischen Regiebetrieb um (siehe auch S. 81).

Im Jahre 1993 folgten weitere Überlegungen zu einer Reform der Verwaltung. Ausgangspunkt für die Verwaltung war hierbei, „... eine Antwort auf die Herausforderungen der Zukunft“ zu finden, wobei sie sich darüber im klaren war, daß dieser „... offene Prozeß ... mehrere Jahre“

---

[151] Vgl. REMSCHEID 1996a, S. 7 f. und REMSCHEID, Personalrat 1996, S. 5 f.
[152] Vgl. SOLINGEN 1995f, S. 2.

benötigen wird.[153] „... Leitmotiv für die Reform ist, daß der Wettbewerb nicht gemieden, sondern gesucht werden soll.“[154]

Im August 1993 erstellte die Arbeitsgruppe Kommunikation / Koordinierung der Stadtverwaltung Solingen, ohne die Beschäftigten und die Interessenvertretung zu beteiligen, einen Leitbildentwurf[155] für die Dienststelle. Dieser Entwurf wurde später jedoch wieder verworfen, da der Stadtrat als auch der Personalrat keine spezifischen Eigenheiten für die Solinger Behörde erkennen konnte. Inzwischen wird die Erstellung eines neuen Leitbildes unter Beteiligung von Personalrat und Belegschaft in Erwägung gezogen.

Bis 1995 entwickelte sich die Haushaltslage[156] in der Stadt Solingen nicht so negativ wie in den meisten anderen bundesdeutschen Kommunen. Dies lag vor allem an dem geringeren Steueraufkommen aber auch an einer geringeren Pro-Kopf-Verschuldung. Inzwischen hat auch Solingen die Verschuldungskrise erreicht. Unumstritten wird vom Personalrat als auch vom Lenkungsteam festgestellt, daß die Finanzkrise der Stadt die Strukturprobleme der Kommunalverwaltung offengelegt und den Veränderungsdruck erhöht hat. Deshalb wird die Reformdiskussion nicht nur aufgrund neuer Einsparungsmöglichkeiten durch die Einführung eines NSM, sondern auch vor dem Hintergrund von Überreglementierung, Lastenverschiebung, zunehmender Aufgabenflut und der allgemeinen staatlichen Finanzkrise geführt. Um eine allgemeine Akzeptanz der Beschäftigten bezüglich der Reform herzustellen, erklärte die Verwaltungsspitze ihnen

---

[153] SOLINGEN o.J., S. 2. Der Solinger Projekt-Koordinator J. Scheller geht davon aus, daß dieser Prozeß frühestens 1999 abgeschlossen sein wird (Vgl. Solinger Tageblatt vom 29.12.1995, S. 12).

[154] SOLINGEN o.J., S. 7.

[155] SOLINGEN 1993b.

[156] Vgl. Solinger Tageblatt vom 20.05.1995: Haushaltsdefizit Ende 1995: 95 Mio. DM plus Altschulden ca. 630 Mio. DM.

sowie dem Personalrat gegenüber, daß „das 'Neue Steuerungsmodell' ... nicht allein auf die aktuelle Finanzkrise ..." reagiere. Die Verwaltung versuchte beruhigend auf die Beteiligten zu wirken, indem sie ihnen gegenüber darlegte, daß das NSM vor allem „... kein Instrument des Stellenabbaus" sei.[157] Gleichzeitig sah es der Personalrat als seine Aufgabe an, die fortwährenden Ängste der Mitarbeiter aufnehmen und, als ihre Interessensvertretung, eine Reformakzeptanz herzustellen.

Neues Steuerungsmodell der Stadtverwaltung Solingen

In seiner Sitzung am 30.03.1995 beschloß der Stadtrat endgültig die Einführung eines NSM für die Stadtverwaltung Solingen mit gleichzeitiger externer Begleitung des Prozesses. Hierfür wurde ein Zeitraum von fünf Jahren angenommen.[158] Anstatt, wie in der Vergangenheit praktiziert, immer wieder den Versuche zu unternehmen, bestehende Strukturen und Verfahrensabläufe punktuell zu optimieren, soll nun eine grundsätzliche Überprüfung aller Aufgaben, Strukturen und Tätigkeiten unter dem Leitgedanken der Effektivität, Effizienz und Kundenorientierung durchgeführt werden.

Als erster Schritt zum neuen „Konzern Stadt" wurde von 1995 bis 1997 die Umstrukturierung von der bisherigen Dezernatsstruktur zu einer Vorstandsgliederung vorgenommen (Solinger Modell siehe Abbildung 7 im Anhang). Künftig werden Entscheidungen hinsichtlich der strategischen Planung nicht mehr in der Verwaltungskonferenz, sondern in dem neu geschaffenen Verwaltungsvorstand entschieden. Die Ressortleiter[159] (ehem. Dezernenten) übernehmen stärker als bisher die Gesamtverantwortung für

[157] SOLINGEN 1994a, S. 1.
[158] Vgl. SOLINGEN 1995f.

die Belange der Verwaltung. Sie sind „Mittler“ zwischen den unmittelbaren, fachbezogenen Diensten und den Instanzen der politischen Willensbildung.

Ein weiteres wesentliches Element der Einführung des NSM ist die Bündelung von fachlicher und finanzieller Ergebnisverantwortung. Dazu sind die bestehenden Ämter im neuen Verwaltungsmodell zu Fach- und Servicediensten mit dezentraler Ressourcenverantwortung umstrukturiert worden.

Als bedeutsamer Schritt wurde am Beispiel der Gebäudereinigung die gewünschte Wetbewerbsorientierung erprobt. Bis zum Ende der achtziger Jahre die Solinger Gebäudereinigung im wesentlichen dezentral durch die jeweiligen Hausmeister kontrolliert. Aufgrund von Haushaltsstrukturvergleichen mit anderen Kommunen wurde der Schluß gezogen, daß die städtische Gebäudereinigung zu kostenintensiv sei. Ein weiterer gezogener Vergleich mit privaten Anbietern hätte den Schluß nahelegen können, diesen Bereich zu privatisieren. Die Stadt Solingen ging einen anderen Weg und faßte die auf viele Dienststellen verteilten Kompetenzen in einer gesonderten Organisationseinheit zusammen. Es entstand ein optimierter Regiebetrieb „Reinigung“. Der Betrieb beteiligte sich nach weiteren Reorganisationsmaßnahmen an öffentlichen Ausschreibungen zur Reinigung städtischer Gebäude und lag mit seinen Angeboten in einigen Fällen um bis zu 40 Prozent unter den Angeboten anderer Wettbewerber.[160] Gleiches wurde im Bereich der Grünpflege des Fachdienstes „Technischer Dienstleistungsbetrieb“ (ehem. Garten-, Forst- und Friedhofsamt) erreicht,

---

[159] Ein positiver Nebeneffekt ist die Reduktion der Ressorleiterstellen von vormals (1995) sechs Beigeordneten plus zwei Hilfsdezerneten auf nunmehr fünf Ressorleiterstellen (1998).

[160] Vgl. DEUBEL 1996, S. 11 f.

der seit dem 01.01.1997 besteht. Insgesamt besteht die Vorgabe „jährlich drei Prozent produktiver zu werden“ als im Vorjahr.[161]

Einige wenige Ämter sollen zur Effektivitätssteigerung zusammengelegt werden.[162] Im Rahmen dieser Maßnahme ist angedacht, Aufgabenbereiche gleichen Zuschnitts von verschiedenen Ämtern (z.B. Heranziehungs- und Leistungsabteilung des Jugend- und Sozialamtes) zusammenzufassen. Die Aufsicht über die zusammengelegten Fachämter wird dementsprechend nur noch durch einen Fach-, Stadt- bzw. Servicedienstleiter (ehem. Amtsleiter) erfolgen. Die seit dem 01.04.1998 bestehenden Fach-, Stadt- und Servicedienste (siehe Abbildung 2) werden vom Steuerungsdienst[163] in ihrer Aufgabenerledigung unterstützt. Sollte kein Kontrakt zwischen einem Fach- / Stadtdienst und einem Servicedienst zustande kommen, so ist der Steuerungsdienst mit der Überprüfung der Möglichkeit einer externen Auftragsvergabe zu betrauen. Erteilt dieser oder aber der Verwaltungsvorstand nach Prüfung seine Zustimmung, so kann der Auftrag extern ausgeschrieben werden.

Hinsichtlich der beabsichtigten Veränderung des Verwaltungsgliederungsplanes sind in der Anfangsphase folgende Ausgründungen vorgenommen worden[164]:

- Bergische Symphoniker - Orchester der Städte Remscheid und Solingen GmbH (zum 01.09.1995),
- Grundstücksbesitz- und Entwicklungsgesellschaft / Wirtschaftsförderungsgesellschaft Solingen mbH (zum 01.08.1995/01.01.1998[165]),

---

[161] Siehe Solinger Tageblatt vom 19.03.1997, S. 8: „Grün“ muß sich rechnen.

[162] Gedacht wird u.a. an die Zusammenlegung der Ämter 37 (Amt für Feuerschutz und Rettungswesen) und 38 (Amt für Katastrophenschutz) sowie der Ämter 50 (Sozialamt) und 51 (Jugendamt).

[163] Beim Steuerungsdienst bzw. Vorstand sind auch die verschiedenen Beauftragten (Ausländer, Datenschutz, Sicherheit, Gleichstellung) angegliedert worden.

- Kunst-Museum Solingen Grundstücksgesellschaft mbH & Co. (zum 01.12.1994)
- Kunstmuseum Solingen Betriebsgesellschaft mbH (zum 01.12.1994) und
- SWS - Stadtwerke Solingen GmbH (zum 01.08.1995).

Ebenso wie der Remscheider Stadtrat vertritt auch der Solinger Stadtrat die Auffassung, daß die Ausgründung von Teilbereichen der Verwaltung sowie ehemaliger Eigenbetriebe (MVA und SWS) der Verwaltung Kosten sparen wird. Die Solinger Verwaltungsspitze und die Ratsmehrheit favorisieren auf jeden Fall die private Rechtsträgerschaft mit einem Eigenanteil von mindestens 51 Prozent. Folglich werden Vollprivatisierungen, d.h. zu 100 Prozent, derzeit ausgeschlossen.

Darüber hinaus hat bzw. wird die Solinger Verwaltung in den Jahren 1994 bis 1998 folgende Eigenbetriebe neu gründen:

- Altenzentren der Stadt Solingen (zum 01.01.1994),
- EBS - EntsorgungsBetriebe Solingen (zum 01.01.1995),[166]
- EIS - Eigenbetrieb Innenstadt Solingen i. G.,[167]

---

[164] Siehe Solinger Tageblatt vom 06.01.1996, S. 14.

[165] Z. Zt. ist die Frage der Geschäftsform noch nicht geklärt. Lt. einem Bericht vom 05.06.1998 [S. 13] im Solinger Tageblatt sollte die Wirtschaftsförderung zum 01.01.1998 als GmbH & Co. KG fimieren. Damit wäre sichergestellt gewesen, daß die Grundstücke der Stadt Solingen grunderwerbssteuerfrei in die KG hätten eingebracht werden können. Neuer Termin für die Ausgründung der Wirtschaftsförderung wird, lt. Auskunft der Stadt Solingen, voraussichtlich Anfang 1999 sein.

[166] Entstanden aus dem Amt 70 (Stadtreinigungs- und Fuhramt) sowie aus Teilen der Ämter 66 (Kanalbetriebshof), 67 (Mulchanlage) und 68 (Umweltamt). Die Gewerkschaft ÖTV, KV Solingen hat, in Zusammenarbeit mit dem Personalrat, bei der Umgründung einen bundesweit musterhaften Überleitungstarifvertrag mit dem Oberstadtdirektor abgeschlossen. Darin wurde die Übernahme der bisher geltenden Dienstvereinbarungen der Verwaltung, die weitere Anwendung des BMT-G und des BAT auf alle bestehenden Beschäftigungsverhältnisse sowie eine paritätische Mitbestimmung nach dem Mitbestimmungsgesetz 1976 vereinbart.

- Städtisches Klinikum Solingen - Akademisches Lehrkrankenhaus (schon seit den 70er Jahren),
- KIS - Kommunale Informationsverarbeitung Solingen[168]
- MVA - Müllverbrennungsanlage Solingen (wird von den SWS verwaltet - es bestehen seitens der SWS Erwerbungsabsichten),
- VBS - Vermögensbetrieb der Stadt Solingen (zum 01.01.1997)[169] und die
- WBS - Wohnbau-Verwaltung Solingen

Im Anschluß an die Neustrukturierung des Verwaltungsaufbaus wird ab Mitte 1996 der größte Teil der Reform, d.h. die Veränderung der Ablauforganisation und der Aufbau eines Systems zur Budgetierung und internen Leistungsverrechnung, erfolgen. Die Verwaltung will sich dabei an „der kleingliedrigen Wirtschaftsstruktur Solingens"[170] orientieren, d.h. die Verwaltungsgliederung soll nicht vollkommen „zerschlagen" sondern kleinräumig und sensibel umstrukturiert werden. Die Entstehung von multifunktionalen Ämtern wird nicht angestrebt.

[167] Siehe Solinger Morgenpost vom 09.09.1995. Diese neugegründete GmbH (Mehrheitseigner wird die Stadtverwaltung sein) wird für die „Innenstadtbebauung" gegründet und soll nach Abschluß des Projekts wieder aufgelöst werden.

[168] Vgl. Solinger Tageblatt vom 29.10.1996: „EDV-Experten ziehen an einem Strang".

[169] Vgl. MARTENS, THIEL & PARTNER 1996.

[170] Der ehem. Oberstadtdirektor Dr. I. Deubel vor den Mitgliedern der SPD Arbeitsgruppe „Verwaltungsreform / Eigenbetriebe" am 07.02.1995.

Abbildung 2: Die neuen Dienste: Finanzierung, Kundenorientierung und Aufgaben

	Finanzierung	Kundenorientierung Beispiele	Art der Dienstleistung
Fach-dienste	Das Finanzbudget stellen Rat und Bezirksvertretungen zur Verfügung.	Extern Bsp.: Bereich Planung / Mobilität	• Unterstützung der Ressortleitung bei der Steuerung und Planung • Vergabe von kommunalpolitisch gewünschten Leistungs- und Produktaufträgen, die den Bürgern bzw. Einwohnern zugute kommen • Kontrolle der Auftragserfüllung • Planung und Koordination des Ressourcenbedarfs (Personal, Finanzen, EDV-Einsatz)
Stadt-dienste	Mischfinanzierung aus: • Gebühren und Entgelten • Zuschüsse, die vom Rat über den Fachdienst fließen	Extern Bsp.: Bauaufsicht; Natur / Umwelt; Feuerwehr	Erfüllung kommunalpolitisch gewollte und gesetzlich notwendige Leistungen für Bürger bzw. Einwohner.

Service-dienste	Verkauf der Dienstleistungen an die Fachdienste zu Marktpreisen bei Beachtung des Grundsatzes der Vollkostendeckung. (Z.T. sind Rechtsverordnungsvorschriften bzgl. der Einahmefinanzierung zu beachten.)	Intern Bsp.: Hausdruckerei; Mikrographie; Bezirksverwaltungsstelle	Zu Betrieben verselbständigte Funktionen des Konzerns „Stadt Solingen“: • Vorrangig interne Dienstleistungserstellung (Vor- und Beratungsleistungen). Stehen im Wettbewerb zu externen Anbietern. • Können auch extern ihre Leistungen (am Markt; in anderen Städten) anbieten.
Steuerungs-dienst ***(ausschließlich Ressort 1 zugeordnet)*** *[vorl. Ausgestaltung]*	Die Arbeit wird vom Verwaltungsvorstand finanziert.	Intern Bsp.: zum Steuerungsdienst gehören u.a. die Vermögensbetriebe (VBS) und die Entsorgungsbetriebe (EBS)	• Organisationseinheit mit den verbleibenden Querschnittsaufgaben. • Unterstützung des Verwaltungsvorstandes und teilweise Zuarbeit für den Stadtrat. • Sicherstellung, daß die Verwaltung abgestimmt und planvoll im „Konzern Stadt“ handelt. • Leistungserstellung ist abhängig von Planvorstellungen des Verwaltungsvorstands sowie von der Beauftragung durch die Fach-, Stadt- und Servicedienste.

Personalvertretung und Arbeitgeber

Bis zur ersten Veränderung des Verwaltungsgliederungsplans aufgrund der Modernisierungsdebatte bestanden bei der Stadt Solingen ein Gesamtpersonalrat (GPR) sowie drei örtliche Personalräte (Städtisches Krankenhaus, Stadtverwaltung[171] und Stadtwerke/Müllverbrennungsanlage). Im Personalrat Stadtverwaltung herrschen seit Jahrzehnten zwischen den ÖTV-angehörigen Personalvertretern und denjenigen der KOMBA große Meinungsverschiedenheiten bezüglich der Interessenvertretungsarbeit. Die direkte Gegnerschaft der Organisationsvertreter hingegen ruht seit einiger Zeit.

Infolge der organisatorischen Veränderungen hätten seit Mitte 1995 die Personalratsstrukturen, wie nachfolgend beschrieben, angepaßt werden können:

1. Für den Eigenbetrieb „Altenzentren der Stadt Solingen“ könnte eventuell ein neuer Personalrat gewählt werden. Da bisher noch keiner Wahl stattgefunden hat, ist die Mitgliederzahl und die Zusammensetzung z. Zt. noch nicht absehbar.
2. Auch bei den „EntsorgungsBetrieben Solingen“ (EBS) würde die Einrichtung eines Teilpersonalrates mit ca. sieben Mitgliedern (allerdings ohne eine Freistellungsmöglichkeit) gemäß § 13 III i. V. m. § 42 IV LPVG NW) in Betracht kommen. Die Gewerkschaft ÖTV würde aller Voraussicht nach hier mit einer gesicherten Mehrheit der Wählerstimmen bei den Wahlen zum Personalrat rechnen können. Allenfalls aufgrund des Gruppenprinzips würde auch die KOMBA-Gewerkschaft bei der Wahl einen Platz im neu zu wählenden Personalrat erhalten.

[171] Der PR besteht aus 17 Mitgliedern: vier Arbeiter- (vier ÖTV), neun Angestellten- (fünf ÖTV, vier KOMBA) und vier Beamtenvertreter (vier KOMBA).

3. Der „Vermögensbetrieb der Stadt Solingen“ ist zum 01.01.1997 gegründet worden. In ihr sind u.a. der Haus- und Reinigungsdienst, die Bauunterhaltung; die Hochbauplanung und die Grundstücksbewirtschaftung zusammengefaßt worden. Dieser Gesellschaft sind zwischen 700 und 1.100 Beschäftigte zugeordnet. Dies bedeutet, daß dort ein Teilpersonalrat mit neun bis 11 Mitgliedern (incl. ein bis zwei Freistellungen) begründet werden könnte. Auch hier würden bei einer Wahl wahrscheinlich fast ausschließlich ÖTV- (neben ein oder zwei KOMBA-) Personalräte gewählt werden.
4. Der Personalrat „Stadtverwaltung“ wird voraussichtlich nach den nächsten Personalratswahlen zum Teilpersonalrat „Innere Verwaltung“ umgegründet werden. Die Mitgliederzahl des Gremiums würde sich dabei nicht wesentlich verändern. Eine Besonderheit der Solinger Verwaltung ist es, daß die KOMBA-Gewerkschaft im Bereich der „Inneren Verwaltung“ relativ mitgliederstark ist und ein großes Wählerpotential besitzt. Bei eventuellen Neuwahlen würden deshalb voraussichtlich Verschiebungen bei der Stärke der Angestelltengruppe (§ 14 LPVG NW), und damit beim Kräfteverhältnis zwischen den Gewerkschaften ÖTV und KOMBA, zu erwarten sein. Die Gewerschaft ÖTV ist vom Wählerpotential stark im Arbeiterbereich vertreten. Da aufgrund der Ausgründung der EBS und der VBS kaum noch Arbeiter in der „Inneren Verwaltung“ verbleiben werden, würde einerseits die Gruppenstärke der Arbeiter im Personalrat reduziert. Andererseits würde sich der Anteil der Beamtengruppe im Personalrat erweitern - die KOMBA-Gewerkschaft hat in diesem Bereich ihr gesichertes Wählerpotential -, da die Zahl der wahlberechtigten Beamten gemessen an den Gesamtbeschäftigten prozentual wachsen würde.

5. Das „Städtische Klinikum Solingen“ wird weiterhin als Eigenbetrieb der Stadt Solingen geführt. Die Mitglieder des Personalrates sind, mit großem Abstand, mehrheitlich Gewerkschafter der ÖTV. In den Gesamtpersonalrat werden auch Vertreter aus dem Städtischen Klinikum gewählt.
6. Im neuen GPR „Stadtverwaltung Solingen“ werden Vertreter der unter 1. bis 5. genannten Bereiche Innere Verwaltung und der Eigenbetriebe vertreten sein. Mit Abstand würde weiterhin die Personalvertreter die der Gewerkschaft ÖTV zugehören die Mehrheit des Gremiums stellen.
7. Die „Stadtwerke Solingen“ unterliegen, aufgrund ihrer Umgründung zur GmbH, nunmehr dem BetrVG. Der bisherige Personalrat ist aufgelöst worden. Der neugewählte Betriebsrat gehört nicht mehr dem Gesamtpersonalrat der Stadt(-verwaltung) Solingen an. Die Mehrheit der Betriebsräte ist, wie bisher, bei der Gewerkschaft ÖTV organisiert; nur einzelne bei den Gewerkschaften DAG und KOMBA.

Die oben angeführte Analyse zeigt, daß sich aufgrund der Gründung von Teilpersonalräten die Mandats- bzw. Kräfteverhältnisse der verschiedenen Gewerkschaften in den Interessenvertretungen verändern bzw. verändern würden. Deshalb hat die Mehrheit der amtierenden Mitglieder des Personalrates „Stadtverwaltung Solingen“ sowie des Gesamtpersonalrates „Stadt Solingen“ die Errichtung von Teilpersonalräten für die laufende Legislaturperiode abgelehnt. Eine erneute Beratung ist erst für Herbst 1998 vorgesehen.

Die Organisation des Haupt- und des Personalamtes, als zentrale Querschnittseinrichtungen, hat sich bis zum Januar 1995 nicht wesentlich von denen anderer Kommunalverwaltungen unterschieden (siehe Aufgabengliederungsplan der KGSt[172]). Erst mit dem Beginn der zweiten Phase, der Evaluierung von Modellprojekten, wurde vom Hauptamt eine Projektgruppe abgespalten. Dem Leiter des Projektbüros (ehem. Amt 19, nunmehr Stab Oberbürgermeister - 111) sind für die Erfüllung seiner Aufgaben zwei Mitarbeiter unterstellt.

Infolge der Einführung des NSM werden Aufgaben der Organisations- und Personalverwaltung in die einzelnen Eigenbetriebe, Vorstandsbereiche sowie Fach-, Stadt- und Servicedienste verlagert. Nur wenige, bisher nicht genau definierte, Teilaufgaben sollen bei dem neugeschaffenen Steuerungsdienst verbleiben.[173] Diese Dienstleistungen können später von den Eigenbetrieben, Vorstandsbereichen, wie auch von den Fach-, Stadt- und Servicediensten, eingekauft werden.

In seiner Grundsatzrede warb der ehem. Solinger Oberstadtdirektor Dr. I. Deubel für die Beteiligung aller Mitarbeiter an der Umgestaltung der Verwaltung. Explizit hob er darin die Partizipation der Personalvertretung hervor: „... ohne aktive Unterstützung (Tolerierung reicht nicht) durch Personalräte ... kann die Umgestaltung nicht gelingen."[174] Dieser Satz bestimmt seither das Verhältnis zwischen der Interessenvertretung auf der einen und dem Dienststellenleiter auf der anderen Seite. So wurden die von den Personalratsmitgliedern in den Workshops geäußerten Ideen, Meinungen und Vorschläge für das weitere Vorgehen im Reformprozeß ohne ideologische Vorbehalte als Diskussionsanregung aufgenommen. Die Personalvertretung wurde desweiteren von der Verwaltung über das vom LPVG NW vorgeschriebene Maß hinaus frühzeitig über alle Reformvorhaben informiert und zu den Modernisierungsprojekten mit der Aufforde-

---

[172] KGSt, 1979.
[173] Vgl. SOLINGEN 1994c, S. 6 f. u. DEUBEL 1994, S. 12 f.
[174] DEUBEL 1994, S. 16.

rung sich zubeteiligen eingeladen. In den Projektgruppen hatte die Verwaltungsspitze dem Personalrat jeweils zwei Sitze zugestanden, die dieser auch zu 77 Prozent besetzte. Die restlichen 23 Prozent konnte der Personalrat, nach eigenen Angaben, aufgrund der eingetretenen Überlastung und infolge der Überforderung einzelner Personalratsmitglieder mit der neuen Aufgabenstellung, nicht wahrnehmen.

Partizipation bei der Einführung des NSM

Der systematisierende Projektvorlauf wurde vom 01.09.1994 bis 28.02.1995 von dem beauftragten Prof. Dr. Heinrich Wottawa *(Institut für Wirtschaftspsychologie, Bochum [WIP])* in Verbindung mit der Projektgruppe NSM und rund 75 Prozent der Verwaltungsbediensteten durchgeführt. Um diese hohe Beteiligungsquote zu erreichen, wurde ein Workshop-Konzept entwickelt. Diese ein- und zweitägigen Lern- und Diskussionsforen (ca. 89), welche auf vier Ebenen[175] von August bis November 1994 im „top-down" Verfahren durchgeführt wurden, dienten

- zur Ingangsetzung des Informationsflusses (Vorstellung des Reformprojekts);
- zur Weckung von Engagement und Begeisterung, zumindest aber von Verständnis, für das NSM (Motivationsschub);
- zur Aufstellung eines Maßnahmeplans;
- als Grundlage zur Mitarbeiterförderung bzw. für spätere Zielvereinbarungsgespräche[176] sowie
- zur Schulung der Führungskräfte.

---

[175] Ebene 1: Oberstadtdirektor u. Dezernenten; Ebene 2: Dezernenten u. Amtsleiter; Ebene 3: Amtsleiter u. Abteilungs- / Sachgebietsleiter; Ebene 4: Abteilungs- / Sachgebietsleiter und Sachbearbeiter / Meister / Vorarbeiter.

[176] Vgl. SOLINGEN 1993a.

Der Personalrat forderte seine Beteiligung im Verfahren ein. Seine Einbindung erfolgte in der zweiten Ebene (Dezernenten / Amtsleiter). Dort konnte er seine Anregungen und Bedenken in den Prozeß einbringen.

Von politischer Seite her wurde diese Vorlaufphase vom Personal- und Sonderausschuß (PuSA), vom Haupt- und Finanzausschuß (HuFA) sowie von der Kommission „Aufgabenkritik und ADV“ begleitet.

Im Anschluß an die Workshops wurden die Ideen und Vorschläge systematisiert und dokumentiert.[177] Insgesamt bewertete die Verwaltung die Resonanz auf die Workshops als „erfreulich positiv“. Anscheinend war dies verwaltungsseitig nicht erwartet worden.[178] Die Auswertung der Ergebnisse sowie die Erfahrungen aus den Seminaren führte dazu, daß

- eine Unternehmensberatungsfirma für die weitere externe Begleitung des Reformprozesses beauftragt wurde;
- die Projektgruppe NSM, welche dem Hauptamt unterstellt war, in ein Lenkungsteam „Verwaltungsreform“, welches direkt dem ehem. Oberstadtdirektor bzw. jetzt dem amtierenden hauptamtlichen Oberbürgermeister unterstellt worden ist, umgewandelt wurde und
- der Stadtrat am 30.03.1995, gemäß § 41 I a GO NW, einstimmig das Konzept zur Einführung des NSM beschloß.[179]

Erst nach dem vorgenannten Ratsbeschluß versuchten die politischen Parteien in organisationsinternen Prozessen ihre eigene Zielsetzung zu definieren, die Gründe hierfür zu klären ist allerdings nicht Gegenstand

[177] Vgl. SOLINGEN 1995e.

[178] Vgl. SOLINGEN 1994c, S. 1 u. SOLINGEN 1995a, S. 1.

[179] Vgl. SOLINGEN 1995f; Solinger Morgenpost vom 31.03.1995; Solinger Tageblatt vom 31.03.1995.

dieser Arbeit. Die Untersuchung zum Beziehungsgeflecht zwischen Politik und Verwaltung würde den Rahmen dieser Arbeit sprengen.[180]

Der Personalrat verfolgte im Reformvorhaben keine Blockade- bzw. Tolerierungspolitik gegenüber dem Dienststellenleiter, sondern suchte soweit wie möglich seine Aufgabe als „Co-Manager" wahrzunehmen. In den getrennt geführten Interviews mit dem Personalrat und der Projektleitung wurden unterschiedliche Aussagen zur Rolle des Personalrates im Modernisierungsprozeß getätigt. Der Personalrat sieht sich als Co--Manager während das Lenkungsteam sein Verhalten eher als Tolerierungspolitik einschätzt.[181]

Die Personalvertretung beteiligte sich in den Workshops als Moderator und als Teilnehmer. Flankierend nutzte er die obligatorischen Informations- und Vierteljahresgespräche mit den Leitern des Haupt- und des Personalamts bzw. mit dem ehem. Oberstadtdirektor, um mit Anregungen, Ideen und Vorschläge zur Gestaltung des Neuen Steuerungsmodells beizutragen. Diese wurden vorurteilsfrei diskutiert und zum Teil auch umgesetzt (z.B. Arbeitszeitmodell im Meldeamt).

In den Diskussionen nahmen die Personalvertreter - unabhängig von ihrer gewerkschaftlichen Mitgliedschaft eine konstruktive, vorwärtsweisende Position ein. Aufgrund der vorurteilsfreien Gesprächsbereitschaft sahen beide Sozialpartner vom Abschluß einer Dienstvereinbarung, u.a. zum Bestandsschutz der Arbeitsverhältnisse, ab.[182]

---

[180] Vgl. SOLINGEN 1994c, S. 1. Die Rolle der Politik wird z.B. allgemein in einer Veröffentlichung der Bertelsmann-Stiftung untersucht (BERTELSMANN [2]1995).

[181] Ähnlich unterschiedliche Einschätzungen äußerten die Wuppertaler Sozialpartner.

[182] Im Alleingang versuchten die KOMBA-Personalratsvertreter eine Dienstvereinbarung zu initiieren. Sie wurden jedoch vom Oberstadtdirektor mit ihrem Ansinnen abgewiesen.

In der zweiten Phase der Reform wurden seit Januar 1995 ca. 26 Modellprojektgruppen durch das Lenkungsteam anregt und einberufen.[183] Sie wurden in der Regel mit dem jeweiligen Projektleiter (der in Personalunion oftmals auch Amts- bzw. Abteilungsleiter war), der Gleichstellungsbeauftragten, den Leitern des Haupt-, des Personal- und des Rechnungsprüfungsamtes (RPA), dem Kämmerer sowie zwei Personalratsmitgliedern besetzt.[184] Die Beschäftigten konnten sich freiwillig zur Mitarbeit bereit erklären. In der Praxis wurden sie indessen mehrheitlich von den Abteilungs- bzw. Amtsleitern ohne Absprache bestimmt.

Eine Reihe von Beschäftigten, vor allem diejenigen, die von den Umstrukturierungsüberlegungen betroffen waren, fühlten sich vom Personalrat, aufgrund seiner neu definierten Rolle und seiner Arbeit, nicht mehr vertreten. Beispielsweise hatte der Stadtrat in einer seiner Sitzungen beschlossen, keine Neubauprojekte mehr in eigener Verantwortung durchzuführen. Der Personalrat versuchte den betroffenen städtischen Architekten im Hochbauamt die Situation in ihrer Gesamtheit sowie die Grenzen seiner Eingriffsmöglichkeiten vor Augen zu führen. Statt einer von dieser Beschäftigtengruppe erwarteten Ablehnung der Maßnahme und dem möglichst kompromißlosen Einsatz für ihre Interessen versuchte die Mitarbeitervertretung eine Problemakzeptanz bei den Betroffenen herzustellen. Dies führte bei den Architekten zur Resignation. Außerdem lehnten sie es ab, daß die Personalvertreter weiterhin ihre Interessen gegenüber der Verwaltung wahrnehmen.

Ein weiteres Fallbeispiel für die veränderte Rolle und der damit einhergehenden geänderten Aufgabenstellung des Personalrates infolge des

---

[183] Übersicht über die Bezeichnung, die Besonderheit, das Ziel und die voraussichtliche Dauer der Projekte siehe SOLINGEN 1995c u. SOLINGEN 1995d.

Reformprojekts ist der Umgang der Interessenvertretung mit dem hohen Krankenstand bei den „EntsorgungsBetrieben Solingen" (EBS). Die verursachten Kosten werden derzeit durch die Verwaltung aufgefangen. Bei einem direkten Kostenvergleich im Wettbewerb mit privaten Anbietern würden die EBS bei einem hohen Krankenstand ihre Dienstleistung nicht mehr kostengünstiger anbieten können. Eine Privatisierung hätte aufgrund der Krisensituation der Verwaltung die Folge sein können. In der Vergangenheit war es der Verwaltung vorbehalten geblieben, einen hohen Krankenstand zu kritisieren. Nunmehr sah es auch die Interessenvertretung als ihre Aufgabe an, dieses Problem bei den Mitarbeitern offen anzusprechen, um im Interesse der Beschäftigten diese Angelegenheit ins Positive zu verändern und um damit eine mögliche Privatisierung abzuwenden. Dies führte bei den Beschäftigten zu Identifikationsverlusten gegenüber ihrer Interessenvertretung.

Nur eine kontinuierliche und umfassende Aufklärung und Information über die Situation gegenüber den Betroffenen hätte vielleicht die Spannungen lösen können. Die Herausgabe eines vierzehntäglichen oder monatlichen Informationsblattes war aber, nach Meinung des Personalrates, aus Zeitgründen nicht möglich. Statt dessen wurde nur ein vierteljährliches Informationsbulletin herausgegeben sowie auf die - spärlichen - Seminarangebote der Gewerkschaften hingewiesen. Zur Vermittlung der veränderten Rolle und Aufgabenlage des Personalrates gegenüber den Arbeitnehmern reichte dies nicht aus.[185]

---

[184] Der Personalrat beteiligte sich an 20 Modellprojekten. Die zwei Sitze teilten sich die im Personalrat vertretenen Gewerkschaften (KOMBA und ÖTV) im Verhältnis 1:1.

[185] Mitarbeiter beschwerten sich im ersten Informationsgespräch des Oberstadtdirektors zum NSM über die mangelhafte Informationslage. Kritisiert wurde, daß zu viele Informationen bei den Amtsleitern „hängenbleiben". (Siehe Solinger Tageblatt vom 24.07.1995, S. 14 u. SOLINGEN 1995e, S. 101 f., 104, 143 ff.)

Im Oktober 1995 wurde, gemäß dem Ratsbeschluß vom 30.03.1995, die externe Unternehmensberatung *„Martens, Thiel & Partner"* vertraglich mit der weiteren Begleitung des Reformprojektes verpflichtet.[186] Nach einer eigenen dreimonatigen Analyse der Aufbau- und Ablauforganisation der Solinger Verwaltung kam die Beratungsgesellschaft zu dem Schluß, daß die bisherigen Vorarbeiten, in Form der bisher evaluierten Projekte, für eine Implementation ungeeignet seien. Statt dessen wollen *„Martens, Thiel & Partner"* sieben neue, zentrale Projekte initiieren. Grundsätzlich sollen aufgrund der erstellten Analysen nach den Vorstellungen der Unternehmensberatung eine große Anzahl von vorhandenen Arbeitsplätzen durch Ausgründungen, Privatisierungen und Freistellungen abgebaut werden.

Fazit des Solinger Reformprojektes

Insgesamt ist das von der Solinger Verwaltungsspitze gewählte Beteiligungsmodell besser zu beurteilen als der von der Remscheider Verwaltung favorisierte „top-down" Ansatz (vgl. 4.2). Im Vorfeld der Umstrukturierungsmaßnahme ließ die Solinger Verwaltung neben dem Personalrat auch eine größere Anzahl von Beschäftigten partizipieren.

Die Reformakzeptanz der Gesamtheit der Mitarbeiter ist bisher insgesamt gesehen positiv zu bewerten. Dabei müssen allerdings die Ebenen differenziert betrachtet werden. Während sich die unteren Hierarchieebenen (Mitarbeiter, Sachgebietsleiter) dem Reformvorhaben aufgeschlossen gegenüber zeigen, verschließt sich die Mehrheit des mittleren Managements (ehem. Abteilungs- und Amtsleiter) den Maßnahmen. Für den Personalrat brachte der erste Reformschritt eine Veränderung seiner traditionellen Rolle als Interessenvertretungsorgan. Er steht nunmehr im

---

[186] Siehe Solinger Tageblatt vom 26.10.1995, S. 13.

Spannungsfeld zwischen Innovation, Kompromiß und Verteidigung hinsichtlich der Arbeitnehmerinteressen.

Einen Machtverlust stellt die Personalvertretung für ihren Bereich fest. Durch die Dezentralisierung und Ausgliederung von Ämtern und Abteilungen in Eigenbetriebe und Gesellschaften mit beschränkter Haftung hat sie nicht mehr den Überblick über die Gesamtentwicklung der Verwaltung und kann somit bestimmten Veränderungen nicht mehr so gut entgegensteuern wie in der Vergangenheit. Durch die Dezentralisation stehen ihr nur noch begrenzte Informationen für ihre jeweiligen Zuständigkeitsbereiche zur Verfügung. Dies gilt beispielsweise für Fragen der ADV / EDV, bei Organisations- und Personalveränderungen etc. Für die Teilpersonalräte wird es schwieriger, Entscheidungskorrekturen in einen Gesamtkontext einzubringen, d.h. ihre Arbeit wird zusätzlich erschwert.

Die Möglichkeiten einer professionellen und engagierten Arbeit der örtlichen Personalräte in den Eigenbetrieben wird sich darüber hinaus verschlechtern, weil ihnen einerseits nur eine geringere Vertreterzahl zur Verfügung stehen werden. Darüber hinaus stehen ihnen oftmals auch keine Freistellungen[187] zu. Die Vielzahl von Aufgaben werden also durch deutlich weniger Personalräte erledigt werden müssen. Andererseits stehen ihnen neuen Ansprechpartner in Organisations- und Personalfragen gegenüber. Die Verantwortlichen haben häufig noch keine Erfahrung im Umgang mit den Regelungen der Mitbestimmung und werden sich dementsprechend zumindest in der Anfangsphase mit der Anwendung von Mitbestimmungsregelungen schwer tun.

---

[187] Es kommen, laut Aussage eines Mitarbeiters des Projektleitungsbüros, allenfalls Teilfreistellungen in Betracht. Diese müßten aber erst durch eine Dienstvereinbarung legitimiert werden. Sollte es zur Budgetierung kommen, so werden die Betriebsleiter schnell die Kosten der Teilfreistellung einer Kosten-Nutzen-Analyse unterwerfen und sodann sehr wahrscheinlich keine entsprechende Dienstvereinbarung abschließen.

Gegenüber der Belegschaft zeichnet sich die Nähe der Personalvertretung zum Arbeitsplatz der Beschäftigten positiv aus, da seine Arbeit direkter für sie erfahrbar sein wird. Die Einordnung von Einzelentscheidungen örtlicher Personalräte in einen Gesamtzusammenhang, bezogen auf die Stadtverwaltung, wird erschwert, zum Teil sogar unmöglich werden. Zwar wird ein neuer Gesamtpersonalrat errichtet, doch sind seine Kompetenzen sehr begrenzt.

4.4 Stadtverwaltung Wuppertal

Die Stadt Wuppertal ist aus der kommunalen Gebietsvereinigung der ehemals eigenständigen Städte Barmen und Elberfeld am 01.08.1929 hervorgegangen. Mit einer Einwohnerzahl von ca. 390.900 Personen (1995) ist sie die größte Stadt im Bergischen Land.

Wuppertal wird seit Beginn dieser Legislaturperiode durch eine SPD - Bündnis 90/Die Grünen - Ratsmehrheit regiert. Gleichermaßen, wie bereits in den Nachbarstädten geschehen, hat die Stadt Wuppertal bereits die kommunale Doppelspitze abgeschafft. Als Nachfolger für den ehem. Oberstadtdirektor Dr. Cornelius wählte der Stadtrat den neuen Oberbürgermeister Dr. H. Kremendahl (SPD).

Ebenso wie in den anderen Städten des Bergischen Städtedreiecks sind die Ämter und Einrichtungen der Kommunalverwaltung über das gesamte Stadtgebiet verteilt.

In der Verwaltung waren 1993, d.h. vor dem Reformprozeß, circa 6.300 Mitarbeiter beschäftigt. Bis zum 31.12.1995 wurden 400 Stellen nicht mehr neu besetzt; rund 800 Stellen wurden aufgrund der vorgenommenen Ausgründungen in die Eigenbetriebe verlagert. Diese hohe Zahl konnte trotz einer Ausdehnung der Personalzahl im Bereich der Alteneinrichtungen und Kindertagesstätten sowie bei Übernahme aller Auszubildenden erreicht werden.

Der erste Anstoß zur Reform der Wuppertaler Stadtverwaltung ging 1992 vom „Tilburger Modell“ der KGSt aus. Die Wuppertaler Verwaltungskonferenz stellte nach einer Analyse der Aufbau- und Ablauforganisation fest, daß diese aufgrund von drei Bedingungen verändert werden sollte:

1. Das Verhältnis zwischen Rat und Verwaltung war von wechselseitigen Schuldzuweisungen geprägt. Eine genaue Aufgabenabgrenzung der Organe ist durch die Gemeindeordnung (GO NW) nicht festgelegt worden.
2. Das Verhältnis zwischen Bürger und Verwaltung war durch Vorurteile negativ belastet.
3. Die Motivation der Belegschaft war nicht besonders hoch. Sie konnte zumeist keine abschließenden Entscheidungen treffen bzw. bekam in der Regel keine wesentliche Verantwortung übertragen.[188]

Ausschlaggebend für den Einstieg in den Reformprozeß war letztlich der Kostendruck, welcher auf der Kommune lastete.[189] Grundlage für die Einführung des „Neuen Organisationsmodells der Stadtverwaltung Wuppertal“ waren die Ratsbeschlüsse zum Umbau der Verwaltung[190] sowie das „Haushaltssicherungskonzept“[191] der Verwaltung. Neben der Einführung einer „Marketingkonzeption ‘Wuppertal 2004’“, der Erstellung eines „Unternehmensleitbildes“, der Überleitung von Organisations-

---

188 Vgl. WUPPERTAL 1995b, S. 3 f., 11.

189 Vgl. CORNELIUS 1995, S. 9 u. WUPPERTAL 1995b, S. 4. Seit 1993 ist der Wuppertaler Haushalt nicht mehr ausgeglichen. 1995 wurde der Haushaltsplan mit dem von der Verwaltung vorgelegten Sparkonzeption von der Düsseldorfer Bezirksregierung nicht genehmigt.

190 Vgl. WUPPERTAL 1994b, S. 34-35, „Grundsatz- und Vergabebeschluß zum Umbau der Verwaltung“ vom 20.12.1993 (Drs. 4063/93) -Auszug-.

einheiten in andere Rechtsformen (Eigenbetrieb, optimierter Regiebetrieb, GmbH) etc. stellte der Rat der Stadt Wuppertal im Laufe des Jahres 1993 zuerst Mittel für eine externe Organisationsuntersuchung bereit. Sie sollte zu einer „Verschlankung der Verwaltung" im Bereich der drei technischen Ämter und des Jugendamtes führen. Der damalige Wuppertaler Oberstadtdirektor Dr. Cornelius kritisierte später bezüglich der Mittelbereitstellung, daß es primär nicht um punktuelle Bewertungen von Verwaltungseinheiten gehen könnte. Vielmehr müsse die Stadt Wuppertal in ihrer Gesamtheit untersucht und reformiert werden.[192] Dieser Meinung schloß sich der Rat der Stadt an. Im Verlauf der weiteren Beratungen mußte die Frage geklärt werden, ob „konventionelle" Unternehmensberater (z.B. Berger, Diebold, Kienbaum o.ä.) mit der Leitung des Umsteuerungsprozesses beauftragt oder ein „unkonventioneller", offener Weg beschritten werden sollte. Die Entscheidung traf der Rat der Stadt in seiner Sitzung am 20.12.1993[193] auf Grundlage der Beratungsergebnisse von Verwaltung und Personalrat. Er beauftragte die Kölner Firma „*technopart*" mit der Überprüfung der Gesamtverwaltung - „Projekt Verwaltungsmanagement (VM)". Entscheidend für die Wahl des „unkonventionellen" Projektträgers war der Fakt, daß dieses Unternehmen kein Gutachten erstellen, sondern den Umbau der Verwaltung mit Hilfe der Mitarbeiter direkt angehen wollte.

Neues Organisationsmodell der Stadtverwaltung Wuppertal

Grundsätze für die Durchführung der Wuppertaler Verwaltungsreform waren die von der Behörde vorgegebenen Parameter zur Steigerung der Effektivität, Effizienz und Kundenorientierung der „neuen" Stadtver-

---

[191] „Haushaltssicherungskonzept zur Haushaltskonsolidierung" vom 17.12.1993 (Drs. 4001/93).

[192] Vgl. CORNELIUS 1995, S. 11 u. WUPPERTAL 1995b, S. 7.

waltung. Deshalb hat sich die Behörde entschlossen, sämtliche Arbeitsprozesse und -verfahren einer eingehenden Überprüfung zu unterziehen. Beim radikalen Umbau der Strukturen innerhalb eines Jahres sollten die bisherigen Leistungshemmnisse abgebaut, verdeckte Reserven genutzt und althergebrachte interne resp. externe Verhaltensweisen irreversibel verändert werden.[194]

Die mit der Projektbegleitung beauftragte Firma *„technopart"* schlug einen parallel laufenden, dreigeteilten Umsteuerungsprozeß vor:

- forcierte Entwicklung und Durchführung von Personalentwicklungsmaßnahmen,
- Veränderung der Führungs- und Steuerungselemente sowie
- Reduzierung der bestehenden Hierarchieebenen.

Bei der Realisierung der Vorgaben und ihres dreiteiligen Konzepts hat die Stadt Wuppertal beim bundesweit in vielen Städten und Gemeinden diskutierten Reformprozeß der Kommunalverwaltung neue Wege beschritten. Die Verwaltung bezog ca. ein sechstel aller Mitarbeiter (1.000 Mitarbeiter von 6.000 Beschäftigten), die Personalvertretung, die Verwaltungsführung und die Politiker in das interne Umsteuerungsverfahren durch Diskussionen in verschiedenen Foren ein. Die Unternehmensberatungsfirma *„technopart"* begleitete diesen Prozeß nur extern, als „Veränderungsmanager", und ließ dabei, entgegen dem sonst üblichen Gutachterverfahren, den einzuschlagenden Weg zum Ziel offen. Folglich gab es zu Beginn keine Vorstellung von einem konkreten „Neuen Organisationsmodell" bzw. NSM wie in den Nachbarstädten Remscheid und Solingen.

---

[193] WUPPERTAL 1994b, S. 34; „Grundsatz- und Vergabebeschluß zum Umbau der Verwaltung" vom 20.12.1993 (Drs. 4063/93) -Auszug-.
[194] Vgl. CORNELIUS 1995, S. 3.

Plakatives Ziel war es, den partizipativen Umsteuerungsprozeß innerhalb eines Jahres bis Ende 1995 abzuschließen. Mit der kurzen Zeitvorgabe sollte sichergestellt werden, daß in einer relativ kurzen Zeit soviel wie möglich in der Verwaltung unumkehrbar verändert wird. Gleichzeitig sollte der Zerredungsgefahr des Innovationsprozesses entgegengewirkt werden.

Die Mitarbeiter wurden, mit Hilfe des „top-down" Ansatzes, für die Teilnahme am Reengineeringprozeß[195] motiviert. Mit gutem Beispiel sollten die Vorgesetzten ihren Mitarbeitern gegenüber vorangehen und sich in das Verfahren einbringen. Durch eine breite Partizipation der Belegschaft, der Personalvertretung, der Gewerkschaft, der Verwaltung und der Politik sollte eine kurzfristige Realisierung des Umsteuerungsprozesses gewährleistet werden.

Für das Projekt wurde deshalb eine umfassende Beteiligungsarchitektur (Abbildung 3) geschaffen. Sie besteht aus folgenden Einheiten:[196]

- *Experten/Fachkreise:* stehen beratend den Teams zur Verfügung. Sie beschäftigen sich mit ausgewählten Projekten (z.B. Interner Arbeitsmarkt- und Beschäftigungsvermittlungs-Team [IntAB], Personalentwicklungs-Team etc.) und setzen, je nach Bedarf, Operative Controlling-Teams ein.
- *Information/Schulung/Training/Coaching-KernTeam (ISTC):* zuständig für die Schaffung und Pflege offener Informations- und Kommunikationswege sowie Förderung einer praxisnahen, beruflichen Fortbildung.
- *ManagementTeams*[197]*:* Für die Problembearbeitung von Gemeinschaftsaufgaben, welche das „Gesamtunternehmen Stadt" (z.B. Controlling;

[195] Wuppertal ist z. Zt. die einzige Stadtverwaltung, die sich beim Umbau ausdrücklich auf die Methode des Reengineering bezieht. (Vgl. KAISER 1995, S. 36)
[196] Vgl. WUPPERTAL 1994d u. WUPPERTAL 1995b, S. 2.

Planung und Steuerung; Qualitätssicherung; Wissensorganisation[198]) überall wahrzunehmen hat und aufgrund dieser Tatsache von ihr nur dezentral vernetzt wahrgenommen werden können, sind absichtlich keine zentralen Stabsstellen eingerichtet worden. Stattdessen setzt die Stadt Wuppertal auf sogenannte *Management*Teams. Die Teammitglieder rekrutieren sich aus Mitarbeitern der einzelnen Geschäftsbereiche und sollen die Aufgabe der Vernetzung und der Impulsgebung wahrnehmen.

- *Modellkommission (Moko):* besteht aus einem Mitglied der Personalvertretung, einem Vertreter der Gewerkschaft ÖTV, einem Vertreter von *„technopart"*, den Leitern des Haupt-, des Personal- und des Rechtsamtes sowie dem Oberstadtdirektor. Die Aufgabe der Moko besteht darin, das „Unternehmensmodell Stadtverwaltung Wuppertal" auf strategischer Ebene zu planen und Globalvorgaben zu entwickeln (z.B. Festlegung von Führungsgrundsätzen, Zahl der Hierarchiestufen, Einführung eines Leitbildes etc.). Beschlüsse muß sie dem Promotorenteam zur Bestätigung vorlegen; eine Kontrolle der Moko wird jedoch nicht von ihr ausgeübt. Vielmehr wirkt sie auf die Errichtung einer Selbstkontrolle auf allen Organisationsebenen hin.
- *OperativesControlling-KernTeam (OC):* versucht anhand von Meßgrößen genau definierte Produkte bzw. Teilprozesse zu evaluieren (Faktenorientierung), um später anhand der festgestellten Werte Ver-

---

[197] Vgl. Handelsblatt v. 21.10.1997 (Kommunen / Anfangseuphorie verflogen - Viele Schlaglöcher auf dem Reformweg): „Managementteams konnten sich für besondere Aufgaben bilden. „'Diese bildeten sich aber aus eigener Machtvollkommenheit', berichtet Oberbürgermeister Hans Kremendahl, 'und häufig waren die Ziele unklar.' (...) Nun werden sie nur noch zeitlich befristet gebildet, ein Teamleiter wird von der Verwaltungsspitze bestimmt."

[198] Zur Arbeit des *Management*Teams „Wissensorganisation" siehe KAMINSKI 1997.

besserungen bzw. Veränderungen zu implementieren (Projekt-controlling).[199]

- *Projekt-ManagementTeam (PMT):* besteht aus dem Unternehmensberater, dem Personaldezernenten, dem Leiter der Kämmerei, der Gleichstellungsbeauftragten und drei Personalratsmitgliedern. Das Team plant den störungsfreien Veränderungsprozeß, sichert die Bereitstellung der erforderlichen Finanzmittel und legt Schwerpunkte für das Reformvorhaben fest (Prozeßverantwortung).
- *Projekt-Plenum Verwaltungsmanagement:* ist ein monatliches Forum für die interne Öffentlichkeitsarbeit.
- *PromotorenTeam:* ist der „Auftraggeber" des Verwaltungsumbauprojekts. Das Team hat die Aufgabe, den Umstrukturierungsprozeß voranzutreiben (Zielverantwortung) und entscheidet über Vorschläge der Moko (Durchsetzungsverantwortung). Ihr gehören neben dem Oberstadtdirektor, dem Stadtdirektor sowie einem weiteren Dezernenten auch jeweils ein Vertreter der Ratsfraktionen an.[200]
- *AktionsTeams/Produkt- und Prozeß-Reengineering-Teams (AT/PPR):* setzen sich jeweils aus dem zuständigen Dezernenten, den beteiligten Amtsleitern sowie interessierten Mitarbeitern zusammen und werden vom ManagementTeam betreut. Die AT/PPR beurteilen alle bisherigen Produkte und Prozesse und stellen sie in Frage. Die gewonnenen Erkenntnisse geben sie den PMT in Form von Diskussionsanstößen weiter und fassen deren Diskussionsergebnisse für ihr Dezernat später

---

[199] Vgl. WUPPERTAL 1994d; WUPPERTAL 1994e; WUPPERTAL 1994f.
[200] Vgl. WUPPERTAL 1994a, S. 1.

wieder zusammen.[201] Die AT/PPR-Teams schlagen der Moko auf dieser Grundlage eine Strukturanpassung vor und dringen auf die Umsetzung der gewonnenen Erkenntnisse.[202]

Abbildung 3: Projektarchitektur

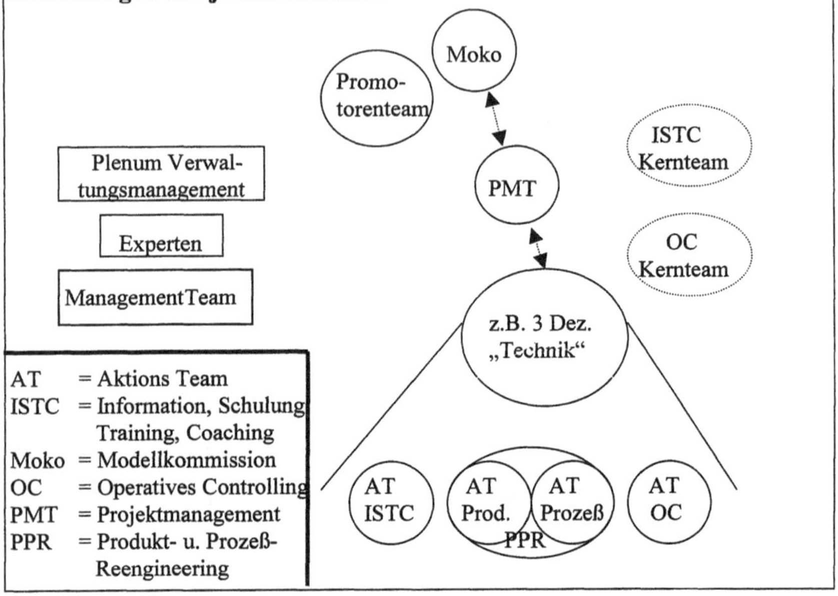

Quelle: WUPPERTAL 1994a

Personalvertretung und Arbeitgeber

Mit der Ausgliederung der städtischen Krankenhäuser zur „Klinikum Wuppertal GmbH“ wurde der Gesamtpersonalrat als Organ überflüssig. Die Stadtverwaltung Wuppertal verfügt seither nur noch über einen Per-

---

201 Vgl. z.B. DROEGE 1995a u. DROEGE 1995b.

202 Vgl. WUPPERTAL 1994g.

sonalrat. Er besteht aus insgesamt 23 Mitgliedern[203]: fünf Arbeiter-, 13 Angestellten- und fünf Beamtenvertreter.

Zwischen den Personalratsmitgliedern herrschen keine grundlegenden Differenzen hinsichtlich der betrieblichen Interessenvertretungspolitik.

Entsprechend dem Aufgabengliederungsplan der KGSt wurden bislang alle personalwirtschaftlichen Aufgaben durch das Personalamt und alle organisatorischen Aufgaben vom Hauptamt zentral erledigt. Mit der endgültigen Verabschiedung der Organisationsänderung sollen diese Querschnittsangelegenheiten dezentralisiert werden.

Es besteht ein kollegiales Verhältnis zwischen den Leitern des Haupt- und des Personalamtes einerseits und dem Vorsitzenden des (Gesamt-) Personalrates andererseits. Ein Indiz dafür ist, daß die Einigungsstelle sehr selten bemüht wird.

Beide Seiten, Verwaltungsspitze und Interessenvertretung, waren überzeugt davon, daß eine radikale Verwaltungsreform unumgänglich sei. Die Personalvertretung ist deshalb schon frühzeitig, im Rahmen des § 2 LPVG NW, kontinuierlich und umfassend in den Umbauprozeß einbezogen worden.[204] Erweiternd wurde zwischen dem Personalrat und der Dienststellenleitung eine Dienstvereinbarung[205] abgeschlossen, um den Prozeß kooperativ, im Sinne der Gestaltungsfunktion, wahrnehmen zu können. Dieser Kooperationsvertrag sicherte einerseits dem Personalrat Einflußmöglichkeiten und andererseits der Verwaltung die kooperative Haltung der Interessenvertretung bei der Ausgestaltung der Reform zu.

---

[203] 16 ÖTV, vier KOMBA, drei DAG.

[204] Der Personalrat hat Sitz und Stimme in der Modellkommission. Ihm werden alle erstellten Papiere der verschiedenen PPR's zugeleitet. Weiterhin wird er zu den monatlichen Meetings der Geschäftsbereichsleitungen eingeladen.

[205] Siehe das abgedruckte Dokument 2 im Anhang.

Partizipation bei der Organisationsreform

Zu Beginn des Reformprozesses wurde von der Wuppertaler Verwaltung die Erarbeitung eines „Unternehmensleitbildes Rathaus" initiiert. Grundlage für den Arbeitsauftrag war das Marketingkonzept „Wuppertal 2004", das mit dem zu erarbeitenden Leitbild „eine Bewußtseinsänderung im Rathaus" einleiten „und die Entwicklung zum Dienstleistungsunternehmen" fördern sollte.[206] 1991 forderte der damalige Oberstadtdirektor Dr. A. Reichwein die Amts- und Institutsleiter auf, Vorschläge für ein solches Leitbild bei ihm einzureichen. Auf der Basis der eingereichten Anregungen erstellte der Oberstadtdirektor einen Diskussionsentwurf, der anschließend zuerst extern im Lokalteil der Westdeutschen Zeitung besprochen worden ist. Erst im nachhinein wurde das Exposé auch im Mitteilungsblatt der Stadtverwaltung Wuppertal[207] veröffentlicht, mit der Aufforderung, daß die Mitarbeiter sich mit dem Entwurf kritisch auseinandersetzen.

Problematisch an dem Verfahrensweg zur Erstellung eines Leitbildentwurfes war, daß dem Personalrat und der Belegschaft von der Verwaltungsspitze keine Möglichkeit gegeben worden ist, ihre Ideen und Vorstellungen einzubringen. Demgegenüber muß die im Vorwort stehende Aufforderung:

„Das Leitbild soll gemeinsam unter Beteiligung der Führungskräfte (Dezernentenkonferenz, Amtesleiterzusammenkunft), der Mitarbeiter und der Personalvertretung erarbeitet werden."[208]

gewertet werden. Resultat dieser Farce war, daß die Beschäftigten als auch die Personalvertretung nur noch den Text zur Kenntnis, aber keinen Ein-

---

[206] WUPPERTAL 1991, S. 169 (Vorwort von Dr. A. Reichwein).
[207] Siehe WUPPERTAL 1991.
[208] WUPPERTAL 1991, S. 169.

fluß mehr nehmen konnten. Die Aufnahme des Leitbildentwurfs war entsprechend „unterkühlt" und führte dazu, daß in der Belegschaft keine weitere Diskussion hierüber stattfand.

In der Gegenwart spielt der Leitbildentwurf keine Rolle mehr, da die erstellten Grundsätze von den Vorgesetzten nicht vorgelebt werden. Das erstrebte „WIR-Gefühl" entstand aufgrund der Verfahrensweise und der hieraus resultierenden Ablehnung des Textes nicht. Eine Chance zur Partizipation der Personalvertretung und der Mitarbeiter außerhalb des gesetzlichen Rahmens wurde von der Verwaltung nicht wahrgenommen, obwohl die Entwicklung und Ausgestaltung eines Leitbildes eigentlich gemeinsam diskutiert werden sollte. Die Arbeit an dem Entwurf wurde auch aus diesem Grund bisher nicht mehr weiter verfolgt. Für den anschließend geplanten Umgestaltungsprozeß wirkte sich die „verspielte" Gelegenheit des partizipativen Miteinanders nicht positiv aus.

Um die begangenen Fehler bei der Erstellung des Leitbildes für den sich anschließenden Umstrukturierungsprozeß zu verhindern, schloß die Personalvertretung mit der Verwaltung eine Dienstvereinbarung „zur Sicherung des sozialen Friedens in Verbindung mit den notwendigen Maßnahmen zur Haushaltskonsolidierung und zum Umbau der Verwaltung"[209] ab. Die Vereinbarung garantierte einerseits den Beschäftigten resp. der Personalvertretung, daß von der Verwaltung, bis zum Ablauf der Dienstvereinbarung am 31.12.1998[210], betriebsbedingte Kündigungen in der Regel ausgeschlossen, die finanziellen Besitzstände gewahrt und die Übernahme der Auszubildenden zugesagt werden. Auf die Einrichtung eines

---

[209] Siehe Dokument 2 im Anhang. Ein weiteres Übereinkommen zur Begleitung des Reformprozesses wurde zwischen der ÖTV KV Wuppertal-Niederberg und dem Oberstadtdirektor der Stadt Wuppertal abgeschlossen.

[210] Seit Januar 1998 verhandeln der Gesamtpersonalrat und der Oberbürgermeister der Stadt Wuppertal über die Verlängerung der vorgenannten Dienstvereinbarung.

Stellenpools für reformunwillige bzw. „überflüssige“ Mitarbeiter wurde verzichtet. Vom Personalrat wurde andererseits die volle Unterstützung im Reform-
prozeß zugesagt. Die Personalvertretung verpflichtete sich, den Mitarbeitern eine tiefere Einsicht in die mit dem Konsolidierungsprozeß verbundenen Maßnahmen (z.B. zur Fluktuationsförderung) zu vermitteln. Im Zusammenhang mit der Dienstvereinbarung wurde eine Protokollerklärung[211] abgeschlossen, indem der Personalrat u.a.

- die Umsetzung der vom Rat beschlossenen Vorruhestandsregelung sowie der hierin vorgesehenen Abfindungsregelungen zusicherte[212];
- die verwaltungsseitig verstärkte Anordnung von Überstunden anerkannte;
- die Verhandlung über eine Arbeitszeitflexibilisierung innerhalb der Tarifvorschriften nicht ausschloß;
- Verhandlungsbereitschaft bezüglich der Überarbeitung des Leistungsanreizkatalogs (weg von der nivellierten Form der Leistungszulage für alle hin zur Gewährung für Leistungszulagen für einen kleinen, besonders leistungsbereiten Mitarbeiterkreis) signalisierte;
- ein Entgegenkommen bei den Verhandlungen zum Ausbau der technikunterstützten Datenverarbeitung in der Personalverwaltung zusagte sowie
- anzeigte, bei Gesprächen über die Einführung eines elektronischen Zeiterfassungssystems keine Vorbedingungen zu stellen.

Um Einvernehmen zwischen Personalvertretung und Verwaltung bei Maßnahmen im Sinne dieser Dienstvereinbarung herzustellen, wurde eine

---

[211] Siehe Dokument 3 im Anhang.
[212] Siehe WUPPERTAL 1994c.

paritätisch besetzte Arbeitsgruppe, bestehend aus sechs Mitgliedern, gebildet. Die Dienstvereinbarung ist im Übrigen z.B. im Bereich der Besitzstandswahrung und dem Ausschluß betriebsbedingter Kündigungen günstiger als der zwischen der Gewerkschaft ÖTV und dem KAV abgeschlossene Rationalisierungsschutztarifvertrag. Für die Verwaltung war die getroffene Selbstverpflichtung, keine betriebsbedingten Kündigungen während des Umbauprozesses vorzunehmen, ebenfalls von Vorteil, da somit die Altersstruktur nicht verändert wurde. Aus der Sicht der Verwaltung wäre es nämlich problematisch gewesen, betriebsbedingt nur bestimmte Arbeitnehmergruppen[213] kündigen zu können. Die Beschränkung auf die Arbeiter und die jungen Angestellten sowie die Gruppe der Auszubildenden nach Beendigung ihrer Ausbildung würde den „Beschäftigten- und Altersmix“ negativ für die Zukunft beeinflussen.
Der Personalrat beteiligte sich, gemäß der abgeschlossenen Dienstvereinbarung, an der Arbeit der in der Projektarchitektur vorgesehenen Gruppen. Während sie Vertreter in die Moko und das PMT delegierte, entsandte die Personalvertretung in die einzelnen PPR-Teams jedoch keine Vertreter. Zu Beginn des Umsteuerungsprozesses ließ sie sich statt dessen die einzelnen Sitzungsprotokolle zur eigenen Information zusenden. Nach nur kurzer Zeit erkannte der Personalrat, daß die Informationsflut für seine Arbeit nicht effektiv zu nutzen war. Deshalb beschränkte er sich auf den mündlichen Vortrag von Projektergebnissen der einzelnen PPR-Teams nach Abschluß ihrer Arbeit.

---

[213] Im Prinzip kommen für eine Kündigung nur die ganz jungen Arbeitnehmer, die Auszubildenden und die Arbeiter in Frage, da die Beamten bereits ab dem 27. Lebensjahr zu Lebenszeitbeamte ernannt werden und die Angestellten ab dem 40. Lebensjahr plus 15 Dienstjahre sowie Schwerbehinderte nur sehr schwer und in einem aufwendigen Verfahren kündbar sind.

Bei allen Entscheidungen der Personalvertretung über die Einführung neuer Arbeitsabläufe und Organisationsstrukturen ließ sich dieser nicht einfach auf die geschlossene Dienstvereinbarung verpflichten, sondern nutzte die vom LPVG NW eingeräumte Möglichkeit der Mitteilung über die beabsichtigte Nichtzustimmung, um eine Erörterung bzw. Neuberatung mit der Verwaltung zu erreichen.

Der Modernisierungsprozeß wurde sektoral in den Ämtern der Dezernate Bauen, Planung sowie Umwelt begonnen und lief anschließend analog in allen anderen Dezernaten an.[214]

Nach Beendigung des ersten Jahres im Umbauprozeß unter dem Motto „Reengineering 1994", befindet sich die Wuppertaler Verwaltung nun in der zweiten Projektphase. Sie begann 1995 mit der Umsetzung der erstellten Verbesserungsprozesse und der Einführung eines neuen Geschäftsverteilungsplans (Abbildung 10 im Anhang).[215] Als erste Maßnahme reduzierte die Verwaltung die Anzahl der ehemals sieben auf vier Dezernate[216] und benannte sie anschließend in Geschäftsbereiche um. Ziel der Neugliederung war es, u.a. durch die Auflösung der Dezernatsgrenzen, sinnvolle gemeinsame Geschäfts- und Arbeitsfelder zu schaffen.

Die Neugliederung der Stadtverwaltung umfaßt folgende vier Geschäftsbereiche:

1. Geschäftsbereich „Natur, Raum, Bau" (ehemalige Dez. VI, VIII, IX).
2. Geschäftsbereich „Soziales & Kultur" (ehemalige Dez. IV, V) und

---

[214] Vgl. WUPPERTAL 1994a für die technischen Dezernate, WUPPERTAL 1994h für die Dezernate IV und V sowie WUPPERTAL 1994k für die Dezernate I, II und das Büro OStD.

[215] Infolge der Implementation der neuen Strukturen gibt es immer wieder Anlässe, Änderungen vorzunehmen. Vgl. z.B. Westdeutsche Zeitung vom 02.09.1995, S. 11 bezüglich der Probleme bei der Einrichtung des Stadtbetriebes „Archive und Museen".

[216] Z.B. wurden die drei technischen Dezernate zu einem Geschäftsbereich mit sechs Ressorts zusammengefaßt.

3. Geschäftsbereich „Schutz und Ordnung“ (Teile der ehemaligen Dez. I, V, VI, VIII, IX),
4. Geschäftsbereich „Zentrale Dienstleistungen“ (ehemalige Dez. I, II, III)[217]

Im Rahmen der neugegliederten Geschäftsbereiche sind anstelle der 40 ehemaligen Ämter der Verwaltung 31 selbständige Ressorts und Stadtbetriebe mit eigener Budgetverwaltung entstanden. Durchgehendes Prinzip ist die Geschäfts- und Prozeßorientierung für die Zielgruppen, denen die Stadtbetriebe ihre Leistungen anbieten. Damit sollen Überlappungen verhindert und Verschwendung von Haushaltsmitteln vermieden werden. Joachim Hiebel, Inhaber der Firma *„technopart“*, erklärte dazu in einem Interview: „Die Ämter sind nach Fachgesichtspunkten geschnitten. Also eine Fach-Abteilung. Und Abteilung kommt von Abteil. Statt Abteilen mache ich eine Einheit. Nämlich die, die ich brauche, um ein Geschäft abzuwickeln. Das heißt, ich bringe alle diese Fachleute zusammen, die das Geschäft auch wirklich abschließend behandeln können. ... Die Spannung des Jahres war immer bei der Budgetverteilung, nicht bei der Ergebnissammlung. Wir wollen es anders machen.“[218] Die selbständig organisierten Betriebe mit eigenem Budget haben nunmehr die Erfolgsverantwortung gegenüber den politischen Gremien und müssen dies regelmäßig nachweisen. Sie arbeiten somit wie ein städtisches Unternehmen, ohne daß sie selber in eine andere Rechtsform überführt worden sind. Für andere umstrukturierte Ämter ist allerdings bewußt eine neue Rechtsform gewählt worden.

Obwohl die Verwaltung noch zu Anfang (1995) einen weiteren Outsourcing-Prozeß aufgrund der zu erwartenden Steuerungsprobleme

---

[217] Vgl. Schreiben des OStD vom 29.12.1994.

ablehnte, nimmt nunmehr „die 'Privatisierung' von Teilen der Stadtverwaltung ... immer weiter zu, außerdem versucht die Stadtverwaltung, wo eben möglich Aufgaben in Form von 'städtischen Betrieben' zu organisieren."[219] Neben den nachfolgend privatisierten Verwaltungsbereichen:

- Gemeinnützige Wohnungsbaugesellschaft mbH Wuppertal,
- GWG - Stadt- und Projektentwicklungsgesellschaft mbH,
- Klinikum Wuppertal GmbH und
- Wuppertal GmbH, Gesellschaft für Wirtschafts- und Beschäftigungsförderung (ehem. Amt für Wirtschaftsförderung)[220],

wurden noch folgende ehem. Ämter ausgegründet:

- Abfallwirtschaftsgesellschaft mbH Wuppertal,
- Theaterbetriebsgesellschaft Wuppertal-Gelsenkirchen mbH (Schillertheater NRW),
- Stadthalle Wuppertal Betriebs- und Veranstaltungsgesellschaft mbH und
- Hotel AG Wuppertal.

Der Personalrat hat vor seiner Zustimmung zu den Ausgründungen mit der Verwaltung Überleitungsverträge abgeschlossen. Sie enthielten für die betroffenen Mitarbeiter Rückkehroptionen.

Zum neugeschaffenen „Konzern Stadt Wuppertal" gehören ebenfalls folgende weitere Unternehmen:

- WSW - Wuppertaler Stadtwerke AG,
- VSG Verkehrs-Service GmbH und
- Technologiezentrum Wuppertal W-tec GmbH.

Während der ersten, radikalen Umbruchphase wurde die Belegschaft vom ISTC-Team geschult. Die Schulungen und Workshops sollten 1995

---

218 SPD-RAT 1994, S. 2 ff.; vgl. auch WUPPERTAL 1995b, S. 7.
219 Wuppertaler Zeitung vom 20.07.1996, S. 11.

verstärkt zur Qualifizierung der Belegschaft ausgedehnt und intensiviert werden. Allerdings lag bis Mitte 1995 noch kein entsprechendes Schulungsprogramm vor.[221] Erklärtes Ziel war es, die Belegschaft in die zu Lage versetzen, die dritte Phase eigenständig durchzuführen und voranzutreiben. Seit dem Frühjahr 1996 ist mit der dritten Projektphase („Kaizen“) begonnen worden. Dabei geht es um die kontinuierliche Verbesserung der neuen Verwaltungsstruktur.

Resultierend aus der Umstrukturierung der Verwaltung in neue Geschäftsbereiche wurde auch die Organisationsstruktur der Personalvertretung verändert. Für die vier Geschäftsbereiche und für die verschiedenen neuen städtischen Betriebe sind jeweils eigene, neue Personal- bzw. Betriebsräte eingerichtet worden. Die Verwaltung vertritt gleichzeitig die Auffassung, daß die Errichtung von Teilpersonalräten keine „Aufblähung der Institution Personalrat“ bedeuten sollte.

Einer Berechnung des Wuppertaler Personalrates zufolge wäre die Zahl bei einer Neuwahl in allen Bereichen von derzeit 23 Personalräten auf ca. 73 Personalvertreter[222] (ca. 317 Prozent) angestiegen. Mit Hilfe einer anderen Organisation könnte jedoch nach Meinung des Personalrates die starke zahlenmäßige Ausweitung der Personalvertreter im weitesten Sinne kostenneutral (d.h. unterhalb einer Toleranzgrenze von fünf Prozent) durchgeführt werden, obwohl ca. drei zusätzliche Freistellungen eingerichtet werden müßten. Der dazu notwendige Ratsbeschluß für den konkreten Aufbau der dezentralen Personalräte wurde im Dezember 1995 gefaßt. Mit dem im Dezember 1995 getroffenen Ratsbeschluß wird die

---

[220] Vgl. BONTRUP 1994.
[221] Vgl. TELIAN 1995, S. 71.
[222] Die Zahl setzt sich zusammen aus den je neun Personalratsmitgliedern der zwei Teilpersonalräte in den Eigenbetrieben; aus den 13 Mitgliedern des Geschäftsbereichs (GB)

Einrichtung von Teilpersonalräten für die nunmehr bestehenden vier Geschäftsbereiche[223] sowie für die städtischen Betriebe ermöglicht.

Am 17.12.1997[224] unterzeichneten Oberbürgermeister Dr. H. Kremendahl und Vertreter der einzelnen Personal- und Betriebsräte des städtischen Konzerns nach einjährigen Verhandlungen die gemeinsame „Vereinbarung zur Gründung einer Konzernarbeitnehmervertretung in gemischt öffentlich-privatrechtlichen Mischkonzernen". In dieser bisher in der Bundesrepublik einmaligen Vereinbarung erklärten die Vertragsparteien in § 5 III, „... daß eine Ausweitung der bisherigen Personal- und Sachkosten möglichst vermieden werden soll. Sollte sich dies als nicht praktikabel erweisen, so verpflichten sich die Parteien, Verhandlungen mit dem Ziel einer einvernehmlichen Lösung aufzunehmen."[225] Damit dokumentierten die Arbeitnehmervertreter einerseits ihre Bereitschaft, selber kostensparend arbeiten zu wollen um den Haushalt zu entlasten. Zum anderen wird aber deutlich festgeschrieben, daß eine Neuverhandlung über die Konditionen der Personal- und Sachkostenerstattung zu erfolgen hat, wenn die gefundene „schlanke" Lösung für die Arbeitsbewältigung der Personalvertretung in der täglichen Praxis Schwierigkeiten bereitet.

Das wichtigste Regelung in dem Vertragswerk ist jedoch, daß mit der Einrichtung der Konzernarbeitnehmervertretung alle Betriebs- und Personal-

---

„Natur, Raum, Bau", aus den je ca. neun Mitgliedern von drei anderen GB und den 15 Mitgliedern des Gesamtpersonalrates.

[223] Ein Organigramm mit der Aufteilung der Geschäftsbereiche ist in der Abbildung 10 im Anhang wiedergegeben.

[224] Siehe Wuppertaler Zeitung vom 18.12.1997, S. 11: „Neue Wege, um gemeinsam zu handeln". Interessant an der Vereinbarung ist, daß erstmalig eine bedeutende Regelungslücke gefüllt worden ist, die seit der Privatisierungswelle im öffentlichen Sektor virulent geworden ist. Mit der Wuppertaler Regelung kann nunmehr oberhalb von Gesamtpersonal- bzw. Gesamt-/Konzernbetriebsräten eine Arbeitnehmervertretung in einer „gemischt öffentlich-privaten" Gruppe von Arbeitgebern geschaffen werden. Zur weiteren rechtlichen Würdigung dieses Problems siehe LANDTAG BADEN-WÜRTTEMBERG 1997; PLANDER 1998; TRÜMNER 1998.

räte des Konzerns „Stadt Wuppertal" gleichzeitig in die unternehmerischen Entscheidungsprozesse der Stadt eingebunden werden. Ebenso erhalten sie die Möglichkeit, sich gegenseitig über Entwicklungen auszutauschen, gemeinsame Wege zu finden und abgestimmte Strategien sowie Handlungen zum Wohle der Beschäftigten verfolgen zu können.

Fazit des Wuppertaler Reformprozesses

Fünf Monate nach dem Beginn des Umbauprozesses wurde erstmalig eine Zwischenbilanz gezogen. Demnach wurden ca. 200 Mitarbeiter in den verschiedenen Teams aktiv beteiligt. Insgesamt richtete das Management-Team 40 PPR-Teams ein, davon 30 Teams in den drei „technischen" Dezernaten und 10 Teams in den Dezernaten „Kultur, Schule, Sport" sowie „Soziales, Jugend, Gesundheit". Die Bereitschaft sich zu engagieren, d.h. sich kritisch mit sich seinem Arbeitsplatz und seinen Kontaktstellen innerhalb des Dezernats bzw. Amts auseinanderzusetzen, wurde von den Personalratsmitgliedern im PMT positiv eingeschätzt.[226] Zu einer gegenteiligen Auffassung gelangte das OC-Team, aufgrund verschiedener Umfragen bei der Belegschaft. Sie schätzte die Motivation der Mitarbeiter in den PPR-Teams eher negativ ein: „Zwar halten die Mitarbeiterinnen und Mitarbeiter einen Umbau der Stadtverwaltung für unausweichlich und sind auch über die Ziele des Projekts im Bilde, doch scheint das Vertrauen in das Projekt immer noch nicht aufgebaut zu sein. Auch fühlen sich viele Kolleginnen und Kollegen nicht umfassend informiert und ins Projekt eingebunden".[227] Diese Feststellung bestätigte sich auch in der Folgezeit,

---

[225] Siehe Dokument 4, S. 195.
[226] Vgl. WUPPERTAL 1994i.
[227] WUPPERTAL 1994j.

obwohl die Informations- und Kommunikationswege für jeden offen zur Verfügung standen.[228]

Mitte 1995 bewertete der Leiter des Hauptamtes den bisherigen Verlauf des Reformprozesses noch als erfolgreich. Circa 1.380 Mitarbeiter, der Personalrat und verschiedene Ratsmitglieder hatten sich an den Diskussionen in den verschiedenen rd. 100 Teams (ohne hierarchische Bindung) freiwillig beteiligt.

In neueren Aussagen bestätigen Verwaltung und Personalvertretung Motivationseinbrüche bei der Belegschaft[229], die vor allem damit begründet werden, daß von den 100 PPR-Ergebnissen bisher nur 20 Prozent umgesetzt wurden.

Auch die bestehenden umfangreichen (oben beschriebenen) Informations- und Kommunikationsmittel und -wege konnten die um sich greifende Demotivation nicht kompensieren, sondern forcierten sie eher noch. Viele Mitarbeiter stimmen mit der nachfolgenden Meinung, die V. Rompf (Mitarbeiterin des Jugendamtes) sozusagen stellvertretend in einem Interview äußerte, überein: „Es gibt zwar viele, aber wenig gehaltvolle Informationsquellen, die eher dazu genutzt werden, Zweckoptimismus zu verbreiten und eine Alibifunktion ... erfüllen.“[230]

Eine zum internationalen Frauentag am 08.03.1995 durchgeführte Meinungsumfrage kommt zum gleichen Ergebnis. Viele Mitarbeiterinnen

---

[228] Es wurden bis zum 21.12.1994 35 Ausgaben der „VM-POST“, „VM-Telegramm“, vier Ausgaben „Wir bei der Stadt“ und diverse Ausgaben des „Mitteilungsblatts der Stadtverwaltung Wuppertal“ sowie des „PPR-Report“ herausgegeben. Außerdem berichtete Touché (Radiosendung des DGB-Kreises „Bergisch Land“ in Radio Wuppertal) in verschiedenen Sendungen über den Stand und die Bewertung des Wuppertaler Umbauprozesses. Monatliche Personalversammlungen, Managementmeetings, Teamerfahrungsaustausch und VM-Plenum ergänzten den Informations- und Kommunikationsbedarf der Beschäftigten.

[229] HULITZ 1995, S. 29; WUPPERTAL PR 1995, S.4 f.

[230] ELLERBRAKE 1995.

legten dar, daß sich ihre Vorgesetzten gegenüber den Mitarbeitern abschotten und die vorhandenen Informationen an sie nicht weiterleiten würden.[231]

Der Personalrat hat im Umsteuerungsprozeß eine konstruktive Position, auf der Grundlage der geschlossenen Dienstvereinbarung, eingenommen. Die für den Reformprozeß notwendigen neuen Qualifikationsanforderungen konnte er, dank einer Vereinbarung zwischen der Stadt Wuppertal und der Kreisverwaltung Wuppertal-Niederberg der Gewerkschaft ÖTV[232], auf Seminaren der Gewerkschaft ÖTV erlangen. Ein Problem konnte vom Personalrat jedoch nicht vollständig gelöst werden. Die Belegschaft nahm es nicht durchgängig positiv auf, daß er den Reformprozeß, aufgrund der Selbstverpflichtung, kooperativ begleitete. Er bewegte sich laufend in der „Problemzone“ zwischen Arbeitgeber- und Arbeitnehmerinteressen. Die Möglichkeit der Herausgabe eigener Informationsblätter nutzte der Personalrat nicht, sondern überließ dies dem ISTC-Team. Damit versäumte er es, seine Position offensiv zu vertreten. Seine Handlungen erscheinen infolgedessen der Belegschaft oftmals nicht transparent genug und waren bzw. sind für sie schwer nachvollziehbar.

Neben den o. a. Kommunikationsproblemen, der mangelhaften bzw. geringen Umsetzungsquote der PPR-Ergebnisse und der u.a. daraus resultierenden Demotivation der Mitarbeiter sowie der nicht deutlich gegenüber den Beschäftigten transparent gewordenen Rollenveränderung des Personalrates zeichnen sich für den weiteren Umbauprozeß zusätzlich folgende Schwierigkeiten ab:

---

[231] WUPPERTAL 1995a, S. 70 u. WUPPERTAL 1995b, S. 8.

[232] „Übereinkommen zwischen der Stadt Wuppertal und der Gewerkschaft ÖTV, KV Wuppertal/Niederberg“ vom 20.02.1994. Siehe Dokument 2 im Anhang.

1. Der Rat der Stadt wird den Umsteuerungsprozeß eventuell nicht mehr unterstützen, da er Aufgaben an und Einfluß auf die Verwaltung verlieren wird. Außerdem werden sich seine Erwartungen hinsichtlich der Kosteneinsparung nicht im angenommenen Maß erfüllen.[233]
2. Die Bürger werden zunächst, bedingt durch die Anfangsschwierigkeiten mit der neuen Verwaltungsstruktur, die Reformergebnisse stark kritisieren.
3. Die Geschäftsbereichsleiter werden, in Absprache mit den Stadtbetriebsleitern, im Laufe des Jahres 1996 beginnen, die dezentrale Ressourcenverantwortung einzuführen. Folglich müssen gleichzeitig die damit verbundenen Positionierungsgespräche mit dem zugeordneten Personalrat geführt werden. Da die Führungskräfte bisher für die Ausübung ihrer neuen Funktion noch nicht geschult worden sind, ist von einer geringen Sensibilität gegenüber den personalwirtschaftlichen Maßnahmen - und den daraus resultierenden Mitbestimmungsrechten - auszugehen. Dies kann zu schwerwiegenden Handlungs- und Verständigungsproblemen führen und längst überwunden geglaubte Gegensätze neu aufbrechen lassen.
4. Sollten die Dezernenten, Amts- und Abteilungsleiter nicht ihre Sonderstellung innerhalb des Reformprozesses aufgeben (bisher wurde keine diesbezügliche Stelle aufgrund der Reform ersatzlos gestrichen oder geringer bewertet), so könnte dies dazu führen, daß sich weitere Beschäftigte dem Reformprozeß verschließen werden.
5. Die Motivation der Beschäftigen zur weiteren Unterstützung des Prozesses hat sich, aufgrund der nur geringen Umsetzung der PPR-

---

[233] Es wurden bisher kaum Stellen eingespart, da alle Mitarbeiter des Stellenpools für den Umsteuerungsprozeß benötigt werden. Allenfalls in den Folgejahren wird es vielleicht zu einer realen Stelleneinsparung kommen.

Ergebnisse an ihrem Arbeitsplatz, rapide abgeschwächt. Es zeichnet sich ab, daß die inzwischen feststellbare Demotivation weiter Teile der Belegschaft im weiteren Verlauf der Umsteuerung in eine radikale Ablehnung des Reformprozesses umschlagen kann, wenn die Situation durch die Verwaltungsspitze nicht verändert werden sollte. Beispielsweise ist dies schon bei der Gruppe der Arbeiter zu konstatieren. In den Teams wurde über ihre zukünftige Rolle zwar debattiert; es wurde aber bewußt unterlassen, sie in die Reformprozesse einzubinden.

6. Die Rolle des Personalrates wird, aufgrund der Sachzwänge, immer prekärer. Er muß seine Entscheidungsprozesse gegenüber der Belegschaft transparenter machen, damit die Belegschaft diese nachvollziehen kann. Sollte die Personalvertretung keine bessere Informationspolitik gegenüber den Beschäftigten betreiben, wird sich bei unbequemen Entscheidungen der gesamte Mißmut der Belegschaft auf ihn kumulieren.

Mit dem Auftreten dieser Probleme wird die Fortführung des Reformprozesses immer schwieriger durchführbar. Denn gerade die Einführung der „lean administration“ muß sich auf Grundlage einer freiwilligen Teilnahme der Belegschaft und einer kooperativen Begleitung des Prozesses durch die Personalvertretung gründen. So bemerkte denn auch der ehem. Oberstadtdirektor Dr. Cornelius dazu: „Wir fahren diesen Prozeß mit einem sehr hohen Risiko. (...) Die Chance des Erfolges rechtfertigt aber das Risiko!“[234]

[234] WUPPERTAL 1995b, S. 10.

5 Auswirkung der Partizipation auf die Personalvertretungsarbeit

5.1 Selbstverständnis der Personalvertretung

Verglichen mit der Vergangenheit ist es, nicht nur im Hinblick auf den nun anstehenden Modernisierungsprozeß, förderlich, wenn sich das Eigenverständnis der Personalräte gegenüber dem Arbeitgeber verändern würde, damit sie bei den anstehenden Reformen nicht außen vorstehen. Es ist dabei entscheidend, wie die Personalvertretung ihre Position zwischen den Erwartungshaltungen der Verwaltungsführung und den verschiedenen Beschäftigtengruppen bestimmt bzw. einordnet und welche Anforderungen sie für ihre Rolle als Interessenvertretungsorgan ableitet. Der Personalrat hat sich selbstkritisch mit Traditionalismen, Dogmen, Ressentiments (übrigens genauso wie die Arbeitgeberseite) auseinanderzusetzen, wobei die eigene Identität nicht aufgegeben werden darf.

Prinzipiell lassen sich grob zwei Formen der Arbeitsweise und Positionierung unterscheiden: einerseits die traditionell-bürokratische Personalratsarbeit mit Status quo orientierter Haltung (festhalten an bisher ausgeübter Praxis) gegenüber dem Arbeitgeber und andererseits die moderne, flexibel-innovative Interessenvertretungsarbeit, die - unter dem Druck aktueller Bedingungen - die Notwendigkeit grundsätzlicher Reformen befürwortet. Aufgrund der Modernisierungsdebatte ist eigentlich ein solcher Veränderungsdruck entstanden. Desweiteren würde die bereits geschilderte schwierige Verfassungssituation und das Letztentscheidungsrecht des Dienststellenleiters die Veränderung seiner Arbeitsweise, ausgehend von der reinen Schutzfunktion gegenüber der Belegschaft hin zur konstruktiven Gestaltungkraft, in Form einer Co-Managerfunktion, notwendig erscheinen lassen.

Die zwei zu charakterisierenden Arbeitsstile treten in der zu beschreibenden reinen Form in der Praxis eher selten auf. Anhand der beiden gegenüberzustellenden idealtypischen Formen soll nachgewiesen werden, daß die Personalräte ihren Gestaltungsauftrag in Zukunft (vor allem im Hinblick auf die Verwaltungsmodernisierung) nur noch dann wahrnehmen können, wenn sie sich selber verändern bzw. wenn sie ihre Rolle neu bestimmen und sich positioniert haben.[235] Zu bedenken ist dabei, daß die beiden ideal-typischen Handlungsweisen ebenfalls auf der Arbeitgeberseite zu finden sind. Auch die Arbeitgeberseite sollte ihre Verfahrensweise den veränderten Rahmenbedingungen anpassen.

Abbildung 4: Übersicht Traditionalisten / Modernisten in der Personalvertretung

Traditionalisten	Modernisten
• Skeptisches Arbeitgeberbild • defensiver Modernismus • Status quo orientiert • Schutzfunktion • rechts-/regelorientiert • traditionelle Arbeitnehmergruppen vertretend	• optimistisches Arbeitgeberbild • offensiver Modernismus • veränderungsorientiert • Gestaltungsfunktion • funktionsorientiert • neue Arbeitnehmergruppen vertretend

5.1.1 Traditionell-bürokratische Personalvertretungsarbeit

Die traditionell-bürokratische Personalratsarbeit bezieht sich in erster Linie nur auf Stellenbewertung und -besetzung, d.h. auf Lohn- und Eingruppierungs- sowie Statusfragen der Belegschaft.[236] Kennzeichnend für die Handlungen der Interessensvertreter ist der unausgesprochene Standpunkt, daß der Personalrat auf jedwede Gestaltungs- und Partizipationsmöglichkeit verzichtet und auf ihrem Status quo verharrt. Im Gegen-

---

[235] Versuche der Kennzeichnung unternahmen z.B. BEHR/POHLMANN 1991; BOGUMIL/KIßLER 1995; SIEVERS/THANE/WIRTH 1995.

zug verpflichtet sich der Arbeitgeber stillschweigend dazu, daß es im Zusammenhang mit Aufgabeneinschnitten durch Rationalisierungs- und Sparmaßnahmen keine Härtefälle bei den betroffenen Beschäftigten gibt. Die Einführung von neuen Arbeits- und Organisationsabläufen versuchen die Personalräte auf formaler Ebene abzublocken bzw. stark zu verzögern. Rechtliche Aspekte können sie zwar in der Regel während dieser Zeit in Verhandlungen mit dem Arbeitgeber festschreiben; Gestaltungschancen werden damit allerdings bewußt nicht wahrgenommen und somit vertan. Es fehlt den traditionell handelnden Interessensvertretern aufgrund ihres skeptischen Arbeitgeberbildes der Wille zur Mitgestaltung der Arbeitsbedingungen. Sie lehnen vielmehr eine Mitverantwortung von Arbeitgeberentscheidungen ab, da ihrer Meinung nach die Dienststelle mit der Modernisierung der Verwaltung ausschließlich eine Strategie zur Leistungsverdichtung, zum Abbau von Qualifikationen etc. verfolgt. Die traditionell-bürokratisch handelnden Personalvertreter stellen die getroffenen Arbeitgebermaßnahmen, die teilweise für die Belegschaft mit negativen Auswirkungen verbundenen sind, gegenüber dieser zumeist kaschiert dar.

Allerdings haben die Personalvertretungen bisher mit ihrer formal-bürokratischen Handlungsform ein ausreichend sicheres Dienstvereinbarungssystem hinsichtlich der Gewährung von Vergünstigungen und Sicherheiten für die traditionellen Beschäftigtengruppen schaffen können. Dies ist nunmehr aufgrund der Radikalität der Veränderungen - in technologischer und organisatorischer Richtung - nicht mehr möglich.

---

[236] Vgl. BEHR/POHLMANN 1991, S. 253.

Erforderlich wäre statt dessen die Rollenveränderung der Personalräte in die Richtung einer flexiblen, innovativen Personalratsarbeit. Diese sollte aber nicht losgelöst von gewerkschaftlichen Bindungen verfolgt werden.

5.1.2 Moderne flexibel-innovative Personalvertretungsarbeit

Das extreme Gegenbild zur traditionell-bürokratischen Personalratsarbeit bildet die moderne flexibel-innovative Personalvertretungsarbeit. Die Personalvertretung sucht in diesem Fall, neben den rechtlichen Instrumenten auch Handlungschancen im „informellen Arrangement" erfolgreich zu nutzen. Die Arbeitsbedingungen sieht der Personalrat zwar immer noch geprägt vom sogenannten Interessengegensatz zwischen „Kapital und Arbeit", jedoch verläßt er seine Position, nur starrer Verhandlungsgegner des Arbeitgebers zu sein. Der Personalrat erkennt, daß die Dienststellenleitung eher diffuse Vorstellungen mit der Verwaltungsmodernisierung verbindet und nicht selten unsicher und abwartend in seiner Handlungsweise ist.

Die Personalvertretung ist bereit, den erkannten bzw. vorhandenen Gestaltungsspielraum für die Veränderung im Interesse der Beschäftigten aktiv zu nutzen. Bei den Modernisierungsbemühungen geht sie bewußt begrenzte Risiken ein, die erst im Nachhinein per Dienstvereinbarung abgesichert werden (Funktionsorientierung). Neben den eingeschränkten gesetzlichen Möglichkeiten, stützt sich die Interessenvertretung auf ein zu schaffendes bzw. schon erreichtes, relativ hohes Kooperationsniveau zwischen Arbeitgeber und Gewerkschaften.[237] Weiterhin sucht sie Möglichkeiten der Teilhabe an betrieblichen Entscheidungen, die über das Personalvertretungsrecht hinausgehen, mit der Dienststelle zu vereinbaren.

Einige, zumeist gestaltungsunwillige, Beschäftigte sind jedoch, aufgrund der bisherigen Arbeitsform des Personalrates (siehe 5.2.1), der Auffassung, daß es nicht Aufgabe der Belegschaft bzw. der Personalvertretung sein kann, sich mit der Erneuerung und Verbesserung der Aufbau- und Ablauforganisation zu beschäftigen. Die überwiegende Mehrheit der Belegschaftsmitglieder ist aber mittlerweile der Ansicht, daß es opportun sei, den Mitgestaltungsanspruch - unter den schwierigen Bedingungen der Haushaltskonsolidierung - nicht einfach aufzugeben. Die Gefahr, daß die öffentlichen Arbeitgeber für sich alleine Lösungen entwickeln, die den Interessen der Beschäftigten oftmals abträglich sind, waren und sind viel zu groß.[238] Die Erfahrungen der achtziger Jahre beweisen, daß Personalvertretungen und Gewerkschaften, die in der Regel nur mit Hilfe der Durchführung von Demonstrationen und Kundgebungen gegen Haushaltskonsolidierungsmaßnahmen protestierten und in der Forderung verharrten, daß alles so bleiben sollte, wie es bisher gewesen war, keine regressiven Entwicklungen aufhalten konnten. Die ausschließliche „Anti-Haltung“ führte damals oft in eine Sackgasse.[239] Aus der Wahrnehmung der seinerzeit gescheiterten „Anti-Haltung“ und der derzeitigen arbeits- und wirtschaftspolitischen Situation verfolgen die modern flexibel-innovativ handelnden Personalräte eine offensive Strategie hinsichtlich der Verwaltungsmodernisierung. Die Erhaltung von Besitzständen für die Beschäftigten ist nach ihrer Auffassung nur so erreichbar. Dies gilt ebenfalls für den Erhalt von öffentlich erbrachten Dienstleistungen (Entsorgungswirtschaft, Reinigungsdienste etc.). Sie treten weiterhin für die „Binnenmoderni-

---

[237] Vgl. BOGUMIL/KIßLER 1995, S. 418.
[238] Vgl. WULF-MATHIES ^{2}1994, S. 345.
[239] Erinnert sei vor allem an die seinerzeit geführte EDV- bzw. „Neue Technologien“-Debatte innerhalb der Personalvertretungen und Gewerkschaften.

sierung“ ein, und suchen mit eigenen Gestaltungsinitiativen einer Privatisierung von Dienstleistung mittels Outsourcing aktiv entgegenzuwirken.

Die Chance, daß die Personalvertretungen alleine einen Ausweg aus ihrer prekären Lage ohne das Entgegenkommen der Arbeitgeberseite finden können, ist als gering einzuschätzen. Um der gemeinsamen Aufgabe der Durchführung des Reformvorhabens gerecht werden zu können, bedarf es einerseits eines veränderten, kooperativen Führungsstils der Arbeitgeberseite, mit der Bereitschaft, den Personalrat und die Belegschaft partizipieren zu lassen und ihnen Verantwortung sowie inhaltliche Arbeitsanreicherung am Arbeitsplatz zu übertragen.[240] Die Auslegung der vertrauensvollen Zusammenarbeit (z.B. gemäß § 2 LPVG NW) sollte eine Erweiterung auf der Seite der Verwaltungsspitze erfahren, damit der Personalrat seiner neu definierten Rolle als Co-Manager überhaupt gerecht werden kann. Andererseits sollte die Interessenvertretung sich zu einem modern-innovativen, flexiblen Organ entwickeln und dabei den Spagat zwischen den verschiedenen Beschäftigtengruppen wagen.

Eine Rollenveränderung des Personalrates sollte nicht ausschließlich der modernistischen Richtung folgen, obwohl diese Bewegung dem notwendigen Wandel förderlich ist. Um den Spagat zwischen Modernisierungsgewinnern und den Modernisierungsverlierern schließen zu können, muß der Personalrat teilweise auch seine traditionelle Funktion noch wahrnehmen. Diese wichtige Teilfunktion stellt einen Schutz vor „naiven“, d.h. vor allzubereiten bzw. ausschließlichen, Modernisierern dar. Eine Synthese der beiden charakterisierten idealtypischen Arbeitshaltungen erweist sich als schwierig. Der Spagat kann nicht geschlossen werden, indem beide Haltungen parallel und in gleicher Intensität wahrgenommen werden.

[240] Vgl. HILL 1994, S. 58.

Konzentriert sich der Personalrat auf eine Rolle, so wird er tendenziell die andere Richtung vernachlässigen müssen. Ein „Aussitzen" von Reformen, wie es in vergangenen Jahren praktiziert worden ist, ist aufgrund der heutigen Rahmenbedingungen und des Reformdrucks nicht mehr möglich. Eine realistische Interessenvertretungsarbeit ist an den Rahmenbedingungen (z.B. Modernisierungserfordernis, politische Verhältnisse etc.) festzumachen und sollte revidierbar bleiben (beispielsweise durch eine zeitliche Befristung von Vereinbarungen).

Der Modernisierungsprozeß insgesamt kann nur durch die prinzipielle Unterstützung und Propagierung der Reform durch die Personalvertretung einerseits und die Selbstverpflichtung des Verwaltungsmanagements soziale Einschränkungen gegenüber der Belegschaft vermeiden zu wollen andererseits erfolgreich gestaltet werden. Die hiermit einhergehende Veränderung der Arbeits- sowie der Organisationsform von Arbeitgeber- und Arbeitnehmerseite sollen deshalb weiterer Gegenstand der Betrachtung sein.

5.2 Veränderung der Arbeits- und Organisationsformen

Die gesetzlichen Beteiligungsrechte des Personalrates sind bisher vom inhaltlichen Standpunkt und von in ihrer Ausprägung her nicht der Bedeutung des Reformprozesses entsprechend weiterentwickelt worden. Deshalb erfordert eine aktiv gestaltende Rolle und die Übernahme einer Mitverantwortung innerhalb des Modernisierungsprozesses durch den Personalrat (= Co-Management), neben veränderten Arbeits- und Organisationsformen sowie die Nutzung neuer Kommunikationsstrukturen, auch veränderte bzw. neue Fachkompetenzen und nicht zuletzt ein stärkeres Engagement der örtlichen Gewerkschaftsvertretungen.

Dabei ist es für die Personalvertretung problematisch, daß insbesondere ihre freigestellten Mitglieder, aufgrund der vermehrten Aufgabenbewältigung durch den Verwaltungsumbau, zeitlich nur noch sehr eingeschränkt als Ansprechpartner für die alltäglichen Sorgen und Nöte der Belegschaft zur Verfügung stehen. Hiermit einhergehende Qualitätsverluste in den durch das LPVG NW bestimmten Personalratsaufgaben bergen die Gefahr eines Verlustes an Bedeutung, Ansehen und Akzeptanz der Institution in sich. Die Personalvertretung sollte deshalb versuchen, die Ursachen dieser Entwicklung und den objektiven Stellenwert ihres Engagements in der Beteiligungsorganisation unter den Aspekten der Beschäftigungssicherung / Zukunftssicherung der Belegschaft hinreichend deutlich zu machen bzw. Beschäftigte auch ihrerseits in den Prozeß mit einzubeziehen.

5.2.1 Organisationsstruktur

In vielen Kommunen wird, aufgrund des Reformprozesses, die Veränderung der Aufbau- und Ablauforganisation angestrebt. Vor allem die Neuordnung der Verwaltungsgliederung durch die Zusammenlegung von Aufgabenbereichen bzw. Überführung selbiger in neue Rechtsformen (z.B. bei Altenheimen; der Bau- und Grundstücksverwaltung; der Stadtreinigung etc.) kann eine Anpassung der Personalvertretungsorganisation erforderlich machen.

Die ehemaligen Ämter sollen größere Einheiten mit einem ganzheitlichen Aufgabenzuschnitt bilden. Weiterhin sollen zentrale Querschnittsfunktionen (Organisations- und Personalangelegenheiten) zum überwiegenden Teil auf die neuen Betriebe und untergeordnete Verwaltungseinheiten übertragen werden. Dies hat zur Folge, daß die bisherigen Personalräte nicht mehr die Beschäftigten aller Ämter und Einrichtungen der Verwaltung vertreten können, sondern, daß sie nur noch bereichsweise ihre Aufgaben wahrnehmen werden. Daraus folgt, daß es in den Verwaltungen zur vielfachen Neugründung von Teilpersonalräten kommen wird, die jeweils mit den Leitern der neu geschaffenen größeren Einheiten für ihren Bereich verhandeln müssen. Es gilt dabei zu beachten, daß einerseits wahrscheinlich viele Leiter der neugeschaffenen Verwaltungsbereiche u.a. im Personalvertretungsrecht geschult werden müssen. Andererseits führen die Veränderungen oftmals zur personellen Schwächung der Interessenvertretungsorgane, da die einzelnen neuen Stadtbetriebe oftmals nicht die erforderliche Größe für eine Freistellung von Personalräten erreichen. Die Erledigung der vielfältigen Aufgaben gemäß dem LPVG NW werden somit von ihnen neben der regulären Arbeit verrichtet werden müssen. Zwar steht es den beiden Seiten frei, eine Dienstvereinbarung über eine Teilfreistellung[241] von Personalratsmitgliedern abzuschließen; sie wird aber aller Voraussicht nach in der Regel nicht erfolgen, da mit der Umstrukturierung auch eine Budgetierung der jeweiligen Personalkosten einhergeht. Die neuen „Betriebs-“Leiter werden das Geld wahrscheinlich eher für die Aufgabenerledigung ihres Amtes als für die Erledigung von Personalratstätigkeiten durch amtsinterne Vereinbarung freigestellte Interessenvertreter einsetzen. Hier wäre der Gesetzgeber gefordert, die Regelungen des LPVG NW - z.B. im Hinblick auf die Regelungen der Freistellungsmöglichkeit von Personalratsmitgliedern sowie auf die Zusammensetzung des (Gesamt-) Personalrates - den neuen Gegebenheiten anzupassen.

---

[241] Siehe BAG Entscheidung vom 26.06.1996, die Auswirkungen auf die Regelung auch des LPVG NW haben könnte (Fußnote 109).

5.2.2 Arbeits- und Beziehungsstrukturen des Dienststellenleitung

Um einer Blockade der Betroffenen gegenüber einer umfassenden Verwaltungsreform frühzeitig entgegenwirken zu können, ist es sinnvoll, wenn sich die Verwaltungsspitze entschließen würde, das bisher geübte Beteiligungsverfahren hinsichtlich einer relativ späten Einbindung der Personalvertretung zu überdenken und zu reformieren. Bislang wurden bestehende Differenzen zwischen Arbeitgeber und Personalrat in bezug auf die Frage, ob und in welchem Umfang der Interessenvertretung ein Mitbestimmungsrecht zusteht, oftmals juristisch ausgetragenen.

Derzeit setzt sich auch bei den öffentlichen Arbeitgebern immer mehr der kooperative Beteiligungsstil durch. Es wird erkannt, daß für einen erfolgreichen Modernisierungsprozeß neben der Personalvertretung auch die Beschäftigten, die Politiker und die Gewerkschaften bei der Planung und Implementation von „lean-Maßnahmen" beteiligt werden müssen. Für eine umfassende und vertrauensvolle Zusammenarbeit auf einer neu zu schaffenden Basis kann der derzeitig geltende gesetzliche Rahmen nicht mehr das allentscheidende Kriterium für den Grad der Einbindung der Personalvertretung in den Reformprozeß sein.[242] Das Demokratie- und Rechtsstaatgebot darf zwar - gemäß mehrerer Entscheidungen des Bundesverfassungsgerichtes - nicht in seinem Wesensgehalt angetastet werden, doch suchen auch die Verwaltungsleiter durch den Abschluß von Dienstvereinbarungen und Kooperationsverträge legitimierte, einstimmige Entscheidungen in paritätisch besetzten Gremien herbeizuführen, d.h. ohne

---

[242] Eine ausschließliche Anwendung der Gesetze würde z.B. die Mitbestimmung der Mitarbeiter an ihrem jeweiligen Arbeitsplatz verbieten. Diese würden sich im Gegenzug den Modernisierungsbestrebungen der Verwaltung durch eine konsequente Blockadehaltung widersetzen. Ebenso würde es sich mit den Personalräten verhalten, wenn diese subjektiv den Eindruck gewinnen, daß der Dienststellenleiter die Partizipation der Beschäftigten dazu nutzen wollte, ihre Mitbestimmungsrechte damit auszuhebeln. (Vgl. PLANDER 1995, S. 42)

das ihm vorbehaltene Letztentscheidungsrecht in Anspruch nehmen zu müssen.[243]

5.2.3 Arbeits- und Beziehungsstrukturen der Personalvertretung

Aufgrund der radikalen Veränderungen unter dem Diktat der Einführung der „lean administration" sollte sich der Personalrat mehr denn je als Team verstehen. Die abgeschottete Einzelarbeit des Personalratsvorsitzenden mit dem Dienststellenleiter (z.B. in Remscheid) sollte ebenso der Vergangenheit angehören, wie die oftmals auftretenden schwerwiegenden Meinungsverschiedenheiten aufgrund der unterschiedlichen gewerkschaftspolitischen Ansichten von DAG-, KOMBA- und ÖTV-Personalräten (z.B. in Solingen). Diese Schwierigkeiten gilt es nicht nur nach außen (Kooperation mit dem Arbeitgeber), sondern auch nach innen hin zu überwinden. Dazu bedarf es einer Verständigungs- und Zusammenarbeitsform zum Vorteil aller Beteiligten.[244] Der Versuch der (oftmals unterschiedlichen Gewerkschaftsorganisationen angehörigen) Personalratsmitglieder, die jeweils andere „Fraktion" zu kontrollieren ist oftmals kontraproduktiv. Es sollte einem gegenseitigen Vertrauen weichen, da dieses für die Rollenveränderung unerläßlich ist. So kann beispielsweise der sprunghafte Anstieg von Informationen nicht mehr von jedem Einzelnen verarbeitet werden. Ebenso ist die doppelte Besetzung von Projektgruppen mit zwei gewerkschaftlich unterschiedlich organisierten Personalratsmitgliedern ineffektiv und ineffizient (siehe z.B. in Solingen). Vielmehr sollte jedes

---

[243] Vgl. OBERAUER 1993, S. 339.

[244] Bei einer Umfrage, die die IG Chemie, Papier, Keramik unter den 3.000 Beschäftigten des Bayer-Zweigwerks in Wuppertal-Elberfeld durchführte, äußerten die Befragten durchgehend, daß sie kein Verständnis für Fraktionskämpfe im Betriebsrat hätten. Das Gremium wird von ihnen nicht als Parlament, sondern als Organ der Belegschaft verstanden, das möglichst einheitlich auftreten soll. (Vgl. DOHMEN 1994, S. 22)

Personalratsmitglied einen eigenen, abgegrenzten Aufgaben- und Arbeitsbereich übertragen bekommen. Nur so wäre eine aktiv gestaltende Beteiligung in möglichst vielen Projekten möglich.

Der Personalrat sollte weiterhin versuchen, sich vom Prinzip der Stellvertreterarbeit zu lösen. Er sollte einsehen, daß es für seine Arbeit nicht effektiv und effizient ist, sich an allen Diskussionsprozessen selbst beteiligen zu wollen.[245] Statt dessen würde es sich aus mehreren Gründen anbieten, die betroffenen Arbeitnehmer durch die Delegation von Aufgaben in seine Arbeit einzubeziehen. Für den Personalrat bietet sich damit die Chance, einerseits der Gefahr der verwirrenden „Informationsflut" aus der Vielzahl von Projektgruppensitzungen entgehen und andererseits gleichzeitig sein begrenztes Zeitkontingent optimal und sinnvoll nutzen zu können.[246] Neben diesen Vorteilen hätte es für den Personalrat den Effekt, sich dadurch auf die Lösung wichtiger Grundsatzfragen konzentrieren zu können.

Bei der Belegschaft würde diese Beteiligung vor allem zu einer positiven Vertrauensbildung in die Arbeit der Interessenvertretung beitragen[247], und es könnte bei ihnen, trotz teilweise vorhandener Interessensunterschiede,

---

Dieses Umfrageergebnis kann meines Erachtens unwidersprochen auf den öffentlichen Dienst übertragen werden.

[245] Vgl. BOGUMIL/KIßLER 1995, S. 417.

[246] Vgl. FRITSCH 1993a, S. 48.

[247] Daß diese vertrauensbildenden Maßnahmen wichtig sind, beweisen die deutlichen Rückgänge abgegebener Stimmen in den Personalratswahlen, die Interesselosigkeit der Beschäftigten an der Stellvertreterarbeit der Personalräte sowie das Auftauchen spezieller Wählergemeinschaften (siehe z.B. bei den Personalratswahlen 1992 in der Stadtverwaltung Remscheid. Dort beteiligte sich eine spezielle ÖTV Liste des Jugend- und Sozialbereichs). Die Beteiligung der Beschäftigten an der Personalratsarbeit in den Projektgruppen der Wuppertaler Verwaltung weist hier den richtigen Weg für die Verbesserung des Verhältnisses zwischen Personalrat und Belegschaft. Eine andere Möglichkeit wäre die Einrichtung von sogenannten „Runden Tischen" mit allen Beteiligten. Dies wird beispielsweise in den Stadtverwaltungen Bochum und Dortmund erfolgreich praktiziert. (Siehe z.B. BOCHUM 1994)

zu solidarischem Handeln führen. Sollte es allerdings zu den angesprochenen Interessenskonflikten zwischen verschiedenen Beschäftigtengruppen oder aber zu einem Mißtrauen der Beschäftigten gegenüber der Personalvertretung kommen, muß die Interessenvertretung in der Lage sein, diese schnell zu lösen. Dazu sollte sie sich zusätzlich Konfliktlösungs- und Kommunikationskompetenzen aneignen.

Für die Delegation von Arbeitsaufgaben der Interessenvertretung auf die Mitarbeiter würde sich als Arbeitsform die zeitlich befristete Einrichtung von themen- und tätigkeitsbezogenen Arbeitsgruppen eignen. Der besondere Vorteil bei einer Beteiligung der betroffenen Mitarbeiter liegt vor allem darin, daß sie in der Regel über eine große Sachkenntnis hinsichtlich der bestehenden Schwierigkeiten an ihrem Arbeitsplatz verfügen. Die Ergebnisse müßten später wieder gebündelt werden. Damit würde der Personalrat in die Lage versetzt, gegenüber dem Dienststellenleiter besser und ausgeglichener argumentieren und sachgerechtere Lösungen aufzeigen zu können. Für eine handlungs- und zielorientierte Leitung dieser Arbeitsgruppen sollten die Personalräte vor allem in den modernen Führungs- bzw. Managementtechniken (z.B. Informations-, Organisations-, Projekt- und Time-Management) sowie in Moderations- und Visualisationstechniken geschult werden.

Auch die konzeptionelle Kompetenz der Personalräte, beispielsweise in Form des vernetzten Denkens, sollte durch Weiterbildungsmaßnahmen gesteigert werden. Nur mit dieser Fähigkeit kann es gelingen, daß Personalräte in ihrer Arbeit innovativ und somit nicht mehr nur reaktiv tätig werden können.

Beim Abschluß eines Kooperationsvertrages bzw. einer Dienstvereinbarung mit der Verwaltung sollte der Personalrat deshalb darauf drängen, daß neben der Reichweite und Form der Partizipation auch die Qualifizierungsmöglichkeiten für sich, als Gremium, und für die Belegschaft festgelegt werden. Die alleinige Vermittlung von Arbeitsrechtskenntnissen reicht für eine erfolgreiche moderne Personalratsarbeit heute nicht mehr aus.

Die in Betracht zu ziehende Annahme einer vollkommenen Abschaffung der repräsentativen Mitbestimmung und Ersetzung durch eine unmittelbare Mitbestimmung der Beschäftigten ist bei näherer Hinsicht (auch in Zukunft) unrealistisch. Die Beteiligungsrechte der Personalvertretungen betreffen in der Regel grundlegende Angelegenheiten - sogenannte Rahmenbedingungen -, die sich der Kenntnis und der Entscheidung den einzelnen Beschäftigten bzw. Belegschaftsgruppen entziehen. Entsprechendes gilt für gewerkschaftliche Tarifverträge bezüglich der Arbeitsbedingungen, welche allenfalls nur teilweise durch betriebliche Vereinbarungen verdrängt werden können.

Als weitere Informationsquelle sollte es dem Personalrat von der Verwaltung ermöglicht werden, bei Bedarf einen eigenen externen Berater in Anspruch nehmen zu können. Dies würde zum einen einer sachorientierten Arbeit dienlich sein und zum anderen für eine relativ gleiche Arbeitsbasis sorgen. Zur Stärkung des Vertrauens sollte diese Beratungsmöglichkeit in einer abzuschließenden Dienstvereinbarung vertraglich fixiert werden.

Auch die Arbeits- und Beziehungsstrukturen zwischen Personalrat und Dienststellenleitung sollten sich verändern. In der Vergangenheit hat der Personalrat oftmals nur auf Entscheidungen und Ideen der Verwaltungsseite gewartet. Vorlagen der Verwaltung wurden von ihm nur beraten und kommentiert. Die Möglichkeit dem Dienststellenleiter eigene Vorschläge zu unterbreiten nutzte der Personalrat sehr selten. Diese reaktive Haltung der Interessenvertretung sollte sich im Modernisierungsverfahren zugunsten einer aktiven Handlungsorientierung ändern. Im Abstimmungsprozeß über die Wahl und die Ausgestaltung der Reformmaßnahmen sollte er nun eigene Ideen und Vorschläge einbringen und diese gemeinsam mit der Verwaltungsspitze beraten. Alle beschlossenen Maßnahmen sollten soweit wie möglich von beiden Seiten gemeinsam getragen werden, vorausgesetzt, daß bei beiden die Bereitschaft zur Kooperation besteht. Die Einrichtung eines paritätisch besetzten konfliktlösenden Gremiums (zwei Formen siehe weiter unten) für die entsprechenden Beratungen und Beschlüsse sollte erwogen werden.[248] Das Gremium sorgt neben der Verfahrenssicherheit auch für Vertrauen auf allen Seiten, d.h. bei Beschäftigten, Politikern, Verwaltungsführung und Bürgern (Initiativen / Verbände), obwohl diese Gruppen z.T. unterschiedliche Interessen verfolgen.

Exkurs: Partizipative Gremien

Nachfolgend sollen zwei - für Personalvertretungen sinnvolle – partizipative Arbeitsformen als Alternative zum formell gehandhabten, traditionellen, fallbezogenen Mitbestimmungsverfahren kurz vorgestellt werden:

Projektgruppen

Oftmals, vor allem in der Vergangenheit, wurden die vom Rat und von der Dienststellenleitung gesteckten Ziele den Betroffenen oktroyiert. Mit der Einrichtung von Projektgruppen kann die Verwaltung die Chance nutzen, mit den Beschäftigten und den Personalvertretern gemeinsam das gesetzte Ziel zu erreichen. Sie besitzen gute Kenntnisse, über den Arbeitsplatz und die Aufgabenabwicklung. Im übrigen würde ein externer Unternehmensberater diese Kenntnisse für seine Arbeit auch nutzen. Die Projektgruppenarbeit ist, laut ALEMANN ^{2}1978, S. 168, „... das bislang weitestgehende Modell einer konkretierten und institutionalisierten 'Mitbestimmung am Arbeitsplatz'", da sie - in ihrer organisatorisch-technischen Funktion und

---

[248] Siehe z.B. in Bochum, Dortmund etc.

ihren sozialen Beziehungen - überschaubare Arbeitseinheiten bildet. Dabei ist die Interessenhomogenität der Projektgruppenmitglieder weitaus größer als die der Gesamtbelegschaft. Beachtet werden sollte, daß sich die Betroffenen freiwillig und ohne Vorbedingung für eine Teilnahme an der Projektgruppe zur Verfügung stellen können. Dieses muß nicht nur plakativ postuliert, sondern auch praktisch vollzogen werden. Eine entgegengesetzte Verfahrensweise würde früher oder später bei der Belegschaft zu einem irreparablen Vertrauensverlust in den Beteiligungsprozeß führen. Mit der Teilnahme von Personalratsmitgliedern an der Projektgruppe wird einerseits die Gefahr einer Beeinträchtigung der kollektiven Interessenvertretung weitestgehend ausgeschlossen und andererseits der Informationsfluß zwischen Personalrat und Belegschaft verbessert bzw. intensiviert. Grenzen für den Erfolg einer Partizipation in Form der Projektgruppen treten in der Regel dann auf, wenn sich Akteure aus dem Prozeß zurückziehen bzw. den Prozeß abbrechen (z.B. der Rat / die politischen Parteien) oder wenn Teilgruppen ausgegrenzt werden (z.B. die Arbeiter). Auch die Erfahrung von Projektteilnehmern, daß evaluierte Ergebnisse nicht oder nur in einem geringen Prozentsatz umgesetzt und implementiert werden, kann zum vorzeitigen Ende eines solchen partizipativen Prozeß führen.

Runde Tische

Ziel dieser neuen Arbeitsform ist es, die verschiedenen beteiligten Akteure, d.h. hier die Politik (Rat), Arbeitgeber (Verwaltungsspitze), Personalvertreter und Gewerkschaften an einen Tisch zu bekommen, ohne daß Vorbedingungen gestellt werden. Vorbild bei diesem Arbeitsstil ist die privatwirtschaftliche Industrie. Ergebnisse dieser Arbeitsform sind maßgeblich davon geprägt, inwieweit die Beteiligten bereit sind, sich auf einen kooperativen Stil einzulassen. Dabei ist entschieden darauf zu achten, daß der Diskussionsprozeß bei der Lösung von Problemen gleichberechtigt verläuft. Diese experimentelle Form bzw. Vorstufe der betrieblichen Auseinandersetzung kann als eine neue Art von „Konfliktpartnerschaft" bezeichnet werden.

Als neues Element der Kooperation wird es zu einer neuen Form der Mitbestimmung, soweit - und das ist das Hauptproblem - ein solcher Prozeß von der Dienststellenleitung zugelassen wird. Problematisch an diesem Verfahren ist zudem, daß in der Regel nur höherqualifizierte Angestellte an dem „Runden Tisch" teilnehmen werden. Positiv zu vermerken ist, daß alle Beteiligten während ihrer Mitarbeit sich inhaltlich, mitbestimmungsrechtlich, methodisch und hinsichtlich ihrer Sozialkompetenz weiterqualifizieren können, und sie sich direkt - ohne lange Dienst- oder Verfahrenswege - austauschen und auch Entscheidungen treffen können.

5.2.4 Aufgaben der Personalvertretung

Die entscheidenden Aufgaben der Personalvertretung sind

- der Schutz der Arbeitnehmerrechte,
- die Gestaltung der Arbeitsbedingungen und
- in Zukunft die Aushandlung von leistungsbezogenen Lohnbestandteilen als Einstieg in die „Verbetrieblichung" der Tarifpolitik auch im öffentlichen Dienst.

In der Zukunft können diese Aufgaben nicht mehr durch das ausschließliche Beharren der Personalvertreter auf dem Postulat des prinzipiellen Interessengegensatzes zwischen Kapital und Arbeit bewältigt werden (siehe auch 5.2.3).

Die allerseits beschworene „vertrauensvolle Zusammenarbeit" gemäß § 2 LPVG NW war in der Vergangenheit oftmals nur unzureichend von den Sozialpartnern ausgefüllt worden. Sie sollte jetzt auf beiden Seiten vorgelebt und praktiziert werden, um der veränderten Aufgabensituation gerecht werden zu können. Hilfreich ist hierfür die Aufstellung von beiderseitig verbindlichen Regelungen in einer Vereinbarung oder in einem Vertrag. In vielen Landespersonalvertretungsgesetzen (anders in NRW seit der Neufassung des § 70 LPVG NW am 18.12.1984) ist in einem engem Rahmen festgelegt, welche Probleme dienstvereinbarungsfähig sind. Zur Schaffung umfassender Regelungen bedienen sich beide Seiten in der Regel des Instruments der Dienstvereinbarung zwischen Dienststellenleitung und Personalrat und / oder dem Abschluß eines dreiseitigen Kooperationsvertrages zwischen der Dienststelle, dem Stadtrat und der / den Gewerkschaft(en). Sie können z.B. dazu dienen, die Maßnahmen der Haushaltskonsolidierung mittels des Personalabbaus auszusetzen. Der Abschluß dieser Verfahrensgrundlage kann zu einem Motivationsschub bei den Beschäftigten, aufgrund der zugesicherten Arbeitsplatzgarantie[249] (siehe z.B. in Wuppertal), führen. Für die Beschäftigten sollte in der Vereinbarung die Zusicherung gegeben werden, daß reformbedingte Kündigungen ausgeschlossen und Lohneinbußen bei Versetzungen von Mitarbeitern seitens der Verwaltung getragen werden.

Sollte es zu Neu- oder Umgründungen von Eigenbetrieben oder privatrechtlichen Unternehmensformen kommen, so wird vielfach den betroffenen Beschäftigten eine Besitzstandswahrung zugesichert. Dabei wird die Eigenbetriebsumwandlung in der Regel bevorzugt, da sie als die tragfähige Kompromißlösung zwischen der Privatisierungsforderung von Teilen des politischen Spektrums und der Abwehrhaltung der meisten Personalvertretungen gilt.[250]

---

[249] Eine Stellengarantie ist damit nicht gemeint.

[250] Siehe in Remscheid, Solingen und Wuppertal. Ebenso kommen BUSSE/HEISIG/MIX/MÖNNICH/PRIGGE 1996, S. 248 zu diesem Schluß.

Für die Verwaltung bedeutet der Abschluß von Dienstvereinbarungen eine Planungssicherheit, d.h. sie kann planen mit welchen personellen Ressourcen die Dienststelle nach der Umstrukturierung weitergeführt werden kann. Personelles und qualifikatorisches Ausbluten wird somit verhindert, zumindest aber vermindert. Inhalt der ausgehandelten Verträge sollte zudem die Zusicherung der Partizipationsmöglichkeit durch die Dienststelle und die Beteiligungsbereitschaft des Personalrates sein.

Einige Städte entwickeln zusammen mit dem Personalrat darüber hinaus auf dieser Grundlage umfassende interne Personalentwicklungskonzpte (z.B. Bochum, Düsseldorf, Duisburg, Frankfurt/Main, Wuppertal). Es sollte mit der abgeschlossenen Vereinbarung versucht werden, mit Hilfe dieser Maßnahmen die Kommunalverwaltung „konkurrenzfähig“ und damit die Privatisierungsdiskussion gegenstandslos zu machen.

Eine weitere (teilweise festgeschriebene) Aufgabe besteht beispielsweise in der Aushandlung und Festlegung von Kriterien für monetäre und nicht-monetäre Leistungsanreize[251]. Im Gegensatz zur bisherigen Praxis, daß nämlich bisher alle Lohn- und Gehaltsbestandteile durch die Gewerkschaftsvorstände zentral mit den öffentlichen Arbeitgebern ausgehandelt worden sind, ist zu beobachten, daß Segmente dieses Aufgabenkomplexes vermehrt an örtliche Personalvertretungen von den Dienstherren als auch von Teilen der Belegschaft herangetragen wird.

Im Modernisierungsverfahren ist festzustellen, daß von den Beschäftigten in der Regel unbezahlte Überstunden, z.B. im Rahmen einer Teilnahme an Projektgruppen, geleistet werden müssen. Eine besondere Bedeutung

---

[251] Trotz aller Schwierigkeiten der Bestimmung und Messung von „Leistung“ ist das Instrument der Leistungsanreizgewährung im öffentlichen Dienst nicht unbekannt. Beispielsweise enthält § 2 II des Tarifvertrages zur Änderung und Ergänzung der Anlage 1a zum BAT vom 25.06.1969 eine Regelung über die Gewährung von acht

können deshalb Leistungsanreizsysteme u.a. im derzeitigen Organisationsentwicklungsprozeß der Verwaltungreform erlangen. Die zukünftige Implementation von Leistungsanreizsystemen sind mit der Entwicklung neuer Beurteilungs- und Zielvereinbarungssysteme zu verbinden. In NRW haben verschiedene dem KAV angehörende Städte eine Reihe von Pilotprojekten zur Erprobung der Funktionalität von Leistungsanreizsystemen angemeldet.[252] Diese werden grundsätzlich nicht für die Gesamtverwaltung, sondern nur für Teilbereiche eingeführt. So wurde z.B. in Dortmund eine Dienstvereinbarung über die Zahlung einer Leistungszulage für eine erhöhte Fallbearbeitung im Sozialamt abgeschlossen. Andere Projekte[253] beziehen sich auf

- eine persönliche Leistungszulage für Mehrarbeit (z.B. Kreis Kleve),
- ein Prämienmodell (z.B. Präsenzzulage [Köln] [254]; pauschale Überstundenregelung etc.),
- eine Rationalisierungszulage (z.B. Offenbach) und
- die Gestaltung einer flexiblen Arbeitszeitregelung (z.B. Solingen).

Problematisch bei der Einführung eines solchen Leistungsanreizsystems ist allerdings, daß die Stadtverwaltungen diesem in der Regel nur dann zustimmen werden, wenn für sie damit auch Effekte der Kostenentlastung verbunden bzw. gewährleistet sind.[255] Die Erfüllung einer solchen Anforderung ist jedoch zweifelhaft, da die Orientierung bisher fast ausschließlich auf monetäre Leistungsanreize gelegt worden ist. Für die Personalräte sind mit der Einführung von monetären Leistungsanreizsystemen in

---

Prozent der Anfangsgrundvergütung der Vergütungsgruppe VII bei Maschinenbuchern, die eine überdurchschnittliche Leistung erbringen.

[252] DST 1995b, S. 346.

[253] Vgl. REICHERT/STÖBE/WOHLFAHRT ^{2}1995, S. 43 f.

[254] Z.B. „Mehrvergütungen bei zusätzlichen Diensten zur Durchführung von Samstagtrauungen beim Standesamt" in Köln.

verschiedenen Ämtern Probleme verbunden. Sie haben nach dem Abschluß einer entsprechenden Dienstvereinbarung die Schwierigkeit, eine ungleiche Einkommenssituation vertreten zu müssen, da mit an Sicherheit grenzender Wahrscheinlichkeit in Zukunft nicht jedes Amt über die Einführung von Anreizsystemen verhandeln wird. Wenn überhaupt, wird es zu sehr unterschiedlichen Vereinbarungen über die Art und Form der Ausgestaltung, hinsichtlich der Anspruchsvoraussetzungen sowie der Prämienhöhen kommen. Besser wäre der Abschluß von Vereinbarungen über die Einführung von Cafeteria-Systemen[256], bei denen die Arbeitnehmer aus einem Katalog monetäre (z.B. vorgezogene Dienstaltersstufe) als auch nichtmonetäre (z.B. Theaterabonnement) Vergünstigungen als Leistungsanreize auswählen können.

Schlußfolgernd ist festzustellen, daß die Abschlüsse von Dienstvereinbarungen und Kooperationsverträgen die wichtigste Wegmarkierung im Rahmen des Modernisierungsprozesses darstellen. Die Ausgestaltung dieser Übereinkommen bringt für die Personalräte neben der unausweichlichen Veränderung seines Rollenverständnisses auch neue Betätigungsfelder und völlig neue Problemlagen mit sich. Damit gehen veränderten Anforderungen für die Bewältigung seiner Arbeitsaufträge bzw. bezüglich seiner gesamten Arbeitsweise einher.

Sollte eine kritische Zusammenarbeit zwischen Arbeitgeber und Interessenvertretung nicht möglich sein, wird der Personalrat sich eventuell auf die traditionelle Rolle der Interessenvertretung, die in der Ausübung ihrer reaktiven Abwehr- und Schutzfunktion liegt, zurückbesinnen (siehe

---

[255] Vgl. REICHERT/STÖBE/WOHLFAHRT ²1995, S. 50.
[256] Siehe z.B. bei HENTZE ⁵1991, S. 154 f. u. SCHOLZ ⁴1994, S. 432 f.

beispielsweise in Remscheid). Im jetzigen Prozeß, indem beide Seiten aufeinander angewiesen sind, kann dies auf beiden Seiten nicht mehr das Ziel sein.

5.3 Fazit

Ein konzeptioneller und gestaltender Umgang mit den neuen Modernisierungskonzepten in der Personalratsarbeit erfordert neben einer erhöhten Qualifikation der Interessenvertreter auch den systematischen Umgang mit den personalvertretungsrechtlichen Normen sowie den Umbau des Personalrates hin zu einer arbeitsteilig operierenden Organisation.

Die neue Rolle der Personalvertretung führt zwar einerseits zu einem Partizipationsgewinn und teilweise zu einer Erhöhung der Akzeptanz des Organs auf der Arbeitgeberseite, andererseits aber kann sie auch zu einem Vertrauensverlust bei der Belegschaft führen. Wenn die Personalvertretung nicht mehr als Verbündeter von den Beschäftigten betrachtet, sondern seine Arbeit als potentielle Bedrohung ihrer Interessen gesehen wird, dann tritt genau das Gegenteil von dem ein, was durch die partizipativen Neuerungen angestrebt worden ist. Dieses Spannungsverhältnis galt und gilt es zu lösen.

Die Personalvertretung sollte sie sich nicht zum Werkzeug der ausschließlichen Modernisierungseuphorie der Verwaltung „küren“ lassen, sondern muß die Interessen der Beschäftigten bündeln und sie gegenüber dem Arbeitgeber vertreten. Dabei sollte die Interessenvertretung immer wieder die Rückkopplung zu ihrem Klientel suchen, und vor allem im innerbehördlichen Bereich, eine umfassende Transparenz ihrer Ansichten und Entscheidungen anstreben. Der Personalrat sollte sich nie auf die Position verpflichten lassen nur eine radikale Modernisierung gegenüber der

Belegschaft zu vertreten, da er sonst möglicherweise seine Funktion als Gestaltungs- und Interessenvertretungskraft bei den Mitarbeitern verspielen würde.

Ein weiteres Aufgabenfeld wird für den Personalrat darin bestehen, den Spagat zwischen einzelnen Modernisierungsgewinnern[257] und -verlierern[258] zu schließen. Das bedeutet, daß er die Gewinner als Klientel gewinnen und ihre Forderungen vertreten muß, während er gleichzeitig die Beschäftigten, die durch die Reform ins Hintertreffen geraten sind, nicht aufgeben und als Vertretungspotential verlieren darf. Die Rolle und das Selbstverständnis des Personalrates sowie seine Aufgabenerledigung sollte deshalb offensiv, kooperativ, innovativ und progressiv sein. Als unterstützende Arbeitsformen im Reformprozeß wären entweder die Projektarbeit, „Runde Tische“ oder kombinierte Strukturformen zu favorisieren. Ein weiteres Verharren im defensiven und antagonistischen Verständnis gegenüber der Verwaltungsspitze wäre für die Erfüllung seiner Gestaltungsfunktion jedenfalls schädlich. „Weiche“ Mitbestimmungsformen, wie z.B. die der gegenseitige Information, Beratung und Absprache, sollten zum Normalfall werden. Die betriebliche Arbeit von Arbeitgeber und Interessenvertreter sollte dem Wortlaut des LPVG NW („vertrauensvolle Zusammenarbeit“) entsprechend praktiziert werden.

---

[257] Den Personalrat empfinden sie oftmals als einen Hindernisfaktor. Statt dessen sehen sie die besten Chancen für ihre Karriereplanung in der eigenen Interessenvertretung und auch in der eigenen Mitarbeit bei betrieblichen Modernisierungsprojekten.

[258] Rationalisierungsverlierer sind Beschäftigte die den Verlust ihrer Position innerhalb der Hierarchie als Konsequenz der angestrebten "Enthierarchisierung" erwarten müssen. Mit dem Wegfall ihrer Stelle können sie mit hoher Wahrscheinlichkeit nicht mehr andernorts (innerhalb der Dienststelle) entsprechend weiterbeschäftigt werden. Weiterhin sind dies alle Beschäftigten, die zudem den neuen Anforderungen komplexer Aufgaben bzw. den spezifischen - auch sozialen - Erfordernissen von Arbeit (z.B. Gruppenarbeit, Qualitätszirkel) nicht gewachsen sind. Es ist dabei klar, daß von ihnen auch nicht jeder willens und in der Lage sein wird, sich die nunmehr erforderlichen Qualifikationen nachträglich anzueignen. (Vgl. PLANDER 1995, S. 38)

Dieser Wandlungsprozeß geht auch mit personalratsinternen Schwierigkeiten einher, die sich in Sach- und Zielkonflikten zwischen Personalvertretern der modernistischen und der traditionalistischen Richtung ausdrücken. Hier wäre ein kontinuierlicher, konstruktiver Diskurs untereinander (evtl. mit externer Beratung) zu suchen und mit dem Ziel zu führen, eine Verständigungsebene zu finden. Zwistigkeiten unter den Interessenvertretern nützen in einem gemeinsamen Reformprozeß keiner Seite, weder dem Dienststellenleiter noch den betroffenen Beschäftigten.

6 Schlußbetrachtung und Ausblick

In der Vergangenheit scheiterte ein Ausgleich der kommunalen Haushalte, da nicht die Ursachen behandelt, sondern nur einseitige Anordnungen in Gestalt von Stellenabbaumaßnahmen im Stellenplan mit kw-/ku-Vermerken[259] betrieben wurden. Außerdem wurden den Kommunen immer wieder neue Lasten von Bund und Land auferlegt wurden. Diese fiskalischen Handlungszwänge werden nun als Verwaltungsreform etikettiert. Mit den Modernisierungsbestrebungen versuchen die Gemeinden, Kreise und Städte, mit eigenen Reformkonzepten die Gesamtstruktur der Verwaltungsorganisation und des Verwaltungshandelns zu verbessern. Auffällig ist dabei die sehr unterschiedliche Herangehensweise.

In Remscheid suchte der ehemalige Oberstadtdirektor, die Reform in einem radikalen „top-down" Verfahren durchzuführen. Diese Verfahrensweise stand im krassen Gegensatz zur abgeschlossenen Dienstvereinbarung (analog der Wuppertaler DV). Die vorgesehene Partizipation des Personalrates und der Belegschaft wurde nicht praktiziert. Vielmehr versuchte die Verwaltungsspitze alle Partizipationsbemühungen der Betroffenen abzublocken, und stellte sie bei Entscheidungen vor vollendete Tatsachen. Dieser Weg der Entmündigung der Mitarbeiter führte, wie oben aufgezeigt, in eine Sackgasse. Ohne Beteiligung aller betroffenen Seiten ist diese grundsätzliche Reform undurchführbar. Allerdings nutzte der Personalrat seine Möglichkeiten im Prozeß initiativ zu werden nicht aus. Ebensowenig legte das Gremium eigene Vorschläge für eine beschäftigten- / kundenorientierte Modernisierung den politischen Gremien noch der Verwaltungsspitze vor.

[259] Siehe Fußnote 75.

Eine neue Chance zur Umsteuerung des Prozesses und damit zu einer kooperativen Zusammenarbeit bietet die erfolgte Neubesetzung der Dienststellenleiterfunktion. Eine kooperative Zusammenarbeit könnte einerseits durch eine Änderung des bisher autoritären zu einem demokratischen Führungsstil des Verwaltungsleiter, und durch eine Änderung seiner Modernisierungsstrategie von einem reinen „top-down" geprägten Verfahrensstil zu einer partizipativen „top-down/bottom-up" Strategie ermöglicht werden. Andererseits ist auch die Arbeitnehmervertretung gehalten, Innovationen in den Modernisierungsprozeß einzubringen und gleichzeitig damit Kooperationsbereitschaft gegenüber der Verwaltungsspitze zu signalisieren. In Ansätzen haben die Parteien diese unumgängliche Rollenänderung erkannt. So geht der hauptamtliche Oberbürgermeister in seinem Strategiepapier (Februar 1996) inzwischen von der erforderlichen Beteiligung der Personalvertretung, der Mitarbeiter und der Ratsparteien im Modernisierungsprozeß aus. Weiterhin vereinbarte der neue Dienststellenleiter mit der Kreisverwaltung der Gewerkschaft ÖTV eine Kooperation (siehe Dokument 1 im Anhang), die allerdings nicht den Personalrat in diesen Kreis einbezieht. Inzwischen werden sogar die Mitarbeiter beteiligt; bisher allerdings eher zufällig als geplant, sieht man von einer durchgeführten Fragebogenaktion ab. Festzustellen ist, daß nach einer langen Anlaufphase auch hier die Sozialpartner an einer Entschärfung ihrer gespannten Beziehungen arbeiten.

Die Stadtverwaltung Solingen hat bewußt den „top-down / bottom-up" Prozeß beschritten. Beide Erneuerungsrichtungen liefen in einem parallelen Verfahren. Die Chance zur Partizipation wurde vom Personalrat und der Belegschaft ergriffen, obwohl Arbeitgeber und Personalvertretung gleichermaßen den Abschluß einer Dienstvereinbarung zur Fixierung der Beteiligung ablehnten. Ein erster interner Reformschritt war die

Anerkennung der neuen Rolle des Personalrates als Mitgestalter beim Modernisierungsprozeß durch die Verwaltungsspitze. Seine Beteiligung an allen Reform- und Modellprojekten wurde durch das Projektbüro ermöglicht. So konnte die Personalvertretung bei der Durchführung der Workshops gleichberechtigt aktiv gestaltend und moderierend mitwirken. Auch intern fand der Personalrat, trotz unterschiedlicher Gewerkschaftspositionen, zu einer kooperativen Arbeit zurück. Eine Motivations- und Vertrauensbarriere im gemeinsamen Umsteuerungsprozeß könnte durch die nunmehr erfolgte Beauftragung einer Unternehmensberatungsgesellschaft hervorgerufen werden. Diese nahm einerseits die durch umfassende Beteiligung entstandenen Workshop-Ergebnisse nicht zur Kenntnis und verwarf andererseits alle bisherigen Reform- und Modellprojekte der Verwaltung.

Ein relativ gutes Beispiel für eine breit angelegte Partizipation stellt das Beispiel der Wuppertaler Stadtverwaltung dar. Der Reengineering-Prozeß wurde in der gesamten Verwaltung parallel geführt. Zur Bewältigung der Aufgabe wurde von Anfang an auf ein Miteinander aller Beteiligten, auf der Grundlage einer Dienst- und Kooperationsvereinbarung, gesetzt. Während die Verwaltung zusicherte keine Entlassungen aufgrund des Modernisierungsprozesses vorzunehmen (Verpflichtung zum sozialen Frieden), erlegte sich der Personalrat die aktive Unterstützung und Propagierung des Vorhabens auf. Eine umfassende Partizipationsstruktur wurde geschaffen, in der nicht nur Verwaltungsspitze und Personalrat Berücksichtigung fanden, sondern auch die Beschäftigten, die Gewerkschaften und die politischen Ratsparteien. Während der Reengineering-Phase setzte man neben der Partizipation aller Seiten auch auf einen umfassenden, offenen Informations- und Kommunikationsprozeß. Dieser offene Meinungsaustausch hat nicht zum gewünschten Ergebnis geführt, daß alle beteiligten Mitarbeiter auch noch in der zweiten Phase der Modernisierung motiviert sind. Einerseits ist Motivationseinbruch, aufgrund der nicht mehr zu verarbeitenden Informationsmenge und andererseits aufgrund der geringen Implementationsquote (knapp 20 Prozent) der evaluierten Projekte, und dem daraus resultierenden Frust festzustellen. Eine Lösung, wie die Demotivation überwunden und der gemeinsame Umbauprozeß fortgeführt werden kann ist dort noch nicht gefunden worden. Der Wuppertaler Weg ist trotz der auftretenden Probleme ein gutes Beispiel dafür, daß es mit einer umfassenden Partizipation von Personalrat und Mitarbeitern nicht ganz einfach ist, das gesetzte Reformziel zu erreichen.

Aufgrund der Modellvarianten kann festgestellt werden, daß nicht allein der Sparwille für den Verwaltungsumbau ausschlaggebend war. Vielmehr wurde die Krise als Chance zur Veränderung begriffen.

Der Reformprozeß sollte zuerst durch eine breite Diskussion aller Beteiligten (Dienststellenleitung, Gewerkschaften, Personalvertretung und Politik) über ihr Selbstverständnis, ihr Rollenverständnis, ihre Aufgabe und schließlich ihre Identifikation in Gang gesetzt werden. Die Ergebnisse sind für alle verbindlich als Orientierung in einem Leitbild festzulegen. Diese Chance zur Erprobung neuer Partizipationsstrukturen ist bei allen drei Städten von der Verwaltungsspitze nicht in Betracht gezogen bzw. wahrgenommen worden. Während sich in Remscheid die Verwaltungsführung bisher einer Partizipation generell verschlossen hat, versuchte die Solinger und die Wuppertaler Verwaltung ein Leitbild im „top-down“ Verfahren als Rahmen für die gemeinsame Arbeit vorzugeben. In beiden Städten wurde die Erstellung schon im Entwurfsstadium nicht weiterverfolgt, da sich das gewählte „top-down“ Verfahren als untauglich für die angestrebte Funktion des Leitbildes herausstellte. Gleichzeitig wurde der

Einstieg in den partizipativen Reformprozeß mit einer motivierten Belegschaft verpaßt.

Im zweiten Stadium des Modernisierungsvorhabens zogen die Verwaltungsführungen in Solingen und in Wuppertal die Konsequenz aus dem Leitbildverfahren. Sie erkannten, daß das Reformprojekt nur in einem kombinierten „top-down/bottom-up“ Verfahren realisiert werden kann. Bestehende Motivationsbarrieren bei den Beteiligten und ihre Vorbehalte waren zu bannen und eine Partizipationsreichweite frühzeitig festzulegen. Während sich in Solingen der Personalrat und die Verwaltung ohne eine schriftlich fixierte Vereinbarung über Fragen der Beteiligung, der Information und Kommunikation sowie der Arbeitsplatzsicherheit verständigten, wurde in Wuppertal eine weitreichende Dienstvereinbarung abgeschlossen. Dort garantierte die Verwaltung eine umfassende Beschäftigungssicherheit für einen längerfristigen Zeitraum und die Errichtung einer umfassenden Informations-, Kommunikations- und Partizipationsstruktur. Im Gegenzug verpflichtete sich der Personalrat, den Prozeß weitreichend zu unterstützen und die Mitarbeiter von einer Beteiligung zu überzeugen.

Die geschlossene Wuppertaler Vereinbarung mußte nun im nächsten Schritt auch praktiziert werden. Dies bedeutete, daß die Dienststellenleitung ihren in der Regel autoritären Führungsstil in ein partizipativ-demokratischen Führungsverhalten veränderte. Zukünftig wollte die Verwaltung nicht mehr der Weg einer autoritär-administrativen Anordnung beschreiten. Vielmehr wurden Personalrat und Beschäftigte umfassend und frühzeitig an der Zielbestimmung und -verwirklichung beteiligt. Ideen und Änderungsvorschläge sollten von der Verwaltungsspitze gewissenhaft auf ihre Tauglichkeit überprüft und bei Erfüllung dieses Kriteriums zügig implementiert werden. Die Ablehnung von Veränderungs- und Verbesserungsvorschlägen sollte darüber hinaus von ihr plausibel begründet werden. In der Praxis konnten diese Idealvorstellungen nicht zur Gänze verwirklicht werden. Die Prozeßarchitektur in Wuppertal war zu kompliziert und das Verfahren war trotz der umfassenden Informations- und Kommunikationsmöglichkeiten für die Beschäftigten undurchschaubar.

In Solingen wurde kein entsprechender Beteiligungsapparat geschaffen, jedoch versuchte man in vielen Diskussionsforen soweit wie möglich alle Angestellten und Beamten zu beteiligen. Die Beschäftigten wurden vor allem gezielter informiert. Problematisch an der Vorgehensweise war bei beiden Kommunen, daß sie die Gruppe der Arbeiter außen vor gelassen haben. Diese Nichtbeteiligung von jeweils rund ein Viertel der Gesamtbelegschaft verhinderte, daß viele Beschäftigten nicht das notwendige Vertrauen in den partizipativen Prozeß setzten.

Auch die Rolle des Personalrats änderte bzw. erweiterte sich im Vorfeld des Reformprozesses von einer reinen Schutzmacht zu einer Schutzmacht und Gestaltungskraft. Die beiden wichtigsten ausschlaggebenden Gründe für die Rollenveränderung sind einerseits die unzureichende gesetzliche Mitwirkungs- und Mitbestimmungsmöglichkeit für die Personalvertretungen. Die gesetzlichen Grundlagen für eine umfassende Personalvertretungspolitik werden nicht an die Erfordernisse angepaßt und erweitert, sondern vielfach eingeschränkt.[260] Andererseits hat sich ein gesellschaftlicher Wertewandel im Arbeitsprozeß vollzogen. Erforderlich war deshalb

[260] Die politischen Rahmenbedingungen sind z. Zt. nicht gerade mitbestimmungsfreundlich. Erkennbar ist dies beispielsweise an der regressiven Rechtsprechung bei den Entscheidungen zum HPVG, MBG Sch.-H., SächsPersVG etc. Eine Ausweitung der Mitbestimmung trifft auch bei den Verbänden auf heftigen Widerstand (bsp. bei einer Anhörung vor dem Sozialausschuß des deutschen Bundestages im März 1990). Teilweise wird sogar eine grundsätzliche Revision der Mitbestimmung zugunsten neuer Managementkonzepte gefordert (R. Mohn 1976: Mitbestimmung war ein Irrtum. In: Die Zeit, Nr. 15 vom 04.04.1986). (Vgl. BÜRGER 1991, S. 147)

eine Haltungs- und Handlungsänderung beider Seiten - Personalrat und Dienststellenleiter - weg von einer traditionalistischen hin zu einer modernisierten Umgangs- und Verfahrensweise, um die anstehenden Probleme erfolgreich bewältigen zu können. Hilfreich waren hierfür der Abschluß von Kooperationsverträgen bzw. Dienstvereinbarungen.

Mit der Erweiterung des Aufgabenspektrums der Personalvertretung mußte sich das interne Verhältnis der Personalratsmitglieder untereinander wie auch deren interne Arbeitsorganisation verändern. Aufgrund der Sachzwänge gelang dies in den drei Kommunen relativ gut. Zwistigkeiten zwischen KOMBA- und ÖTV-organisierten Personalräten wurden zugunsten einer sachorientierten Arbeit soweit wie möglich eingestellt. Dem Aufgabenzuwachs begegneten die Interessensverteter (zumindest in Wuppertal), indem sie nach Möglichkeit eine Vielzahl von Aufgaben an die Belegschaft delegierten. Einerseits hatte dies für die Personalräte eine entlastende Funktion. Sie konnten sich nun intensiver mit strategischen Fragen befassen. Andererseits konnten sie auch die Kenntnisse der Belegschaft für ihre Arbeit nutzen und sie in ihre Arbeit einbinden. An die Stelle der bisherigen Stellvertreterpolitik der Personalvertretung trat eine arbeitsteilige Aufgabenerledigung. Problematisch war dabei, daß sie nicht hundertprozentig verwirklicht werden konnte, da nicht alle Beschäftigten die Rollenänderung der Personalvertretung (aufgrund der abgeschlossenen Dienstvereinbarung) akzeptierten. Vor allem bei den Modernisierungsverlierern führte sie teilweise, aufgrund der unzureichenden Aufklärungsarbeit der Personalräte, zu einem irreparablen Vertrauensverlust in die Arbeit ihrer Interessensvertretung.

Neben den Rollenänderungen der Beteiligten aufgrund des Modernisierungsprozesses zeichnet sich ab, daß es in Folge der diversen Betriebsaus- und -neugründungen und Änderungen der Verwaltungsgliederung zu einer Verantwortungsdelegation kommen wird. Zentrale Vewaltungsaufgaben (z.B. Organisations- und Personalfragen) werden auf die neugeschaffenen Bereichs- und Betriebsleiter verlagert. Ihnen sollen neu geschaffene Teilpersonalräte gegenübertreten. Dabei wird es zu Problemen des einheitlichen Handelns kommen, da eine Koordination des Verwaltungshandelns als auch der Teilpersonalratsarbeit nur recht schwer zu bewerkstelligen sein wird. Erschwerend kommt hinzu, daß die neuen Teilpersonalvertretungen ihre gesetzlich zugewiesenen Aufgaben, aufgrund der geringen Beschäftigtenzahlen in den neuen Eigenbetrieben, in der Regel ohne Freistellungen erledigen müssen.[261] Diesem Zustand kann nur durch den Abschluß von Dienstvereinbarungen - besser noch durch eine Änderung des § 42 IV LPVG NW - entgegengewirkt werden.[262] Problematisch ist dabei, daß die Einrichtung neuer Teil- und Gesamtpersonalräte und damit die Ausweitung von (Teil-) Freistellungen sich nicht nur im Verwaltungsaufwand für die Verwaltung und den Personalrat niederschlägt, sondern auch im Kostenaufwand für die öffentlichen Haushalte.

Ein positives Beispiel für die Durchbrechung dieser Problemlage stellt die Wuppertaler „Vereinbarung zur Gründung einer Konzernarbeitnehmervertretung in gemischt öffentlich-rechtlichen Konzernen“[263] dar. Darin wird die Errichtung eines neuen Gremiums von der Verwaltungsspitze gebilligt ohne daß eine juristische Notwendigkeit vorliegen würde. Aller-

---

[261] In § 42 IV LPVG NW werden die Beschäftigtenzahlen verbunden mit der Anzahl von Freistellungsmöglichkeiten für Personalräte aufgelistet.

[262] Bisher hat der nordrhein-westfälische Gesetzgeber das Problem nur z.T. erkannt und ist dementsprechend ansatzweise in Form des Runderlasses vom 29.05.1996 tätig geworden. Darin wird unter Nr. 11.2 die Möglichkeit eröffnet, daß von den Regelfreistellungswerten in § 42 IV LPVG NW abgewichen werden kann, „wenn und soweit es nach Art und Umfang der Dienststelle zur ordnungsgemäßen Durchführung der Personalratsaufgaben erforderlich ist.“ (INNENMINISTERIUM NRW 1996a, S. 743 f.)

dings vereinfacht sie für die Verwaltung und selbstverständlich auch für die Personal- und Betriebsräte die Kommunikations- und Abstimmungsprozesse in Mitbestimmungs- und Modernisierungsfragen. Damit ist gleichfalls erreicht, daß unterschiedliche Mitbestimmungsorgane in einem Gremium tagen, diskutieren und abstimmen können, was nach der bisherigen Rechtslage bisher nicht möglich war.

Aufgrund der Modernisierungsexperimente in den öffentlichen Verwaltungen steht für die kommunale Praxis ein ganzes Bündel haushaltswirtschaftlicher, organisatorischer, personalpolitischer und struktureller Maßnahmen zur Diskussion. Kennzeichnende Begriffe der angestrebten Verwaltungsreform bzw. Verwaltungsmodernisierung (national als auch international[264]) sind z.B. Budgetierung, Controlling, Dezentralisierung, dezentrale Ressourcenverantwortung, Hierarchieabbau, Kosten- und Leistungsrechnung, „lean administration" sowie Produkt- und Prozeßorientierung.[265] Dieses integrierte Instrumentarium soll die Defizite der traditionell inputorientierten Verwaltungssteuerung zugunsten einer Output-Orientierung beseitigen.

Die Erneuerung der Verwaltungsstrukturen kann allerdings nicht ausschließlich durch die Einführung neuer Steuerungselemente erreicht werden. Um eine obrigkeitsstaatliche Hoheitsverwaltung in ein bürgerfreundlichen Dienstleistungsunternehmen verwandeln zu können, müssen einerseits die Mitarbeiter für die Teilnahme am Reformvorhaben motiviert werden. Andererseits müssen sie von der Organisation durch Schulungen in die Lage versetzt werden, um ihre neuen Aufgabenbereiche auch wahr-

---

[263] Vgl. Dokument 4 im Anhang.

[264] Vgl. BERTELSMANN 1993: Forum (Dänemark), Duisburg (Deutschland), Hämeenlinna (Finnland), Braintree (Großbritannien), Québec (Kanada), Christchurch (Neuseeland), Delft und Tilburg (Niederlande), Neuchâtel (Schweiz), Phoenix (USA).

[265] Vgl. METZEN 1994 u. BÖSENBERG/HAUSER 1994.

nehmen zu können.[266] Weiterhin sind die vorhandenen Angstbarrieren der Mitarbeiter bei der Einführung eines Neuen Steuerungsmodells, die von der Angst vor Arbeitsplatzverlust und Leistungsverdichtung bis hin zur Angst vor dem immerwährenden Lernprozeß reichen, abzubauen.[267]

Diesen Akzeptanzproblemen gilt es durch eine abgestimmte, partizipative Einführung des NSM auf allen Ebene entgegenzutreten, wobei den Personalräten, als Interessenvertretungsorgane der Belegschaft, eine besondere Funktion zukommt. Die vorgenannten Akzeptanzprobleme können nur gelöst werden, wenn im Vorfeld der Reform auch eine Neudefinition der Aufgabenbereiche der politischen Organe (Rat und seine Ausschüsse), der des Arbeitgebers (Oberstadtdirektor / Oberbürgermeister sowie Organisations- und Personalverwaltung) sowie der Aufgaben der Interessenvertretung (Personalvertretung und Gewerkschaft) vorgenommen werden.

Eine entscheidende Rolle fällt im Umbauprozeß dem Personalrat zu. Während er früher als Korrektivorgan und als Schutzmacht in der Regel hauptsächlich die Interessen der Arbeitnehmer gegenüber dem Arbeitgeber wahrnehmen sollte, so wird diese Rolle im Erneuerungsprozeß der Verwaltung zwar nicht aufgehoben, doch wird für ihn die Übernahme einer Mittler- und Gestaltungsfunktion zwischen den abhängig Beschäftigten und der Verwaltung als deren Arbeitgeber bei der Realisierung des Vorhabens eine ebenso wichtige Aufgabe sein. Das heißt, daß der Personalrat weder ausschließlich als Regulator und Vermittler regressiver Entscheidungen der Verwaltungsspitze gegenüber den Bediensteten noch als Vetretungsorgan eines globalen Interessensanspuchs der Beschäftigten

---

[266] Vgl. BARTHEL 1994, S. 296.

fungieren darf. Der Erfolg seiner Tätigkeit wird mehr denn je vor allem von seiner Eigeninitiative und Flexibilität abhängen. Er sollte deshalb frühzeitig versuchen, im Benehmen mit den Beschäftigten und den Gewerkschaften, den Rahmen des Veränderungsprozesses festzulegen, Kriterien für den Umbau zu definieren und im Konfliktfall Lösungswege aufzuzeigen. D.h. Personalratsarbeit sollte sich im Rahmen der neuen Entwicklung als „ein wichtiger Motor der Entwicklung verstehen, der die Interessen, Meinungen und Erfahrungen der Beschäftigten erfaßt und artikuliert, der Konflikte benennt und der das Unternehmenskonzept schließlich aktiv in die Mitarbeiterschaft hineinträgt."[268]

Die Reichweite der Partizipation für Personalräte und Beschäftigte ist bei der Entscheidungsfindung in den Reformverwaltungen sehr unterschiedlich ausgeprägt. Während beispielsweise von der Verwaltungsspitze dem Personalrat und den Beschäftigten in Remscheid in der Vergangenheit keinerlei Partizipationsmöglichkeiten außerhalb der gesetzlichen Mitbestimmungsrechte zugebilligt worden sind und ausschließlich ein „top-down" Verfahren favorisiert wurde, bevorzugte man bei der Stadtverwaltung Wuppertal den „bottom-up / top-down" Weg und gestand den beteiligten Gruppen (Personalrat und Beschäftigten) freiwillig eine umfassende Partizipation zu, die weit über den gesetzlichen Rahmen hinausging.

Die weitestgehende Partizipation wird im Main-Kinzig-Kreis praktiziert. Dort verzichtet der Leiter der Verwaltung sogar auf die, ihm vom Gesetz her zustehende, unveräußerliche Letztentscheidungskompetenz. Die Problematik der Unabdingbarkeit dieses Rechts, aufgrund des Verfas-

---

[267] Eine Information hinsichtlich der Gewinnung von Vertrauen in den Modernisierungsprozeß hat der Personalrat der Stadt Dortmund kürzlich veröffentlicht. (siehe DORTMUND 1998)

sungsgebots, umgingen die Sozialpartner, indem sie eine paritätisch besetzte Kommission einrichteten. Ihre Aufgabe ist es, für jede Angelegenheit und für jede Veränderung im Rahmen des Modernisierungsprozesses eine einvernehmliche Lösung zu finden. Die Möglichkeit der einseitigen Anordnung („Letztentscheidungsrecht") durch den Verwaltungsleiter wird aufgrund einer Rahmenvereinbarung somit im Prinzip ausgeschlossen.[269] Bei den Reformprojekten ist diese umfassende Form der Partizipation zwar die Ausnahme, dennoch sollte sie von allen Personalvertretungen angestrebt werden, um dem postulierten Ziel von einer Humanisierung der Arbeit nicht nur näher zu kommen, sondern sie auch mit gestalten zu können.

Mit der Beteiligung der Personalräte an der Verwaltungsmodernisierung geht einher, daß sie sich mit neuen Aufgaben und Problemen auseinandersetzen und Mindeststandards festlegen müssen. Von besonderer Bedeutung sind vor allem Fragen, die sich im Zusammenhang mit der Veränderung der Organisationsentwicklung und der Personalpolitik ergeben. Personalräte sind nun gehalten, ihre eigenen Arbeitsstrukturen neu zu überdenken. Entscheidungen wurden in der Vergangenheit immer zentral vom Personalrat verhandelt. Mit der Dezentralisierung und dem einhergehenden Hierarchieabbau werden in den Verwaltungen eine Vielzahl neuer, dezentraler Personalräte geschaffen. Sie stehen neuen Funktionsträgern auf der Arbeitgeberseite gegenüber, die mit eigenständigen Verhandlungs-

---

[268] BEYER/FEHR/NUTZINGER [7]1996, S. 36.

[269] Vgl. „Kooperationsvertrag zwischen der Gewerkschaft ÖTV und dem Main-Kinzig-Kreis" vom 03.06.1993. (Vgl. DIEHL 1995, S. 245, S. 14 u. ÖTV, KV Hanau 1995) Dieses Reformvorhaben wird seit dem 01.07.1994 durch ein wissenschaftliches Begleitforschungsprojekt finanziell und ideell von der HBS und der Gewerkschaft ÖTV gefördert. Einen ähnlichen Weg hat die Stadtverwaltung Nürnberg gewählt. (Siehe „Vereinbarung zur Haushaltskonsolidierung 1995 und Verwaltungsreform für den inneren Dienstgebrauch" vom 08.12.1993)

kompetenzen ausgestattet sind. Problematisch ist dabei die Koordination der Einheitlichkeit bzw. die Abstimmung in der Vorgehensweise gegenüber dem Arbeitgeber sowie die oftmals wegfallende Freistellungsmöglichkeit für Personalräte. Daher müssen die Interessenvertretungsorgane ihre Stellvertreterpolitik aufgeben und die zu erledigenden Aufgaben teilweise, soweit es ihnen möglich erscheint und es gesetzlich erlaubt ist, auf die Belegschaftsmitglieder delegieren. Im Grunde genommen kann konstatiert werden: je mehr sich Dezentralisierungs- und Flexibilisierungstendenzen ausweiten, desto stärker gerät die repräsentative Partizipation an ihre Kapazitätsgrenze. An dieser Trennlinie sollte deshalb über neue Wege kollektiver Mitbestimmung und deren Verzahnung mit individuellen partizipativen Ansätzen nachgedacht und diskutiert werden, um eine auf den jeweiligen Modernisierungsprozeß abgestimmte Lösung herbeizuführen.

Zur Leitung, Moderierung und Steuerung der Diskussionsprozesse sowie für die Bewältigung der neuen Aufgaben unter den veränderten Rahmenbedingungen bedürfen die Personalratsmitglieder einer umfassenden Erweiterung ihrer Kompetenzen und Qualifikationen. Dazu gehören neben dem Informations- und Zeitmanagement vor allem soziale und konzeptionelle Kompetenzen. Diese Fähigkeiten und Methoden, die früher nur für das Management der Arbeitgeber bestimmt waren, sollten sich die Personalvertreter aneignen, um ihrem neuen Selbstverständnis als Gestaltungskraft und Co-Manager überhaupt gerecht werden zu können.

Die neuzuschaffenden Beteiligungs- und Entscheidungsstrukturen im Modernisierungsprozeß sollten von vorhinein intensiv diskutiert, problematisiert und geplant werden, um im weiteren Verfahren von zwangsläufig auftretenden Konflikten nicht überrascht zu werden. Entscheidend ist die Einrichtung einer paritätisch besetzten „Clearingstelle“, die, bei auftretenden Dissonanzen in den Projekt- bzw. Lenkungsgruppen der Beteiligungs-, Verhandlungs- und Entscheidungsebene, einvernehmlich ihre Entscheidungen trifft.

Es gibt in der Zukunft nicht mehr *das* statische Organisationsmodell einer Verwaltung, wie sie noch von Max Weber gekennzeichnet worden ist. Auch wird die „neue" Verwaltung nicht durch einen einmaligen Reformprozeß errichtet werden können, sondern nur aufgrund eines permanenten Veränderungsprozesses. Der neuen Aufgabe kann Personalratsarbeit nur gerecht werden, wenn in den Verwaltungen eine Basis der Zusammenarbeit aufgebaut wird, die durch Vertrauen (Transparenz), Kooperation und Verbindlichkeit geprägt ist.

Hierbei ist der Faktor „Kooperation" von besonderer Bedeutung, da er als Mittel und Mittler im Interesse der Verwaltungsleitungen wie auch im Interesse der Belegschaft fungiert. Die Kooperation kann einerseits von den Dienststellenleitungen zur Erfüllung ihrer Aufgabe, den Arbeitsprozeß ökonomisch rationell, nachhaltig und möglichst konfliktfrei zu organisieren, genutzt werden. Andererseits kann sie vom Personalrat und den Mitarbeitern aktiviert und bewußt gegenüber dem Dienststellenleiter zur Sicherung ihrer Existenz und zur Entwicklung selbstbestimmter, kollegial-solidarischer Beziehungen gestaltet werden. Aufgrund der Ausführungen ist abschließend zu konstatieren, daß weder die eine extreme Form noch die andere Aussicht auf Erfolg haben können. Nur der Stil einer gemeinsamen Kooperation - infolge einer Rollenneudefinition der Beteiligten - kann in der Realität zum gegenseitigen Nutzen und Vorteil führen. Ohne die konstruktive und zielorientierte Kooperation beider Seiten, auf der Grundlage einer vertraglichen Vereinbarung sowie der Errichtung einer umfassenden, kontinuierlichen Beteiligungsstruktur, ist die Einführung neuer effektiver, effizienter und kundenorientierter Verwaltungs- und Organisationsstrukturen zum Scheitern verurteilt.

7 Quellen- und Literaturverzeichnis

7.1 Tageszeitungen

Frankfurter Allgemeine Zeitung

Frankfurter Rundschau

Handelsblatt

Remscheider Generalanzeiger

Solinger Morgenpost

Solinger Tageblatt

Westdeutsche Zeitung, Ausgabe Wuppertal

7.2 Interviews

Interview mit Herrn Dr. D. (Mitglied des Personalrates der Stadtverwaltung Remscheid) am 12.04.1996.

Interview mit Herrn K. (Leiter des Stabes „Büro Oberbürgermeister“ der Stadtverwaltung Remscheid) am 25.06.1996.

Interview mit Herrn W. (Lenkungsgruppe „Verwaltungsreform“ der Stadtverwaltung Solingen) am 29.03.1996.

Interview mit Frau H.-J. (Vorsitzende des Personalrates der Stadtverwaltung Solingen) am 21.03.1996.

Interview mit Herrn S. (Leiter des Hauptamtes der Stadtverwaltung Wuppertal) am 11.04.1996.

Interview mit Herrn R. (Vorsitzender des Personalrates der Stadtverwaltung Wuppertal) am 23.05.1996.

7.3 Interne Quellen, Kommentare, Rechtsquellen, Parlamentaria

Bremen, 1991: Vereinbarung zur Zusammenarbeit in einer Regierungskoalition für die 13. Wahlperiode der Bremischen Bürgerschaft 1991-1995. [Vereinbart zwischen] SPD, Landesverband Bremen; DIE GRÜNEN, Landesverband Bremen; Freie Demokratische Partei, Landesverband Bremen. Bremen.

Bochum, Stadt, 1994: „Vereinbarung zwischen der Stadt Bochum und der Gewerkschaft ÖTV“ vom 04.11.1994. Bochum.

Bremen, Hansestadt/SKP, 1997: Senatskommission für das Personalwesen: „Rahmenvereinbarung / Gemeinsame Erklärungen mit den Gewerkschaften über Grundprinzipien der Verwaltungsreform“ vom 21.10.1997. Bremen.

Bundesarbeitsgericht (BAG), 1984: Beschluß vom 23.10.1984 -1 ABR 2/83-. In: Der Betrieb (DB) 1985, Düsseldorf u. Frankfurt/Main, Nr. 9/1985 vom 01.03.1985, S. 495-497.

Bundesarbeitsgericht (BAG), 1996: Entscheidung vom 26.06.1996 -7 ABR 48/95-.

Bundesverfassungsgericht (BVerfG), 1995: Entscheidung vom 24.10.1995 zum Mitbestimmungsgesetz Schleswig-Holstein (11.12.1990). -2 BvF 1/92-.

Deubel, I., 1994: „Auf dem Weg zum Dienstleistungsunternehmen: Neues Steuerungsmodell für die Stadtverwaltung Solingen. Mitteilung der Verwaltung zur 'Sitzung des Personal- und Sonderausschusses am 07.09.1994'" vom 24.08.1994. Solingen.

Dortmund, Stadt, 1998: Wie gewinnen wir das Vertrauen zur Veränderung? In: DO '99 Stadt im Wandel, Nr. 1/1998, S. 4. Dortmund.

Eberhard, M./Felser, M./Seidel, L./Vohs, G., 1994: Sächsisches Personalvertretungsgesetz -Basiskommentar-. Köln.

Ellerbrake, A., 1995: „Arbeitsklima hat sich verändert". In: WIR bei der Stadt. Zeitschrift für Mitarbeiterinnen und Mitarbeiter der Stadtverwaltung Wuppertal, 1. Jg., Nr. 1/1995, S. 3.

Finanzministerium Niedersachsen, 1995: Verwaltungsreform; Gemeinsame Erklärung und Vereinbarung nach § 81 Nds. PersVG. Bek. d. MF v. 08.03.1995 - 45 10 41/1 -. In: Niedersächsisches Ministerialblatt (Nds. Mbl.) Nr. 14, S. 486-489.

Gewerkschaft Öffentliche Dienste, Transport und Verkehr (ÖTV), Bezirk Weser-Ems, ^{4}1987: Bremisches Personalvertretungsgesetz vom 5. März 1974 mit Wahlordnung. Bremen.

Hans-Böckler-Stiftung (HBS) 1995: Regulierung und Modernisierung öffentlicher Dienste - Zu den arbeitspolitischen Konsequenzen einer Dezentralisierung der Ressourcenverantwortung. Überlegungen zur Vorlage für den Beirat am 19.06.1995. Bremen.

Innenministerium NRW, 1995: Ausnahmegenehmigungen nach § 126 Gemeindeordnung. In: Mitteilungen des Deutschen Städtetages, 50. Jg., Nr. 603/95 vom 10.07.1995, S. 324.

Innenministerium NRW, 1996a: Durchführung des Landespersonalvertretungsgesetzes. Runderlaß vom 22.03.1996 -Az. IIA2-7.03.02-1/96. In: Ministerialblatt für das Land Nordrhein-Westfalen (Mbl. NW), 49. Jg., Nr. 31 vom 29.05.1996, S. 741-746.

Innenministerium NRW, 1996b: Schriftlicher Bericht zu dem Thema „Erfahrungen mit der Experimentierklausel gemäß § 126 GO NW" zur

12. Sitzung des Ausschusses für Kommunalpolitik am 25.09.1996 - Az. IIIA1-10.10-682/96 (62). Ausgefertigt am 05.09.1996.

Innenministerium NRW, 1998: Rahmenvereinbarung über Grundprinzipien der Verwaltungsreform. RdErl. des Innenministeriums vom 30.01.1998; V-Arbeitsgruppe Verwaltungsreform. Mbl. NW, 51. Jg., Nr. 13 vom 24.02.1998, S. 168-171.

Kennepohl, H., 1996: Stellungnahme des Baudezernenten zum Strategiepapier des Oberbürgermeisters vom 26.02.1996. Remscheid.

Krasemann, K., 1997: Taschenbuch für Angestellte im öffentlichen Dienst. Stuttgart.

Landesregierung Schleswig-Holstein, 1996: Vereinbarung über die Unterstützung und Absicherung der Teilnahme an der Modernisierung der Landesverwaltung vom 13.12.1995. In: Landtag Schleswig-Holstein, 1997, Anhang C.

Landtag Baden-Württemberg, 1997: Kleine Anfrage des MdL Rudolf Hausmann „Anpassung des Personalvertretungsrechts an Rechtsform- und Strukturveränderungen in der öffentlichen Verwaltung (LT-Drs. 12/1826).

Landtag Bremen (Bremische Bürgerschaft): Anträge der Fraktion der AFB zum BremPVG (LT-Drs. 14/386, 14/387, 14/395); Sitzungsprotokoll Bremische Bürgerschaft, 14. Wahlperiode, 26. Sitzung vom 26.09.1996, S. 1603-1618.

Landtag NRW: Ausschuß für Innere Verwaltung (Ausschußprotokoll 11/1498); Antwort auf eine kleine Anfrage 11/4288; Zuschriften von Prof. Dr. jur. U. Battis (11/3928), DGB-Landesbezirk NRW (11/3949), ÖTV-Verbindungsbüro, Bezirksverwaltung NRW II (11/3957), DBB-Landesbund NRW (11/3958), DAG-Landesverband NRW (11/3966).

Landtag Schleswig-Holstein, 1997: „Bericht der Landesregierung: Moderne Verwaltung in Schleswig-Holstein“. (LT-Drs. 14/973).

Main-Kinzig-Kreis, 1993: „Kooperationsvertrag zwischen der Gewerkschaft ÖTV und dem Main-Kinzig-Kreis“ vom 03.06.1993. Hanau.

Martens, Thiel & Partner, 1996: Stadtverwaltung Solingen - Beratung, Begleitung und Unterstützung bei der Einführung des „Neuen Steuerungsmodells“. Projektphase 3: „Konzepte“. Konzept: Vermögensbetriebe Solingen (VBS). Stand: 05.05.1996. Solingen.

Nürnberg, Stadt, 1993: „Vereinbarung zur Haushaltskonsolidierung 1995 und Verwaltungsreform für den inneren Dienstgebrauch“ vom 08.12.1993. Nürnberg.

Orth, K./Welkoborsky, H., ^{5}1993: Landespersonalvertretungsgesetz Nordrhein-Westfalen. Kommentar für die Praxis. Köln.

Pappermann, E., 1998: Rechtsvorschriften in Nordrhein-Westfalen. Sammlung des in Nordrhein-Westfalen geltenden Bundes- und Landesrechts. Loseblattsammlung, Stand: 40. Ergänzungslieferung (Februar 1998). München.

Remscheid, Personalrat, 1996: Vorstellungen und Fragen des Personalrates zum Strategiepapier des Oberbürgermeisters vom 03.04.1996. Remscheid.

Remscheid, Stadt, 1994: „Einführung des Neuen Steuerungsmodells in Remscheid. Vermerk über die Klausurtagung am 25.08.1994." Remscheid.

Remscheid, Stadt, 1996a: Budgetierung ..., Produktbeschreibungen ..., ... und was dann? Notwendigkeiten, Wege und Ziele einer Reform der Stadtverwaltung Remscheid - Strategiepapier des Oberbürgermeisters vom 14.02.1996. Remscheid.

Remscheid, Stadt, 1996b: „Kooperationsvereinbarung zwischen der Stadtverwaltung Remscheid und der Gewerkschaft ÖTV [Kreisverwaltung Remscheid]" vom 28.05.1996. Remscheid.

Sächsisches Staatsministerium des Innern, 1995: Erstes Gesetz zur Änderung des Sächsischen Personalvertretungsgesetzes -Referentenentwurf- vom 05.01.1996. Az.: 11-0307.0/96. Dresden.

Senat der Freien und Hansestadt Hamburg, 1997: Rahmenvereinbarung nach § 94 HmbPersVG über Verwaltungsmodernisierung zwischen dem Senat der Freien und Hansestadt Hamburg und dem DBB -Landesbund Hamburg-, der DAG -Landesverband Hamburg-, dem DGB -Landesbezirk Nordmark- vom 11.03.1997. Hamburg.

Solingen, Stadt, o.J.: Glossar wichtiger Begriffe im Zusammenhang mit dem Neuen Steuerungsmodell für die Stadtverwaltung Solingen. Solingen.

Solingen, Stadt, 1993a: Zielvereinbarungsgespräch für Mitarbeiterinnen und Mitarbeiter in Führungsverantwortung. Solingen.

Solingen, Stadt, 1993b: „Entwurf eines Leitbildes des Dienstleistungsunternehmens Stadtverwaltung Solingen". In der Fassung vom 23.08.1993. Solingen.

Solingen, Stadt, 1994a: Aufbruch in eine „Neue Zeit". In: Auf dem Weg zum Dienstleistungsunternehmen - Informationen für Mitarbeiterinnen und Mitarbeiter, Nr. 2, S. 1.

Solingen, Stadt, 1994b: Einführung des Neuen Steuerungsmodells. In: Auf dem Weg zum Dienstleistungsunternehmen - Informationen für Mitarbeiterinnen und Mitarbeiter, Nr. 4, S. 1-14.

Solingen, Stadt, 1995a: Situationsbeschreibung - Workshops der 4. Ebene erfolgreich. In: Auf dem Weg zum Dienstleistungsunternehmen - Informationen für Mitarbeiterinnen und Mitarbeiter, Nr. 5, S. 1-4.

Solingen, Stadt, 1995b: Einführung eines „Neuen Steuerungsmodelles" in der Stadtverwaltung Solingen. Informationsvorlage. Solingen, Drs. 2/95.

Solingen, Stadt, 1995c: Projekte im Rahmen der Einführung des Neuen Steuerungsmodells. Solingen.

Solingen, Stadt, 1995d: TOP 6: Neues Steuerungsmodell - Projekte. In: Niederschrift über die Verwaltungskonferenz Nr. 2 vom 17.01.1995. Solingen.

Solingen, Stadt, 1995e: Zusammenfassung der Ergebnisse auf der Ebene 4 (Dokumentation). Solingen.

Solingen, Stadt, 1995f: Einführung eines „Neuen Steuerungsmodells" in der Stadtverwaltung Solingen. Beschlußvorlage. Solingen, Drs. 140/95.

Telian, M., 1995: Der Umbau der Verwaltung geht in die „heiße Phase". Gespräch mit dem Projektleiter, Dr. Hiebel. In: Mitteilungsblatt Stadtverwaltung Wuppertal, 90. Jg., Nr. 7 vom 27.03.1995, S. 71-73.

Verwaltungsgericht Hamburg, Beschluß vom 26.08.1986 -2 VG FB 4/86-. In: Der Personalrat, 4. Jg., Nr. 5/1987, S. 248.

Wuppertal, Personalrat (PR) 1995: Umbau der Verwaltung - eine Zwischenbilanz. Stellungnahme des Vorsitzenden des Personalrates zur Personalversammlung am 09.10.1995. Wuppertal.

Wuppertal, Stadt, 1991: Leitbild der Stadtverwaltung Wuppertal. Mitteilungsblatt für die Stadtverwaltung Wuppertal, 86. Jg., Nr. 14 vom 08.08.1991, S. 169-176.

Wuppertal, Stadt, 1994a: Pionierarbeit leisten die technischen Dezernate. VM-POST Nr. 5 vom 02.03.1994.

Wuppertal, Stadt, 1994b: Reform der Verwaltungsorganisation. Mitteilungsblatt für die Stadtverwaltung Wuppertal, 89. Jg., Nr. 4 vom 04.03.1994, S. 34-50.

Wuppertal, Stadt, 1994c: Sonder-Mitteilungsblatt für die Stadtverwaltung Wuppertal, Nr. 5 vom 07.03.1994.

Wuppertal, Stadt, 1994d: KernTeam Operatives Controlling: Abkehr von der starren Regel. VM-POST Nr. 6 vom 09.03.1994.

Wuppertal, Stadt, 1994e: Messen, wie weit wir gekommen sind. VM-POST Nr. 7 vom 16.03.1994.

Wuppertal, Stadt, 1994f: Das Arbeiten mit Meßgrößen. Operatives Controlling: Mit Steuerungsinstrumenten zum Ziel. VM-POST Nr. 8 vom 23.03.1994.

Wuppertal, Stadt, 1994g: Who is Who? 3D PPR-Teamübersicht. Stand: 08.04.1994. Wuppertal.

Wuppertal, Stadt, 1994h: Berichte aus dem 4. VM-Plenum am 17.05.1994. VM-POST Nr. 16 vom 19.05.1994.

Wuppertal, Stadt, 1994i: Projekt Verwaltungsmanagement: Zwischenbilanz. VM-POST Nr. 18 vom 01.06.1994.

Wuppertal, Stadt, 1994j: Personalentwicklung bietet Chancen. VM-POST Nr. 20 vom 17.06.1994.

Wuppertal, Stadt, 1994k: Halbzeit. Standortbestimmung des VM-Projektes. VM-POST Nr. 22 vom 08.07.1994.

Wuppertal, Stadt, 1994l: Reform der Verwaltung; Übergangsregelung bis zu[r] abschließenden Neuordnung der Aufgabenverteilung. Anweisung des Wuppertaler Oberstadtdirektors vom 29.12.1994.

Wuppertal, Stadt, 1995a: GA Frauenförderung: Wo drückt der Schuh? In: Mitteilungsblatt Stadtverwaltung Wuppertal, 90. Jg., Nr. 7 vom 27.03.1995, S. 70.

Wuppertal, Stadt, 1995b: Kommunale Reform mit außergewöhnlichem Profil: Der Wuppertaler Weg. Wuppertal Aktuell. Projektinformation Stand: April 1995.

Wuppertal, Stadt, 1998: „Vereinbarung zur Gründung einer Konzernarbeitnehmervertretung in gemischt privat-öffentlich-rechtlichen Konzernen" vom 17.12.1997.

7.4 Lexika und Handbücher

Alemann, U. v. (Hg.), [2]1978: Partizipation, Demokratisierung, Mitbestimmung. Problemstand und Literatur in Politik, Wirtschaft, Bildung und Wissenschaft. Eine Einführung. (= Studienbücher zur Sozialwissenschaft, Bd. 19). Opladen.

Bernhardt, H./Schünemann, H./Schwingeler, R., [11]1995: Kommunales Haushaltsrecht NW. Lehrbuch mit 150 praktischen Übungen und Lösungen. Witten.

Brockhaus [19]1991: Brockhaus-Enzyklopädie in 24 Bänden. Hier: Bd. 14: Mag-Mod und Bd. 16: Nos-Per. Mannheim.

Eichhorn, P./Böhret, C./Derlien, H. U./Friedrich, P./Püttner, G./Reinermann, H. (Hg.), [2]1991: Verwaltungslexikon. Baden-Baden.

Hentze, J., [5]1991: Personalwirtschaftslehre 2. (= UTB, Bd. 650). Bern u. Stuttgart.

Hesse, J./Ellwein, Th., [7]1992: Das Regierungssystem der Bundesrepublik Deutschland. Band 1: Text. Opladen.

Scholz, C., [4]1994: Personalmanagement. (= Vahlens Handbücher der Wirtschafts- und Sozialwissenschaften). München.

Staehle, W. H., [3]1987: Management. Eine verhaltenswissenschaftliche Einführung. (= Vahlens Handbücher der Wirtschafts- und Sozialwissenschaften). München.

7.5 Fachliteratur

Armanski, G./Penth, B./Pohlmann, J., 1975: Staatsdiener im Klassenkampf: Soziale Lage und Kämpfe der staatlichen Lohnarbeiter in der BRD. Gaigenz/Oberfranken.

Armanski, G./Penth, B. (Hg.), 1977: Klassenbewegung, Staat und Krise: Konflikte im öffentlichen Dienst Westeuropas und der USA. Berlin.

Atteslander, P., [7]1993: Methoden der empirischen Sozialforschung. (= Sammlung Göschen, Bd. 2100). Berlin u. New York.

Baldersheim, H., 1993: Die „Free Commune Experiments" in Skandinavien: Ein vergleichender Überblick. In: Banner, G./Reichard, C. (Hg.), 1993, S. 27-41.

Banner, G./Reichard, C. (Hg.), 1993: Kommunale Managementkonzepte in Europa: Anregungen für die deutsche Reformdiskussion. Köln.

Barthel, C., 1994: Lean production. Ein Organisationsentwicklungskonzept für die Kommunalverwaltung. In: Archiv für Kommunalwissenschaften (AfK), 33. Jg., Nr. 2/1994, S.295-316.

Behr, M./Pohlmann, M., 1991: Die Rolle der Betriebsräte im Innovationsprozeß. In: WSI-Mitteilungen, 44. Jg., Nr. 4/1991, S. 250-258.

Behörden Spiegel, 1994: Haushaltsrecht und politische Steuerung stimmen nicht. In: Behörden Spiegel, 10. Jg., Nr. 8/1994, S. 5.

Behrens, F./Heinze, R. G./Hilbert, J./Stöbe, S./Walsken, E. M. (Hg.), 1995: Den Staat neu denken - Reformperspektiven für die Landesverwaltungen. (= Reihe Modernisierung des öffentlichen Sektors, Sonderband 3). Berlin.

Belzer, V., (Hg.) 1995: Sinn in Organisationen? - oder: Warum haben moderne Organisationen Leitbilder? München u. Mering.

Bertelsmann Stiftung (Hg.), 1993: Carl-Bertelsmann-Preis 1993: Demokratie und Effizienz in der Kommunalverwaltung. Bd. 1: Dokumentationsband zur internationalen Recherche. Gütersloh.

Bertelsmann Stiftung (Hg.), [2]1995: Neue Steuerungsmodelle und die Rolle der Politik: Dokumentation eines Symposiums der Bertelsmann Stiftung. Gütersloh.

Beyer, H./Fehr, U./Nutzinger, H. G., [7]1996: Vorteil Unternehmenskultur: Partnerschaftlich handeln - den Erfolg mitbestimmen. Fazit des gemeinsamen Forschungsprojektes der Bertelsmann-Stiftung und der HBS. Gütersloh.

Beyer, L./Freudenstein, S./Rößner, C., 1993: Informationspool Teil 2: Allgemeine Kommunalverwaltung. (= Graue Reihe der HBS, Neue Folge, Bd. 58). Düsseldorf.

Böhret, C., 1970: Entscheidungshilfen für die Regierung: Modelle, Instrumente, Probleme. (= Schriften zur politischen Wirtschafts- und Gesellschaftslehre). Opladen.

Bösenberg, D./Hauser, R., 1994: Der schlanke Staat: Lean-Management statt Staatsbürokratie. Düsseldorf.

Bösenberg, D./Metzen, H., [5]1995: Lean Management: Vorsprung durch schlanke Konzepte. Landsberg/Lech.

Bogumil, J./Kißler, L., 1995: Neue Steuerung der öffentlichen Verwaltung - wohin steuert der Personalrat? In: Der Personalrat, 12. Jg., Nr. 10/1995, S. 414-418.

Bontrup, H., 1994: Wuppertal GmbH. „Wir verstehen uns als Informationsbrooker." In: Demokratische Gemeinde (DG), 45. Jg., Nr. 12/1994, S. 18-19.

Brinckmann, H., [2]1994: Strategien für eine effektivere und effizientere Verwaltung. In: Naschold, F./Pröhl, M. (Hg.), [2]1994, S. 167-242.

Bürger, M./Martens, H. 1991: Mitbestimmung ohne Parität: Aufsichtsratsbeteiligung nach dem BetrVG 1952. (= Mitbestimmung in Theorie und Praxis). Köln.

Bundesverband der Deutschen Industrie (BDI), 1996: Entlasten statt entlassen. Konzept für neue Arbeitsplätze bis 2000. Köln.

Busse, H.-J./Heisig, U./Mix, U./Mönnich, E./Prigge, R., 1996: Neue Steuerungskonzepte und Arbeitsbeziehungen im öffentlichen Dienst. (= Graue Reihe - Neue Folge, Bd. 116). Düsseldorf.

Clark, K. B./Fujimoto, T., 1990: New Product Development Performance in the World of Auto Industry. Cambridge/Mass.

Cornelius, J., 1995: Wie radikal muß der Umbau unserer Verwaltung sein? Business-Reengineering in Wuppertal. Vortrag in der KGSt am 09.12.1994. In: KGSt Mitteilungen, 40. Jg., Nr. 2 vom 25.01.1995, S. 9-12.

Dahrendorf, R., [15]1977: Homo Sociologicus: Ein Versuch zur Geschichte, Bedeutung und Kritik der Kategorie der sozialen Rolle. (= Studienbücher zur Sozialwissenschaft, Bd. 20). Opladen.

Deubel, I., 1996: Kommune und Wettbewerb. In: Innovative Verwaltung, Nr. 6/1996, S. 11-14.

Deutscher Beamtenbund (DBB), 1995a: Verwaltung 2000: Fortbildungsprojekt mit dem BISOWE in Berlin. In: DBB Magazin, 46. Jg., Nr. 1/1995, S. 30.

Deutscher Beamtenbund (DBB), 1995b: Dienstrechtsreform: Des Pudels Kern. In: DBB Magazin, 46. Jg., Nr. 3/1995, S. 11.

Deutscher Beamtenbund (DBB), 1995c: Verwaltungsreform: An Geld müssen wir sparen, an Ideen nicht. In: DBB Magazin, 46. Jg., Nr. 6/1995, S. 4-6.

Deutscher Beamtenbund (DBB), 1996: Verwaltung 2000. DBB-Konzept zur Dienst- und Verwaltungsreform. Bonn.

Deutscher Gewerkschaftsbund (DGB) NRW (Hg.), 1995: Zukunft des öffentlichen Dienstes: Lean Management in der öffentlichen Verwaltung - Wege, Ziele, Perspektiven und Erfahrungsaustausch. Düsseldorf.

Deutscher Städtetag (DST), 1995a: Umfrage zur Verwaltungsmodernisierung. In: Mitteilungen des Deutschen Städtetages, 50. Jg., Nr. 503/95 vom 08.06.1995, S. 262-264.

Deutscher Städtetag (DST), 1995b: Eckpunkte einer Reform des öffentlichen Dienstrechts. In: Mitteilungen des Deutschen Städtetages, 50. Jg., Nr. 640/95 vom 24.07.1995, S. 342-349.

Deutscher Städtetag (DST), 1995c: Aufbau eines Informationsdienstes „Verwaltungsreform". In: Mitteilungen des Deutschen Städtetages, 50. Jg., Nr. 691/95 vom 07.08.1995, S. 372.

Diefenbacher, H./Nutzinger, H. G. (Hg.) 1986: Mitbestimmung in Betrieb und Verwaltung. Konzepte und Formen der Arbeitnehmerpartizipation. Band III. (= Texte und Materialien der Forschungsstätte der Evangelischen Studiengemeinschaft, Reihe A, Nr. 23). Heidelberg.

Diehl, R., 1995: Partizipation und Modernisierung in der Kommunalverwaltung. In: Der Personalrat, 12. Jg., Nr. 6/1995, S. 245-246.

Dohmen, M., 1994: Angestelltenbefragung in Chemieunternehmen: Betriebsrat „kundennah". Per Fragebogen erkunden IG Chemie-Betriebsräte die Interessen der Angestellten. In: Die Quelle, 44. Jg., Nr. 11/1994, S. 22.

Droege, W. P. J., 1995a: Re-Engineering. Vorwärtsstrategien zur fundamentalen Neuorientierung. Teil 1. In: Der Betriebswirt, 36. Jg., Nr. 1/1995, S. 33-37.

Droege, W. P. J., 1995b: Re-Engineering. Vorwärtsstrategien zur fundamentalen Neuorientierung. Teil 2. In: Der Betriebswirt, 36. Jg., Nr. 2/1995, S. 34-36.

Falck, M., 1992: Arbeits- und Technikgestaltung in den neuen Bundesländern. Mit Bezug auf die Aufbausituation der Öffentlichen Verwaltung. Stuttgart.

Finzer, P./Munegast, M., 1989: Führungsgrundsätze: Führungsinstrument oder Unternehmenszeremonie? Teil 1: Klassifikationen und Funktionen. In: Zeitschrift Führung + Organisation (zfo), 58. Jg., Nr. 6/1989, S. 405-409.

Finzer, P./Munegast, M., 1990: Führungsgrundsätze: Führungsinstrument oder Unternehmenszeremonie? Teil 2: Inhalte und Gestaltungsgrundsätze. In: Zeitschrift Führung + Organisation (zfo), 59. Jg., Nr. 1/1990, S. 50-54.

Friedemann, J., 1994: Kommunalpolitiker entdecken das Standortmanagement. In: Frankfurter Allgemeine Zeitung (FAZ), Nr. 268 vom 18.11.1994, S. 47.

Fritsch, S., 1993a: Betriebsrätequalifizierung durch den Arbeitgeber. Bildungsmaßnahmen für ein innerbetriebliches Konflikt- und Kooperationsmanagement. Teil 1. In: Zeitschrift Führung + Organisation (zfo), 62. Jg., Nr. 1/1993, S. 45-50.

Fritsch, S., 1993b: Betriebsrätequalifizierung durch den Arbeitgeber. Bildungsmaßnahmen für ein innerbetriebliches Konflikt- und Kooperationsmanagement. Teil 2. In: Zeitschrift Führung + Organisation (zfo), 62. Jg., Nr. 2/1993, S. 106-111.

Gewerkschaft Öffentliche Dienste, Transport und Verkehr (ÖTV), 1989: Beschlüsse 11. Gewerkschaftstag Hamburg 1988. Stuttgart.

Gewerkschaft Öffentliche Dienste, Transport und Verkehr (ÖTV), 1995: Aus Inseln wird ein Netzwerk. In: ÖTV Magazin, 46. Jg., Nr. 10/1995, S. 16.

Gewerkschaft Öffentliche Dienste, Transport und Verkehr (ÖTV), KV Hanau, 1995: Beschäftigtenbeteiligung im kommunalen Reformprozeß. Fachtagung am 27./28.06.1995 in Maintal. Hanau.

Gewerkschaft Öffentliche Dienste, Transport und Verkehr (ÖTV) BV Niedersachsen, 1994: Von der Ordnungsbehörde zum Dienstleistungsunternehmen: Erfahrungen mit Bürgerämtern und Bürgerläden in den Kommunen. Veranstaltung der Gewerkschaft ÖTV BV Niedersachsen im Februar 1993. Hannover.

Glaeßner, U./Haensch, D., 1977: Rationalisierungsdruck und Formen der Rationalisierung im öffentlichen Dienst. In: Armanski, G./Penth, B. (Hg.), 1977, S. 33-50.

Hilbert, J./Stöbe, S., 1993a: Gestaltungsperspektiven in der öffentlichen Verwaltung. In: Hilbert, J./Stöbe, S. (Hg.), 1993b, S. 7-42.

Hilbert, J./Stöbe, S. (Hg.), 1993b: Reformperspektiven im öffentlichen Dienst. (= IAT - DS 02). Gelsenkirchen.

Hill, H., 1994: Kommunikation als Herausforderung für Staat und Verwaltung. In: Steger, Ulrich, (Hg.), 1994, S. 49-66.

Hill, H., 1995: Das Personal ist die wichtigste Ressource der Verwaltung. In: DBB Magazin, 46. Jg., Nr. 7+8/1995, S. 24-25.

Hill, H. (Hg.), 1997: Wissensmanagement. (= Staatskommunikation, Bd. 5). Köln u.a.

Hulitz, E. 1995: Controlling als Gemeinschaftsaufgabe: Erfahrungen aus Wuppertal. In: die innovative verwaltung (div), 1. Jg., Nr. 6/1995, S. 28-29.

Ilbertz, W., 1989: Mitbestimmung in Kommunal- und Landesunternehmen. In: Zeitschrift für öffentliche und gemeinwirtschaftliche Unternehmen (ZögU), 12. Jg., Nr. 4/1989, S. 523-533.

Kaiser, R., 1995: Z.B. Reengineering. Eine Methode für raschen Umbau. In: Alternative Kommunalpolitik (AKP), 16. Jg., Nr. 5/1995, S. 36-37.

Kaminski, C.-J., 1997: Wissensorganisation in der Stadtverwaltung Wuppertal - Die Anfänge eines Wissensmanagements. In: Hill, H. (Hg.), 1997, S. 67-73.

Karsten, H./Feige, A., 1994: Organisation: schnell, schlank, flexibel. Landsberg/Lech.

Kißler, L. 1986: 35 Jahre Mitbestimmungsforschung in der Bundesrepublik Deutschland - ein Bilanzierungsversuch -. In: Diefenbacher, H./Nutzinger, H. G. (Hg.), 1986, S. 13-22.

Kißler, L./Bogumil, J./Wiechmann, E. (Hg.), 1993: Anders verwalten: Praxis und Perspektiven kommunaler Gestaltungsprojekte. Marburg.

Klages, H., 1995: Wie sieht die Verwaltung der Zukunft aus? In: Verwaltungsrundschau, 41. Jg., Nr. 1/1995, S. 1-7.

KOMBA-Gewerkschaft (KOMBA), o.J.: Chancen und Risiken: Neuer Steuerungsmodelle für die Kommunalverwaltungen. Positionen der KOMBA-Gewerkschaft NW. Köln.

Kommunale Gemeinschaftsstelle für Verwaltungsvereinfachung (KGSt), 1979: Verwaltungsorganisation der Gemeinden. (= KGSt-Gutachten). Köln.

Kommunale Gemeinschaftsstelle für Verwaltungsvereinfachung (KGSt), 1991: Dezentrale Ressourcenverantwortung: Überlegungen zu einem neuen Steuerungsmodell. (= KGSt-Berichte, Bericht Nr. 12/1991). Köln.

Kommunale Gemeinschaftsstelle für Verwaltungsvereinfachung (KGSt), 1992: Wege zum Dienstleistungsunternehmen Kommunalverwaltung: Fallstudie Tilburg. (= KGSt-Berichte, Bericht Nr. 19/1992). Köln.

Kommunale Gemeinschaftsstelle für Verwaltungsvereinfachung (KGSt), 1993: Das Neue Steuerungsmodell. Begründung, Konturen, Umsetzung. (= KGSt-Berichte, Bericht Nr. 5/1993). Köln.

Kommunale Gemeinschaftsstelle für Verwaltungsvereinfachung (KGSt), 1994a: Dezentrale Personalarbeit: Der Beitrag der Personalwirtschaft zur Modernisierung der Verwaltung. (= KGSt-Berichte, Bericht Nr. 7/1994). Köln.

Kommunale Gemeinschaftsstelle für Verwaltungsvereinfachung (KGSt), 1994b: Aktuelle Gutachten und Berichte 01.01.1980 bis 31.12.1993. Köln.

Kommunale Gemeinschaftsstelle für Verwaltungsvereinfachung (KGSt), 1995: Das neue Steuerungsmodell und aktuelle Arbeitsergebnisse: Personalmanagement. In: KGSt Mitteilungen, 40. Jg., Nr. 6 vom 25.03.1995, S. 25.

Lange, K., 1995: Die kommunalrechtliche Experimentierklausel. In: Die Öffentliche Verwaltung (DÖV), 48. Jg., Nr. 18/1995, S. 770-773.

Lehmann, B., 1994: „Ich freue mich auf meine Fehler." Ansätze kommunaler Verwaltungsreform in Remscheid. In: Behörden Spiegel, 10. Jg., Nr. 8/1994, S. 5.

Leisner, W., 1970: Mitbestimmung im öffentlichen Dienst. Bad Godesberg.

Little, A. D., (Hg.) 1994: Management erfolgreicher Produkte. Wiesbaden.

Lotz, K., 1995: Die öffentliche Verwaltung als lernfähige Organisation. 2. Teil. In: Deutsche Verwaltungs Praxis (DVP), 46. Jg., Nr. 10/1995, S. 450-455.

Mayntz, R., ^{4}1997: Soziologie der öffentlichen Verwaltung. (= UTB, Bd. 765). Heidelberg.

Metzen, H., 1994: Schlankheitskur für den Staat: Lean Management in der öffentlichen Verwaltung. Frankfurt/Main u. New York.

Mühge, A., 1998: Vereinbarungen zur kommunalen Verwaltungsreform. Stuttgart.

Müller, K., 1987: Einführung eines Qualitätszirkels: Konzept, Durchführung, Erfahrungen. Wuppertaler Kreis e.V. - Deutsche Vereinigung zur Förderung der Weiterbildung von Führungskräften. (= Bericht 34). Köln.

Müller-Seitz, P./Heyer, N., 1994: Führungsgrundsätze für die öffentliche Verwaltung? Zur Frage der Übertragbarkeit in der Wirtschaft erprobter Managementtechniken auf den öffentlichen Verwaltungsbetrieb. In: Verwaltung, Organisation, Praxis (VOP), 16. Jg, Nr. 6/1994, S. 422-424.

Naschold, F., [2]1994a: Modernisierung des Staates: Zur Ordnungs- und Innovationspolitik des öffentlichen Sektors. (= Modernisierung des öffentlichen Sektors, Bd. 1). Berlin.

Naschold, F., [2]1994b: Produktivität öffentlicher Dienstleistungen. In: Naschold, F./Pröhl, M. (Hg.), [2]1994, S. 363-413.

Naschold, F., 1995: „Der Blick über den Tellerrand" - Internationale Erfahrungen bei der Modernisierung des öffentlichen Sektors und ihre Bedeutung für die Bundesrepublik Deutschland. In: Behrens, F./Heinze, R. G./Hilbert, J./Stöbe, S./Walsken, E. M. (Hg.), 1995, S. 81-92.

Naschold, F./Pröhl, M. (Hg.), [2]1994: Produktivität öffentlicher Dienstleistungen. Dokumentation eines wissenschaftlichen Diskurses zum Produktivitätsbegriff. Gütersloh.

Obenauer, P., 1993: Zur aktuellen Haushaltssanierung in den Kommunen. Die Personalvertretung zwischen Gestaltungs- und Schutzfunktion. In: Der Personalrat, 10. Jg., Nr. 8/1993, S. 337-340.

Ohno, T., 1988: Toyota Production System: Beyond Large Scale Production. Cambridge/Mass.

Ossenbühl, F., 1986: Grenzen der Mitbestimmung im öffentlichen Dienst. Baden-Baden.

Plander, H., 1995: Mitbestimmung im öffentlichen Dienst: Lean administration als Mitbestimmungsproblem. In: DGB NRW (Hg.), 1995, S. 34-42.

Plander, H., 1998: Mitbestimmung in öffentlich-privatrechtlichen Mischkonzernen. (= Schriften der Hans-Böckler-Stiftung, Bd. 33). Baden-Baden.

Prigge, R. (Hg.), 1987: Die Zukunft des öffentlichen Dienstes. Gemeinsame Arbeitstagung des ÖTV-Bezirks Weser-Ems, der Arbeitskammer Bremen und der Akademie für Arbeit und Politik an der Universität Bremen. Bremen.

Reichard, C., [4]1995: Umdenken im Rathaus: Neue Steuerungsmodelle in der deutschen Kommunalverwaltung. (= Modernisierung des öffentlichen Sektors, Bd. 3). Berlin.

Reichert, J./Stöbe, S./Wohlfahrt, N., [2]1995: Leistungsanreizsysteme im öffentlichen Dienst - Stand und Perspektiven der Einführung von Motivations- und Leistungsanreizen in der Kommunalverwaltung. Endbericht für die HBS. April 1995. (= Graue Reihe der HBS, Neue Folge, Bd. 92). Düsseldorf.

Reinermann, H., [5]1995: Die Krise als Chance: Wege innovativer Verwaltungen. (= Speyerer Forschungsberichte, Bd. 139). Speyer.

Ronge, V., 1977: Kritische Analyse der Interaktion von Wissenschaft und Praxis am Beispiel der Projektgruppe Regierungs- und Verwaltungsreform. In: Wissenschaftszentrum Berlin (Hg.), 1977, S. 227-259.

Ronge, V., 1995: Das Bergische Land (Schwerpunktheft). In: Sociologics, Magazin für Sozialwissenschaftler. Nr. 3. Wuppertal.

Rosenstiel, L. v./Djarrahzadeh, M./Einsiedler, H. E./Streich, R. K. (Hg.), [2]1993: Wertewandel: Herausforderung für die Unternehmenspolitik in den 90er Jahren. (= USW-Schriften für Führungskräfte, Bd. 13). Stuttgart.

Roser, T., 1996: Eine Stadt als Konzern. In: Frankfurter Rundschau (FR), Nr. 114 vom 17.05.1996, S. 6.

Sachverständigenrat „Schlanker Staat“, 1997: Bd. 1 Abschlußbericht. Bonn.

Schmidt, U. (Hg.) [2]1995: Verwaltungsreform in Nordrhein-Westfalen. (= Schriften des Landtags Nordrhein-Westfalen, Bd. 8). Düsseldorf.

Schneider, P., 1985: Verfassungsmäßigkeit der Mitbestimmung im Öffentlichen Dienst. (= Graue Reihe der HBS, Bd. 21). Düsseldorf.

Schnell, R./Hill, P. B./Esser, E., [4]1993: Methoden der empirischen Sozialforschung. München u. Wien.

Siedentopf, H., 1995: Experimentierklausel - eine „Freisetzungsrichtlinie“ für die öffentliche Verwaltung. In: Die Öffentliche Verwaltung (DÖV), 48. Jg., Nr. 5/1995, S. 193.

Sievers, C./Thane, P./Wirth, S., 1995: Die Rolle der gewerkschaftlichen Interessenvertretung in Gestaltungsprojekten zur Modernisierung der öffentlichen Verwaltung. In: Der Personalrat, 12. Jg., Nr. 6/1995, S. 242-245.

Simon, N., 1993: Die Initiative „Zukunft durch öffentliche Dienste“. Bestandsaufnahme und Ausblick. In: Wulf-Mathies, M. (Hg.), 1993, S. 33-50.

Sozialdemokratische Partei Deutschlands (SPD) Ratsfraktion, 1994: Rathausreform. In: SPD-RAT - Informationen zur Arbeit der SPD-Ratsfraktion, Wuppertal, Dezember 1994.

Steger, U. (Hg.), 1994: Lean-Administration: Die Krise der öffentlichen Verwaltung als Chance. (= Schriftenreihe der Haniel-Stiftung, Bd. 7). Frankfurt/Main u. New York.

Stöbe, S., 1993: Wer soll das alles ändern? - oder: Welche Anforderungen stellen sich an die Sozialwissenschaften? In: Hilbert, J./Stöbe, S. (Hg.), 1993b, S. 127-153.

Tannenbaum, R./Schmidt, W. H., 1958: How to Choose a Leadership Pattern. In: Harvard Business Review (HBR), 36. Jg., Nr. 2/1958, S. 95-101.

Trümner, R., 1998: Mitbestimmungspolitisches Neuland. In: „Die Mitbestimmung", 44. Jg., 1+2/98, S. 71.

Weber, M., [5]1972 [1990]: Wirtschaft und Gesellschaft: Grundriss der verstehenden Soziologie. Tübingen.

Wissenschaftszentrum Berlin (Hg.), 1977: Interaktion von Wissenschaft und Politik. Frankfurt/Main.

Womack, J. P./Jones, D. T./Roos, D., [6]1992: Die zweite Revolution in der Autoindustrie: Konsequenzen aus der weltweiten Studie des MIT. Frankfurt/Main u. New York.

Wulf-Mathies, M., 1987: „Die Zukunft des öffentlichen Dienstes". In: Prigge, R. (Hg.), 1987, S. 120-139.

Wulf-Mathies, M. (Hg.), 1993: Vernetzung lokaler Initiativen. Eine Zwischenbilanz. (= Reihe „Zukunft durch öffentliche Dienste", Bd. 7). Köln.

Wulf-Mathies, M., [2]1994: Einige Anmerkungen zur Debatte über Produktivität im öffentlichen Sektor aus gewerkschaftlicher Sicht. In: Naschold, F./Pröhl, M. (Hg.), [2]1994, S. 339-351.

Wunderer, R./Grundwald, W., 1980: Führungslehre, Bd. II: Kooperative Führung. Berlin u. New York.

Zavelberg, H. G., 1994: Lean Management - ein methodischer Ansatz für mehr Effizienz und Effektivität in der öffentlichen Verwaltung? In: Die Öffentliche Verwaltung (DÖV), 46. Jg., Nr. 24/1994, S. 1040-1043.

Zepf, G., 1972: Kooperativer Führungsstil und Organisation. Zur Leistungsfähigkeit und organisatorischen Verwirklichung einer kooperativen Führung in Unternehmungen. (= Betriebswirtschaftliche Beiträge zur Organisation und Automation, Bd. 20). Wiesbaden.

8 Anlagen

Dokument 1: Kooperationsvereinbarung zwischen der Stadtverwaltung Remscheid und der Gewerkschaft ÖTV

Die Stadtverwaltung Remscheid betreibt einen Organisationsentwicklungsprozeß mit folgenden Kernzielen:

- eine leistungsfähige, effiziente Stadtverwaltung Remscheid absichern und ausbauen
- Privatisierung vermeiden
- Entlassungen verhindern
- Mitarbeiter(innen)beteiligung sicherstellen
- noch mehr Bürgerorientierung
- Zufriedenheit der Mitarbeiterinnen und Mitarbeiter durch leistungsgerechte Bezahlung und immaterielle Leistungsanreize steigern

Die Verwaltungsreform soll insbesondere geprägt sein durch Veränderungen der Aufbauorganisation, Verschlankung der Verwaltung durch Abbau von Hierarchien, Delegation von Verantwortung, Optimierung von Entscheidungswegen sowie Einbeziehung der Mitarbeiterinnen und Mitarbeiter.

Der Oberbürgermeister wird die Gewerkschaft ÖTV zeitnah und umfassend am Reformprozeß beteiligen.

Die Gewerkschaft ÖTV wird die Stadtverwaltung in die Erarbeitung der Ziele, Mittel und Methoden sowie der Umsetzung der abgestimmten Maßnahmen der Verwaltungsreform unterstützen.

Ziel der Zusammenarbeit ist eine einvernehmliche Beurteilung und Behandlung der Fragen im weiteren Reformprozeß.

Um eine umfassende Zusammenarbeit sicherzustellen, werden die Stadtverwaltung Remscheid und die ÖTV regelmäßig Abstimmungsgespräche führen, an denen der Oberbürgermeister, die/der mit dem Projektcontrolling beauftragte Beschäftigte der Stadtverwaltung Remscheid und Vertreter der ÖTV teilnehmen sollen. Die Stadtverwaltung Remscheid wird zu Abstimmungsgesprächen zusätzlich bei Erfordernis bzw. auf Wunsch der ÖTV einladen.

Remscheid, 28. Mai 1996

Stadtverwaltung Remscheid	Gewerkschaft ÖTV
gez. Reinhard Ulbrich	gez. Horst Rohleff
Oberbürgermeister	Geschäftsführer

Abbildung 5: Das Neue Steuerungsmodell der Stadtverwaltung Remscheid - Verhältnis Politik / Verwaltung

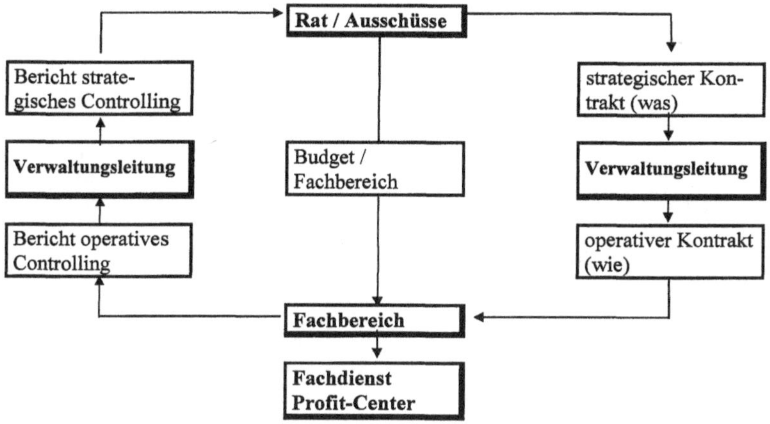

Quelle: REMSCHEID 1994, S. 4 (Anlage).

Abbildung 6: Das Neue Steuerungsmodell der Stadtverwaltung Remscheid - Verhältnis Verwaltung / Fachbereiche

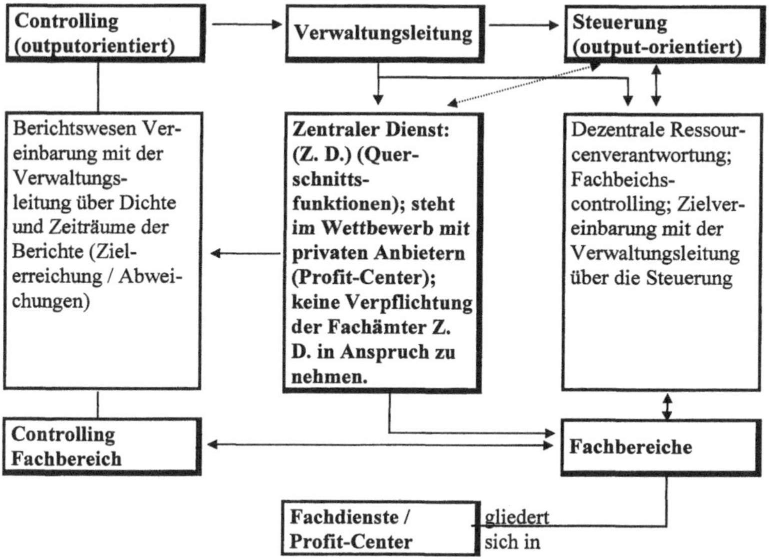

Quelle: REMSCHEID 1994, S. 4 (Anlage).

Abbildung 7: Das Neue Steuerungsmodell der Stadtverwaltung Solingen

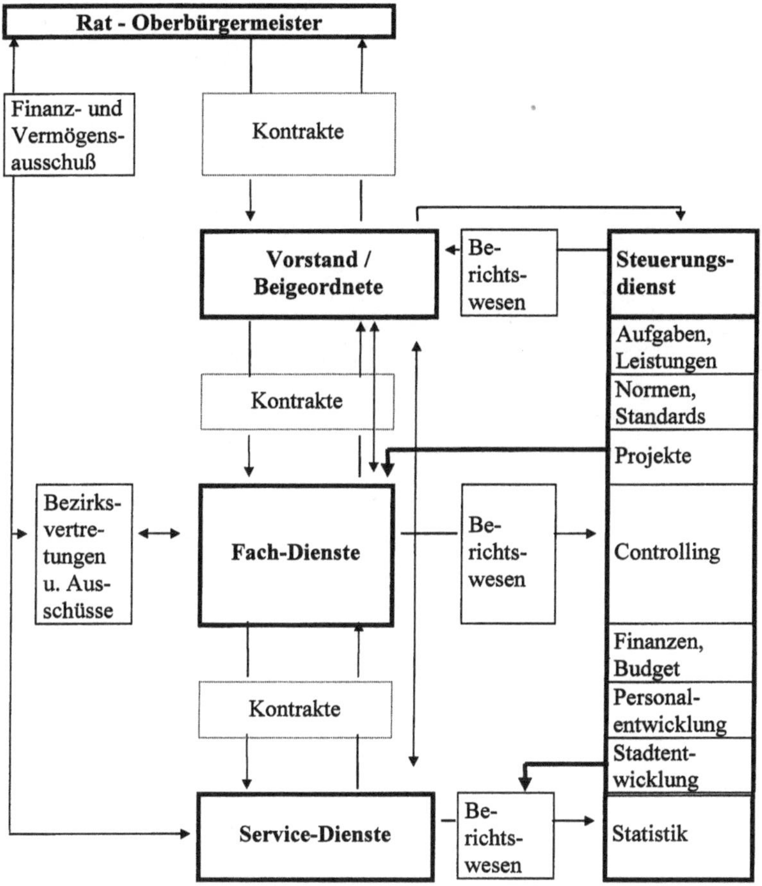

Quelle: SOLINGEN 1995b.

Abbildung 8: Gegenüberstellung alte und neue Verwaltungsstruktur der Stadt Solingen*

Alt		Neu						
		Fachdienst		Stadtdienst		Servicedienst		Eigenbetriebe/ -gesellschaften
St. A.	Bezeichnung	Nr.	Bezeichnung	Nr.	Bezeichnung	Nr.	Bezeichnung	Bezeichnung
R 1	Bgo. Herr Uibel (SPD)	101 102 103	Revisionsdienst Gleichstellungsstelle Gesamt- / Personalrat					
R 2	Bgo. Herr Schneider (CDU)	210	Sekretariat / Geschäftsstelle					VBS Stadtwerke GmbH IOS WBS
R 3	Bgo. Herr Rhode (SPD)							KIS EBS
R 4	Bgo. Frau Krings (B 90/Die Grünen)	401	Ausländerbeauftragte					Bergische Symphoniker - Orchester GmbH
R 5	Bgo. Herr Drost (SPD)	510	Stab / Geschäftsstelle					Klinikum Solingen Altenzentren Solingen
10	Hauptamt	212 2122	Personal u. Organisation Organisations-entwicklung			235 2351 2352 2353 2354 2355 2356		
11	Personalamt	212 2121 411	Personal u. Organisation Personalwirtschaft, -entwicklung Personalentwicklung			233 2357		

Alt		Neu						
		Fachdienst		Stadtdienst		Servicedienst		Eigenbetriebe/ -gesellschaften
St. A.	Bezeichnung	Nr.	Bezeichnung	Nr.	Bezeichnung	Nr.	Bezeichnung	Bezeichnung
	Personalrat	103	Personalrat					
12	Statistisches Amt			123	Statistik			
13	Amt für Gemeinde- organe und Öffent- lichkeitsarbeit	110 1102 1103 1104 113	Steuerungsdienst Unternehmens- planung Konzern- Kommunikation Geschäftsstelle Pressesprecher	121 1211 1212 122 123 124	Presse- u. Öffentlich- keitsarbeit Stadtwerbung Städtepartnerschaften Zentralstelle Chor- gesang Statistik Wirtschaftsförderung	131 132 133 134	Büro des Rates Fahrbereitschaft Bezirksverwaltungs- stelle Innenrevision	
14	RPA	101	Revisionsdienst					
15	Amt für ADV							KIS
16	Amt für Stadtent- wicklung u. Wirt- schaftsförderung	110 1101	Steuerungsdienst Stadt- u. Regional- entwicklung	124	Wirtschaftsförderung			
19	Projektbüro	111	Projektbüro					
20	Stadtkämmerei	211 2111 2112 2113 2114	Finanzen Kameralistik Controlling u. Betriebswirtschaft Beteiligungen u. Vermögen Finanz-ADV- Verfahren					

Alt		Neu						
		Fachdienst		Stadtdienst		Servicedienst		Eigenbetriebe/ -gesellschaften
St. A.	Bezeichnung	Nr.	Bezeichnung	Nr.	Bezeichnung	Nr.	Bezeichnung	Bezeichnung
21	Stadtkasse					231 2311 2312 232 2321 2322	Stadtkasse Zahlungsverkehr Kontenverwaltung Vollstreckungs- u. Inkassodienste Inkasso (allgemein) Inkasso (bewegliches Vermögen)	
22	Amt für Steuern u. Abgaben			221 2211 2212	Steuern u. Abgaben Grundabgaben Steuern			
23	Liegenschaftsamt							
30	Rechtsamt			222 2221 2222	Bußgeldstelle Verkehrsordnungs-widrigkeiten Allg. Ordnungs-widrigkeiten	234 2341 2342	Recht Rechtsberatung Versicherungen, Sonderaufgaben	
32	Amt für öffentliche Ordnung	313	Sicherheit	323 3231 3232	Ordnung, Verkehrs-überwachung Ordnung Verkehrsüber-wachung			

Alt		Neu						
		Fachdienst		Stadtdienst		Servicedienst		Eigenbetriebe/ -gesellschaften
St. A.	Bezeichnung	Nr.	Bezeichnung	Nr.	Bezeichnung	Nr.	Bezeichnung	Bezeichnung
33	Amt für Meldewesen, Wahlen u. Ausländerwesen			422 4221 4222 4223 4224	Einwohnerwesen Bürgerbüro Ausländerangelegenheiten Wahlen, Bürgerbegehren Standesamt			
34	Standesamt			4224	Standesamt			
37	Feuerwehramt			324	Feuerwehr			
40	Schulverwaltungsamt	412	Schulen	421 4211 4212 4213 4214	Schulen Verwaltungsabteilung Dienstleistungen für Lehrer u. Schüler Dienstleistungen für Schulen Pädagogische Dienste			
41	Kulturamt	413	Kultur / Bildung	426	Kulturbüro	431	Hallenmanagement	
41/I	Deutsches Klingenmuseum			424	Deutsches Klingenmuseum			
41/II	Musikschule			428	Musikschule			
41/III	Stadtarchiv			425	Stadtarchiv			
42	Stadtbücherei			423	Bücherei			
43	Volkshochschule			427 4271 4272	Volkshochschule Volkshochschule Berufsbildungszentrum			

Alt		Neu						
		Fachdienst		Stadtdienst		Servicedienst		Eigenbetriebe/ -gesellschaften
St. A.	Bezeichnung	Nr.	Bezeichnung	Nr.	Bezeichnung	Nr.	Bezeichnung	Bezeichnung
50	Sozialamt	511 5111 5112 512	Soziales Altenhilfeplanung Ressortbudget Beschäftigungs-förderung	521 522 523	Stadtteilorientierte Hilfen u. Dienste Besondere soziale Hilfen u. Dienste Hilfen zur Arbeit	531	Verwaltung / Betriebswirtschaft	
51	Jugendamt	513 5131 5132 5133 5134 5135	Jugend Jugendhilfeplanung Organisation / Stellenplan ADV-Konzeption Produkte / Kinder-tagesstätten Qualitätssicherung	524 525 526	Kindertagesstätten / Kinderheime Familienbildung Erziehungsberatung			
52	Sport- u. Bäderamt	414	Sport / Freizeit	429 4291 4292 4293	Sport / Freizeit Betriebswirtschaft, Verwaltung Bäder Hallen			
53	Gesundheitsamt	514 5141 5142 5143	Gesundheit Gesundheits-berichterstattung Gesundheitsplanung Personalentwicklung	527	Gesundheit			
54	Städt. Krankenhaus							Klinikum Solingen
56	Städt. Alten- und Altenpflegeheime							Altenzentren

Alt		Neu						
		Fachdienst		Stadtdienst		Servicedienst		Eigenbetriebe/ -gesellschaften
St. A.	Bezeichnung	Nr.	Bezeichnung	Nr.	Bezeichnung	Nr.	Bezeichnung	Bezeichnung
61	Stadtplanungsamt	311 314	Planung u. Mobilität Kontrakte, Zentrale Dienste	321 3211 3212 3213	Planung / Mobilität Planung Mobilität Denkmalpflege			
62	Vermessungs- u. Katasteramt			325	Vermessung/Kataster	331	Mikrografie	
63	Bauaufsichtsamt			326	Bauaufsicht			
64	Amt für Wohnungswesen	515 5151 5152 5153 5154	Wohnen Planung / Methodik Innenrevision Beschwerdemanagement Geschäftsstelle	223 2231 2232 528	Wohnungsbauförderung Wohnungsbaufinanzierung Bestands- u. Besetzungskontrolle, Fehlbelegungsabgabe Wohnen			
65	Hochbauamt							VBS
66	Tiefbauamt							VBS
67	Garten-, Forst- u. Friedhofsamt	312	Natur / Umwelt					VBS
68	Amt für Umweltschutz	312	Natur / Umwelt	322 3221 3222	Natur, Umwelt Natur Umwelt			
75	Müllverbrennungsanlage							EBS / MVA

* Die Beteiligungen der Stadt Solingen sind auf alle Ressorts aufgeteilt worden, bleiben aber in dieser Tabelle z.T. unberücksichtigt.

Quelle: Mitteilungsblatt der Stadt Solingen, Nr. 11 vom 04.05.1998 (Anlage 2); überarbeitete Fassung der Übersicht durch den Verfasser.

Abbildung 9: Organigramm des Ressorts 1 als Beispiel für die Umsetzung des NSM in Solingen (Stand: 01.04.1998)[270]

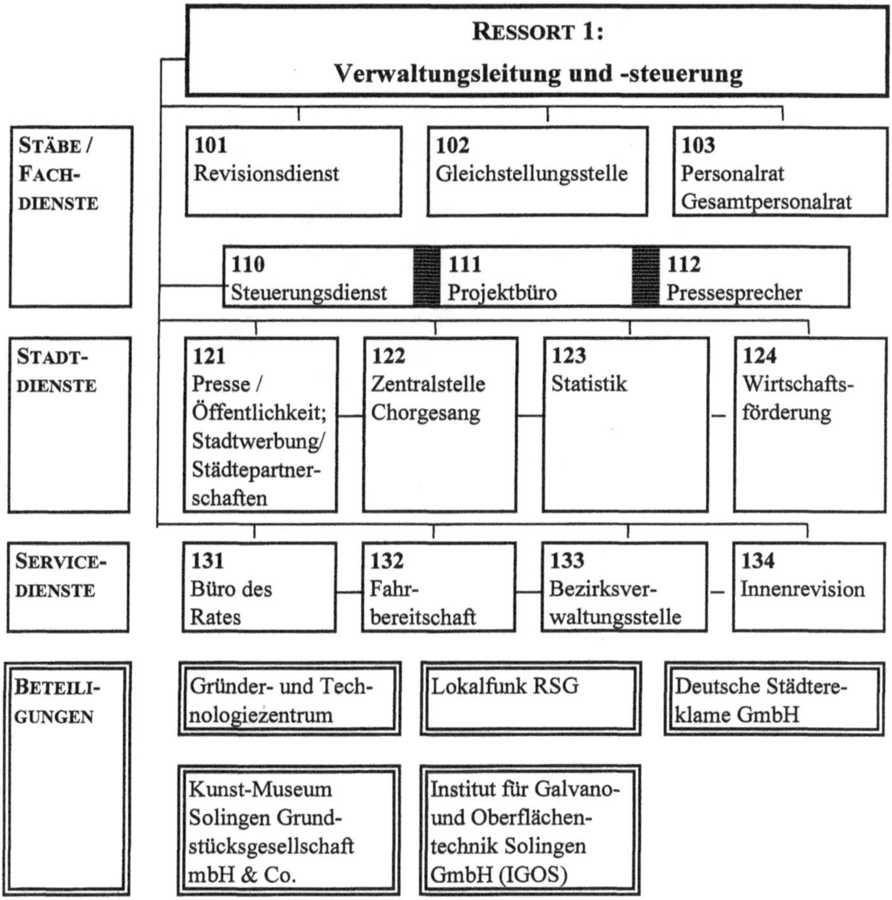

<u>**Anmerkung:**</u> FACHDIENSTE, STADTDIENSTE und SERVICEDIENSTE bilden keine Hierarchien ab, sondern stehen gleichberechtigt nebeneinander und ergänzen sich bei der Aufgabenerledigung.

[270] Siehe auch Solinger Tageblatt vom 29.04.1998, S. 15: „Neuer Geist muß in Köpfe".

Abbildung 10: Geschäftsverteilungsplan der Stadtverwaltung Wuppertal

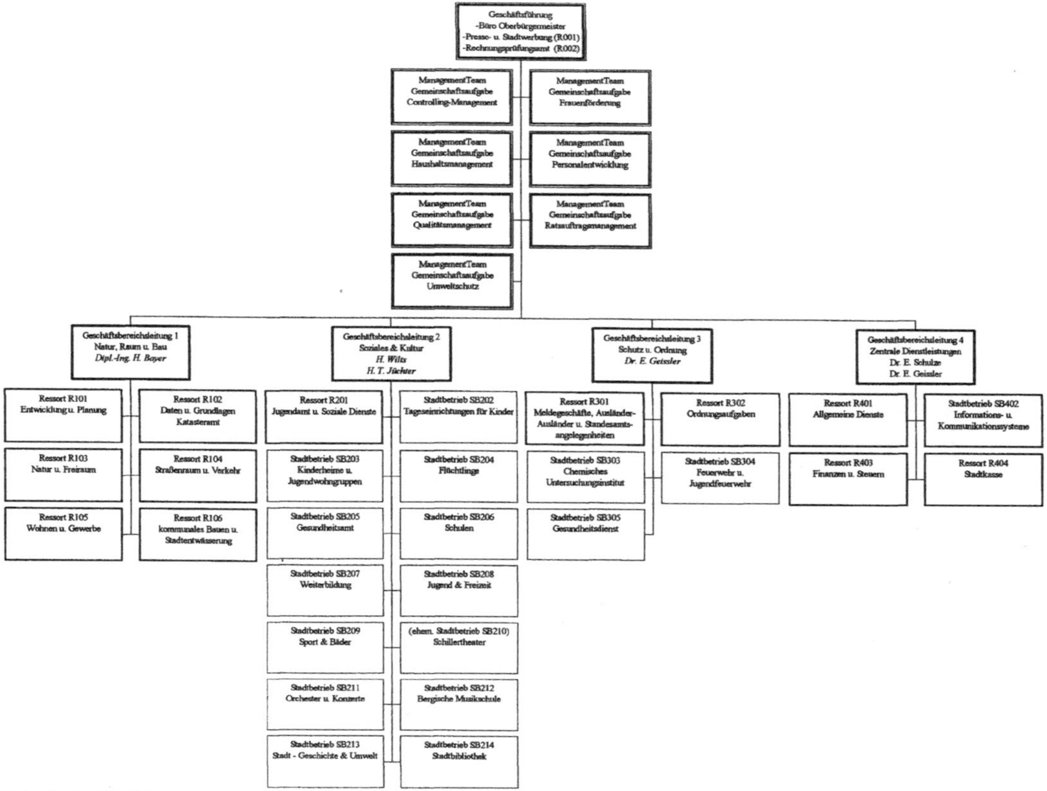

(Stand: Juni 1998)

Dokument 2: Dienstvereinbarung zwischen Oberstadtdirektor und Personalrat der Stadtverwaltung Wuppertal vom 16.02.1994

Zwischen

dem Oberstadtdirektor der Stadt Wuppertal

und

dem Personalrat der Stadtverwaltung Wuppertal,

wird folgende Dienstvereinbarung[271]

zur Sicherung des sozialen Friedens in Verbindung mit den notwendigen Maßnahmen zur Haushaltskonsolidierung und zum Umbau der Verwaltung

abgeschlossen:

I.

Die angespannte und sich stetig verschlechternde Finanzsituation der Stadt Wuppertal macht erhebliche Anstrengungen zur dauerhaften Konsolidierung des städtischen Haushaltes erforderlich.
Aus diesem Grunde sollen notwendige Schritte

– zum Umbau der Verwaltung in Ausführung des Grundsatz- und Vergabebeschlusses des Rates der Stadt vom 20.12.93 (Drucks. Nr. 4063/93)
– und zur Haushaltskonsolidierung in Ausführung des Haushaltssicherungskonzeptes der Verwaltung vom 17.12.93 (Drucks. Nr. 4001/94) vorangetrieben werden.

---

[271] Veröffentlicht in: Mitteilungsblatt für die Stadtverwaltung Wuppertal, 89. Jg., Nr. 4 vom 04.03.1994, S. 46-48.

Ohne Eingriff in das derzeit von der Stadt Wuppertal angebotene Dienstleistungsspektrum ist der begonnene Konsolidierungsprozeß nicht zu verwirklichen.
Vorrangig werden jedoch Maßnahmen angestrebt, die eine effizientere Wahrnehmung der bestehenden Aufgaben ermöglichen.

II.

Der Personalrat akzeptiert die Notwendigkeit entsprechender Konsolidierungsmaßnahmen und verpflichtet sich vor diesem Hintergrund, der Belegschaft Verständnis für notwendige Maßnahmen zu vermitteln und die bevorstehenden Prozesse konstruktiv und für die vorgenannten Ziele mitverantwortlich zu unterstützen. Wegen einzelner Ausgestaltungen wird auf die anliegende Protokollerklärung verwiesen.

III.

Verwaltung und Personalrat sind sich darüber einig,

- daß in dieser Situation keiner Mitarbeiterin und keinem Mitarbeiter ein Anspruch auf einen bestimmten Arbeitsplatz erhalten werden kann und daher Maßnahmen zur Fluktuationsförderung notwendig sind,
- daß der Einsatz von Mitarbeiterinnen und Mitarbeitern, denen aufgrund von Konsolidierungsschritten eine andere Aufgabe zuzuweisen ist, individuelle Qualifizierungsmaßnahmen erfordert.

Von den vom Rat der Stadt bereitgestellten Fortbildungsmitteln ist sobald wie möglich ein angemessener Anteil für diese Aufgabe zu reservieren und einzusetzen.

IV.

Zur Wahrung des sozialen Friedens während der Konsolidierungsphase verpflichtet sich die Verwaltung, vorbehaltlich der Regelung zu V.,

- keine Kündigungen aus betrieblichen Gründen auszusprechen,
- finanzielle Besitzstände der Beschäftigten in unmittelbarer und analoger Anwendung der Rationalisierungsschutzverträge zu wahren,
- Auszubildende, die im Rahmen des abzuschätzenden Bedarfes eingestellt wurden, bei entsprechender Leistung und Eignung ein Dauerbeschäftigungsverhältnis rechtzeitig vor Ausbildungsende anzubieten.

Die Verwaltung beabsichtigt, für unabweisbaren, zusätzlichen Arbeitsbedarf (z.B. im Zusammenhang mit der Haushaltskonsolidierung oder mit der Umsteuerung der Verwaltung) zeitlich begrenzte Aufgabenfelder zu schaffen, um den dort vorhandenen Aufgabenstau zu beseitigen und geeigneten Mitarbeiterinnen und Mitarbeitern, deren Stellen eingespart werden sollen und für die z.Z. verwendbare Stellenvakanz nicht vorhanden ist, eine Verwendung in zumutbaren Aufgabenfeldern zu ermöglichen.

V.

Die Parteien sind sich einig, daß es der Verwaltung vorbehalten sein muß, in Einzelfällen betriebsbedingte Kündigungen aussprechen zu können, wenn ein anderweitiger, mit den Zielen des Konsolidierungsprozesses in Einklang zu bringender Einsatz von Mitarbeiterinnen oder Mitarbeitern nicht machbar oder nicht vertretbar ist.

Die Verwaltung wird von dem Recht zur betriebsbedingten Kündigung erst dann Gebrauch machen, nachdem sie gegenüber der Mitarbeiterin oder dem Mitarbeiter erfolglos folgende Schritte durchlaufen hat:

1. Angebot einer vakanten, der individuellen Befähigung entsprechenden gleichwertigen Stelle (ggf. verbunden mit dem Angebot der notwendigen Umschulung) oder - sofern eine solche nicht verfügbar ist oder nicht angenommen wird -,
2. Angebot einer vakanten zumutbaren Stelle unter finanzieller Besitzstandswahrung (ggf. verbunden mit dem Angebot der notwendigen Umschulung). Zumutbar ist das Angebot auch dann noch, wenn der Stellenwert der angebotenen Stelle maximal drei Vergütungsstufen unterhalb des bislang eingenommenen Stellenwertes liegt. Auch die Überschreitung einer Laufbahngrenze ist dabei zumutbar.

Weigert sich eine Mitarbeiterin oder ein Mitarbeiter, die angebotene Stelle anzunehmen bzw. an der notwendigen Umschulung konstruktiv mitzuarbeiten, ist die Verwaltung berechtigt, aus betriebsbedingten Gründen zu kündigen.

VI.

Es wird eine ständige Arbeitsgruppe aus drei Vertretern der Verwaltung (Oberstadtdirektor oder Dezernent I, Leiter der Ämter 10 und 11) und drei Mitgliedern des Personalrats gebildet, die im Bestreben um Einvernehmlichkeit Maßnahmen im sinne dieser Dienstvereinbarung konkret festlegt. Die Arbeitsgruppe sieht es als ihre verpflichtende Aufgabe an, in angemessener Zeit jede grundsätzliche Problemstellung einer den gegenseitigen Interessen gerecht werdenden Lösung zuzuführen und ein Festfahren von Auseinandersetzungen nachdrücklich zu vermeiden.

VII.

Für die Kündigung dieser Dienstvereinbarung gelten die gesetzlichen Bestimmungen des LPVG NW; eine Nachwirkung der Vereinbarung wird ausgeschlossen.
Die Vereinbarung kann frühestens zum 31.12.1998 gekündigt werden.

Wuppertal, 16.02.1994

gez. Dr. Cornelius
Oberstadtdirektor

gez. Rau
Personalratsvorsitzender

Dokument 3: Protokollerklärung vom 16.02.1994 zur Dienstvereinbarung zwischen Oberstadtdirektor und Personalrat der Stadtverwaltung Wuppertal vom 16.02.1994

Protokollerklärung[272]

zu der

zwischen

dem Oberstadtdirektor der Stadt Wuppertal

und dem Personalrat der Stadtverwaltung Wuppertal

geschlossenen Dienstvereinbarung vom 16.02.1994 zur Sicherung des sozialen Friedens in Verbindung mit den notwendigen Maßnahmen zur Haushaltskonsolidierung und zum Umbau der Verwaltung.

Zu Ziffer 2 der Dienstvereinbarung haben sich Verwaltung und Personalrat insbesondere auf die Verwirklichung folgender Gesichtspunkte verständigt:

1. Der Personalrat unterstützt eine effektive Umsetzung der vom Rat beschlossenen Vorruhestandsregelung[273] sowie eines beabsichtigten Abfindungsmodells.
   Er akzeptiert, daß Voraussetzung für die Inanspruchnahme dieser Regelungen die Einsparung jeweils einer Stelle ist.

---

[272] Veröffentlicht in: Mitteilungsblatt für die Stadtverwaltung Wuppertal, 89. Jg., Nr. 4 vom 04.03.1994, S. 49-50.

[273] Die genannte Vorruhestandsregelung ist im Sonder-Mitteilungsblatt für die Stadtverwaltung Wuppertal Nr. 5 vom 07.03.1994 veröffentlicht worden.

2. Im Rahmen seiner Mitbestimmungsrechte erkennt der Personalrat dem Grunde nach an, daß in verstärktem Maße die Anordnung von Überstunden erforderlich ist
   a) für eine zügige Realisierung des Haushaltssicherungskonzeptes
   b) für Aktivitäten im Zuge des „Umbaus der Verwaltung“
   c) zur Sicherung erzielter Konsolidierungserfolge.
3. Es wird gezielt überprüft, ob durch Änderung bestehender Arbeitszeitregelungen die Wirtschaftlichkeit einzelner Ämter / Betriebe / Bereiche verbessert werden kann. Möglichkeiten der Flexibilisierung werden im Rahmen geltenden Tarifrechts bedarfsgerecht genutzt.
4. Im Zuge seiner Beteiligung bei verhaltens- und leistungsbedingten Kündigungen wird der Personalrat der Frage, inwieweit der zur Kündigung anstehende Mitarbeiter bzw. die zur Kündigung anstehende Mitarbeiterin ihren Kolleginnen und Kollegen mit ihrem negativen Verhalten oder Leistungsvermögen die Arbeit unnötig erschweren, angemessene Bedeutung beimessen.
   Die „Dienstvereinbarung über Leistungsrückgang ohne eigenes Verschulden“ bleibt hiervon unberührt.
5. Eine korrekte Anwendung der tariflichen Vorschriften über die Gewährung von Leistungszulagen erfordert eine grundlegende Neuregelung des bestehenden Vergabesystems.
   Diese Neuregelung wird eine einschneidende Abkehr von dem derzeit vorhandenen nivellierenden Zulagensystem hin zu einem System höherer Zulagen für wenige, besonders leistungsbereite Mitarbeiterinnen und Mitarbeiter zum Inhalt haben.
   Die einzelnen Betriebe / Ämter werden aufgefordert, bis zum 31.08.94 für ihren Bereich entsprechende Regelungsvorschläge zu erarbeiten.

6. Auf der Grundlage der Dienstvereinbarung über die automatisierte Verarbeitung von Personaldaten ist eine technikunterstützte Informationsverarbeitung innerhalb der personalverwaltenden Dienststellen gezielt auszubauen.
7. Das bestehende Zeiterfassungssystem soll durch ein elektronisch gestütztes System ersetzt werden.

Wuppertal, den 16.02.1994

gez. Dr. Cornelius	gez. Rau
Oberstadtdirektor	Personalratsvorsitzender

Dokument 4: Vereinbarung zur Gründung einer Konzernarbeitnehmervertretung in gemischt privat-öffentlichrechtlichen Konzernen vom 17.12.1997

Vereinbarung zwischen

dem Oberbürgermeister der Stadt Wuppertal

und

dem Gesamtpersonalrat der Stadt Wuppertal.

§ 1 Grundsätze und Begriffe

(1) Die vertragschließenden Parteien sind sich darüber einig, daß die Stadt Wuppertal und die in ihrem Allein- oder Mehrheitsbesitz stehenden Unternehmen sowie deren Konzernunternehmen im Sinne der §§ 15 ff. Aktiengesetz einen Konzern bilden (im folgenden Konzernunternehmen genannt). Die zum Zeitpunkt des Abschlusses dieser Vereinbarung hierzu zählenden Unternehmen sind in der Anlage zum Vertrag aufgeführt.
Aufgrund der Zuständigkeit der Stadt Wuppertal für Grundsatzfragen, die Beteiligungsrechten der Personal- und Betriebsräte unterliegen, und aufgrund des Fehlens gesetzlicher Bestimmungen über die Einrichtung einer Konzernarbeitnehmervertretung in gemischt öffentlich-privaten Unternehmensgruppen wird die Notwendigkeit gesehen, ein Repräsentationsorgan aller Konzernbeschäftigten (im folgenden Konzernarbeitnehmervertretung genannt) nach Maßgabe der Bestimmungen dieser Vereinbarung zu errichten.

(2) Konzernbeschäftigter im Sinne dieser Vereinbarung ist, wer mit einem Konzernunternehmen im Sinne von Abs. 1 einen Arbeitsvertrag geschlossen hat bzw. in einem öffentlich-rechtlichen Anstellungsverhältnis zur Stadt Wuppertal steht.

(3) Arbeitnehmervertretung im Sinne dieser Vereinbarung ist das nach den jeweiligen gesetzlichen Bestimmungen gebildete Repräsentationsorgan von Arbeitnehmern bzw. Beamten.

(4) Die Konzernarbeitnehmervertretung arbeitet sowohl unter Beachtung des Betriebsverfassungsgesetzes als auch des für die Stadt und ihre Eigenbetriebe geltenden Landespersonalvertretungsgesetzes für NRW.

§ 2 Beteiligte Arbeitnehmervertretungen

(1) Die Konzernarbeitnehmervertretung der Stadt Wuppertal besteht aus den Vertretern der Arbeitnehmervertretung aller Konzernunternehmen.

(2) Soweit innerhalb eines Unternehmens mehrere Vertretungsgremien gebildet sind, werden die Beschäftigten in der Konzernarbeitnehmervertretung durch vom Gesamtpersonalrat bzw. Gesamtbetriebsrat entsandte Vertreter repräsentiert.

(3) Ist in einer Unternehmensgruppen ein Konzernbetriebsrat gebildet worden, so sind die Vertreter für die Konzernarbeitnehmervertretung vom Konzernbetriebsrat zu entsenden.

§ 3 Zusammensetzung der Konzernarbeitnehmervertretung

Die Arbeitnehmervertretungen gemäß § 2 entsenden ab einer Beschäftigtenzahl von 100 Beschäftigten je angefangene 1.000 Konzernbeschäftigte eine(n) Vertreter/in in die Konzernarbeitnehmervertretung. Arbeitnehmervertretungen, die Betriebe mit einer Beschäftigtenzahl unter 100 Beschäftigten repräsentieren, entsenden eine(n) Vertreter/in in die Konzernarbeitnehmervertretung, wenn Themen behandelt werden, die sie betreffen.

§ 4 Zuständigkeiten

(1) Die Konzernarbeitnehmervertretung behandelt insbesondere Fragen, die die Konzernbeschäftigten gemeinsam betreffen und von denen die Konzernarbeitnehmervertretung meint, daß sie konzerneinheitlich geregelt sein sollten. Sie hat die Aufgabe, die Fragen mit dem Oberbürgermeister der Stadt Wuppertal zu beraten und einer Klärung zuzuführen sowie entsprechende Betriebs- und Dienstvereinbarungen vorzubereiten. Zu deren Rechtsverbindlichkeit sind jedoch Vereinbarungen zwischen den Arbeitnehmervertretungen und dem geschäftsführenden Organ des jeweiligen Unternehmens abzuschließen.

(2) Einzelne Arbeitnehmervertretungen können die Konzernarbeitnehmervertretung beauftragen, eine Angelegenheit für sich behandeln zu lassen. In diesem Fall behält die beauftragende Arbeitnehmervertretung jedoch die Entscheidungsbefugnis.

(3) Die Zuständigkeit der örtlichen Betriebsräte, Gesamtbetriebsräte bzw. Konzernbetriebsräte, der Personalräte und des Gesamtpersonalrates werden durch die Tätigkeit der Konzernarbeitnehmervertretung nicht berührt.

(4) Die Konzernarbeitnehmervertretung kann Projektgruppen und Ausschüsse einsetzen. Die Projektgruppen und Ausschüsse können sich aus Mitgliedern der Konzernarbeitnehmervertretung, der Betriebsräte, Gesamtbetriebsräte, Konzernbetriebsräte oder des Gesamtpersonalrates zusammensetzen.

(5) Zwischen den Vertragsparteien besteht Einvernehmen darüber, daß in Konzernangelegenheiten, die die Beschäftigten betreffen, eine gegenseitige Informationsverpflichtung besteht mit dem Ziel, möglichst Entscheidungen vorzubereiten, die dem Interesse des Gesamtkonzerns und dessen Beschäftigten dienen.

(6) Um dies zu ermöglichen, bestimmt die Konzernarbeitnehmervertretung drei Vertreter, von denen eine Person auch ein externer Gewerkschaftsbeauftragter sein kann, dem die Teilnahmemöglichkeit am Konzernsteuerungsgremium der Stadt Wuppertal (= Konzernausschuß) einzuräumen ist, soweit Themen behandelt werden, die die Beschäftigten eines oder mehrerer Konzernunternehmen betreffen. Die Übereinkunft schließt ausdrücklich nicht aus, daß der Konzernausschuß im Bedarfsfall ohne Beteiligung der Konzernarbeitnehmervertretung tagen kann.

Der Oberbürgermeister verpflichtet sich, die Konzernarbeitnehmervertretung über die wirtschaftliche Entwicklung des Gesamtkonzerns, die Veränderung von Beteiligungsverhältnissen sowie über die Entwicklung einzelner Geschäftsfelder zu informieren, soweit sie den Gesamtkonzern betreffen und Rechtsvorschriften einer solchen Information nicht entgegenstehen. Darüber hinaus berichtet der Oberbürgermeister über geplante Aufgabenverlagerungen oder Organisationsveränderungen innerhalb des Gesamtkonzerns so frühzeitig, daß die Überlegungen der Konzernarbeitnehmervertretung noch in die Beratungen einfließen können.

§ 5 Geschäftsführung der Konzernarbeitnehmervertretung

(1) Die Geschäftsführung der Konzernarbeitnehmervertretung wird in einer von ihr zu beschließenden Geschäftsordnung geregelt.

(2) Die Stadt Wuppertal stellt der Konzernarbeitnehmervertretung für ihre Tätigkeit Sachmittel und Büropersonal in erforderlichem Umfang zur Verfügung.

(3) Zwischen den Parteien besteht Einvernehmen, daß eine Ausweitung der bisherigen Personal- und Sachkosten möglichst vermieden werden soll. Sollte sich dies als nicht praktikabel erweisen, verpflichten sich die Parteien, Verhandlungen mit dem Ziel einer einvernehmlichen Lösung aufzunehmen.

§ 6 Rechtsstellung der Mitglieder der Konzernarbeitnehmervertretung

Die Tätigkeit in der und für die Konzernarbeitnehmervertretung gilt als Personalrats- bzw. Betriebsratstätigkeit im Sinne der einschlägigen Gesetze.

§ 7 Schlußbestimmungen

(1) Diese Vereinbarung tritt mit ihrer Unterzeichnung in Kraft und gilt zunächst bis zum 30.06.1999. Eine Kündigung ist während dieser Zeit nicht möglich. Die Verlängerung der Laufzeit dieser Vereinbarung über den 30.06.1999 hinaus ist von der Entscheidung des Rates der Stadt Wuppertal über den Fortbestand des Konzernausschusses abhängig.

(2) Sofern durch Beschluß des Rates der Stadt Wuppertal der Fortbestand des Konzernausschusses gesichert ist, werden die Vertragsparteien rechtzeitig vor Ende der Laufzeit dieser Vereinbarung Verhandlungen mit dem Ziel aufnehmen, eine Anschlußvereinbarung zu treffen, die unter Berücksichtigung der dann maßgeblichen Verhältnisse und rechtlichen Bestimmungen ihren Interessenlagen angemessen Rechnung trägt.

Treten nach Abschluß dieser Vereinbarung weitere Konzernunternehmen im Sinne von § 1 Abs. 1 hinzu, erhalten deren Arbeitnehmervertretungen das Recht, Vertreter in die Konzernarbeitnehmervertretung gemäß § 3 zu entsenden. Die jeweilige Arbeitnehmervertretung erklärt durch Vertragsbeitritt ihr Einverständnis mit den hier getroffenen Vereinbarungen. Die Unterzeichner dieser Vereinbarung erklären schon jetzt ihr Einverständnis zum Vertragsbeitritt der Arbeitnehmervertreter „neuer" Konzernunternehmen.

Wuppertal, 17.12.1997

gez. Dr. Hans Kremendahl Oberbürgermeister	gez. Rolf Rau Gesamtpersonalratsvorsitzender

sowie

Betriebsrat Wuppertaler Stadtwerke AG

Betriebsrat Klinikum Wuppertal GmbH

Betriebsrat Theaterbetriebsgesellschaft Wuppertal Gelsenkirchen mbH

Betriebsrat Abfallwirtschaftsgesellschaft mbH Wuppertal

Anlage gemäß § 1 Abs. 1 zur „Vereinbarung zur Gründung einer Konzernarbeitnehmervertretung in gemischt öffentlich-rechtlichen Konzernen“ vom 17.12.1997

Zum Zeitpunkt der Vertragsunterzeichnung gehörten folgende Unternehmen zum „Konzern Stadt Wuppertal“:

1) Wuppertaler Stadtwerke AG
2) VSG Verkehrs-Service GmbH
3) Abfallwirtschaftsgesellschaft mbH Wuppertal
4) Wuppertal GmbH, Gesellschaft für Wirtschafts- und Beschäftigungsförderung
5) Technologiezentrum Wuppertal W-tec GmbH
6) Theaterbetriebsgesellschaft Wuppertal-Gelsenkirchen mbH (Schillertheater NRW)
7) Stadthalle Wuppertal Betriebs- und Veranstaltungsgesellschaft mbH
8) Klinikum Wuppertal GmbH
9) Hotel AG Wuppertal
10) GWG Stadt und Projektentwicklungsgesellschaft mbH

Dokument 5: Verwaltungsreformabkommen der Freien Hansestadt Bremen (Land und Stadtgemeinde) vom 21.10.1997[274]

Verwaltungsabkommen der Freien Hansestadt Bremen (Land und Stadtgemeinde)

zwischen

dem Senat der Freien Hansestadt Bremen

einerseits

und

dem Deutschen Gewerkschaftsbund, handelnd durch die Gewerkschaft Erziehung und Wissenschaft - Landesverband Bremen - (GEW), die Gewerkschaft der Polizei - Landesbezirk Bremen - (GdP), sowie der Gewerkschaft Öffentliche Dienste, Transport und Verkehr - Bezirksverwaltung Weser-Ems - (ÖTV),

der Deutschen Angestellten-Gewerkschaft (DAG) - Landesverband Niedersachsen-Bremen-,

dem Deutschen Beamtenbund (DBB) - Landesbund Bremen - sowie

dem Gesamtpersonalrat (GPR) für das Land und die Stadtgemeinde Bremen

andererseits.

1. Präambel

1.1 Die Vertragsparteien sind sich darin einig, daß eine Reform der Verwaltung in der Freien Hansestadt Bremen (Land und Stadtgemeinde) notwendig ist, um die knapper werdenden Ressourcen zielgenauer einzusetzen sowie die Bürgernähe und die Effizienz der Verwaltung zu verbessern. Erforderlich ist eine Reform, bei der die Verwaltung modernisiert und ihre Aufbau- und Ablauforganisation

---

[274] Das hier abgedruckte Verwaltungsreformabkommen ist einem Schreiben der SKP der Freien Hansestadt Bremen an die Mitglieder des Unterausschusses „Allgemeine Verwaltungsorganisation" - Arbeitkreis VI - der IMK vom 22.10.1997 abgedruckt. (BREMEN 1997)

leistungsfähiger wird. Die Verwaltung soll in der Lage sein, den veränderten Rahmenbedingungen in unserer Gesellschaft gerecht zu werden, die insbesondere durch neue Aufgaben und andere Bedürf nisse der Bürgerinnen und Bürger eintreten. Ihre Flexibilität und Selbstinnovationsfähigkeit sollen erhöht werden. Die Verwaltung soll in die Lage versetzt werden, kostengünstiger zu arbeiten. Die Verwaltungsreform ist kein vorrangiges Mittel der kurzfristigen Haushaltskonsolidierung. Sie trägt aber mittel- und langfristig zur Verbesserung der Wirtschaftlichkeit bei.

1.2 Unbestreitbar ist, daß es sich bei der Verwaltungsmodernisierung um einen tiefgreifenden und ständigen Veränderungsprozeß handelt, der nur erfolgreich sein kann, wenn er von engagierten, verantwortungsbereiten und qualifizierten Beschäftigten sowie von den Interessenvertretungen und Gewerkschaften der Beschäftigten aktiv und konstruktiv mitgetragen wird. Das Verwaltungsreformabkommen sichert daher unter Beachtung der finanzpolitischen Rahmenbedingungen und der politischen Prioritätensetzungen die Beteiligung der Beschäftigten und ihrer internen Vertretungen bei der Verwaltungsreform.

1.3 Mit diesem Abkommen beabsichtigen die Vertragsparteien, zur Reform der Verwaltung in der Freien Hansestadt Bremen gemeinsam die Erarbeitung von Initiativen, Konzepten und Anregungen aufzunehmen.

2. Geltungsbereich

2.1 Dieses Verwaltungsreformabkommen gilt für die Dienststellen der Freien Hansestadt Bremen (Land und Stadtgemeinde) im Sinne des § 7 Abs. 1 Bremisches Personalvertretungsgesetz (BremPVG). In den Dienststellen können zu Ziffer 6 wegen institutioneller Besonderheiten abweichende Regelungen getroffen werden.

2.2 Die Vorschriften des Bremischen Personalvertretungsgesetzes (BremPVG), des Gesetzes über die Gleichstellung von Mann und Frau im öffentlichen Dienst des Landes Bremen (Landesgleichstellungsgesetz) und die Richtlinien über die Betreuung und die Interessenwahrnehmung für die bei der Freien Hansestadt Bremen und der Stadtgemeinde Bremen beschäftigten Schwerbehinderten und Gleichgestellten - in der jeweils geltenden Fassung - bleiben unberührt.

3. Ziele und Inhalte der Reform

3.1 Ziele der Reform sind:

⇒Bürger-, kunden- und gemeinwohlorientierte Dienstleistungsangebote,

⇒Erhöhung der Effizienz und der Effektivität des öffentlichen Dienstes,

⇒Beteiligung der Beschäftigten am Gestaltungs- und Entscheidungsprozeß,

⇒Attraktivität des öffentlichen Dienstes durch humane Arbeitsbedingungen und gesicherte Arbeitsplätze.

3.2 Inhalte der Verwaltungsreform sind insbesondere:

⇒Einführung eines Neuen Steuerungsmodells (z.B. Zusammenführung von Fach- und Ressourcenverantwortung, dezentrale Haushaltssteuerung, Outputorientierung, Kontraktmanagement, Aufbau von Controlling und Berichtswesen, Neubestimmung der zentralen Steuerung und der Servicedienste) in Anlehnung an die Empfehlungen der Kommunalen Gemeinschaftsstelle für Verwaltungsvereinfachung (KGSt),

⇒Personalentwicklung und Personalmanagement unter Berücksichtigung der Gleichstellung von Frauen und Männern sowie der sozialstaatlichen Aufgaben in Bezug auf Schwerbehinderte, benach teiligte Gruppen und leistungsgeminderte Beschäftigte,

⇒überschaubarere und bürgerfreundlichere Verwaltungs- und Betriebsstrukturen und -abläufe, z.B. durch Abbau bzw. Abflachung von Hierarchien, Vereinfachung von Rechtsvorschriften,

⇒Stärkung der Kompetenz, Verantwortlichkeit und des Entscheidungsspielraumes des einzelnen Beschäftigten,

⇒Aufgabengerechter Einsatz von technikunterstützter Informationsverarbeitung mit dem Ziel, die Qualität und Wirtschaftlichkeit der Aufgabenerledigung zu erhöhen und die Arbeitsbedingungen der Beschäftigten zu verbessern,

⇒Erstellung von Organisationskonzepten zur effizienten und ganzheitlichen Aufgabenwahrnehmung einschließlich der Prüfung, Aufgaben in anderen Organisationsformen wahrzunehmen.

4. Personalentwicklung

4.1 Um den umfassenden Umbauprozeß erfolgreich gestalten zu können, ist das Personal auf allen Ebenen aktiv an der Organisationsentwicklung zu beteiligen. In diesem Zusammenhang kommt einer konsequenten Personalentwicklung (Qualifikationsförderung auch hinsichtlich der Befähigung für die Beteiligung am Reformprozeß) unter Einbeziehung der Frauenförderung als Querschnittsaufgabe eine herausgehobene Bedeutung zu.

4.2 Ziele dieser erfolgreichen Personalentwicklung und des entsprechenden Personalmanagements sind

⇒die Verbesserung der Kommunikation und Kooperation zwischen Vorgesetzten und Beschäftigten,

⇒die Stärkung der Eigenverantwortung,

⇒die Befähigung zur Beteiligung am Reformprozeß,

⇒die Förderung der beruflichen Perspektiven der Beschäftigten einschl. ihrer Mobilität.

4.3 Zur Verwirklichung dieser Ziele - anknüpfend und aufbauend auf die bereits vorhandenen Förderprogramme - dienen insbesondere folgende Konzepte:

⇒strategische Gesamtsteuerung einer Personalentwicklung unter Beachtung der Rahmenbedingungen und des Ressourcenbedarfs,

⇒bedarfs- und zukunftsorientierte Aus-, Fort- und Weiterbildung, die den Herausforderungen des Umstrukturierungsprozesses entsprechen,

⇒Dienststellenbezogene Fördermaßnahmen,

⇒Personalführung, Förderung von Kommunikations- und Kooperationsfähigkeiten durch bessere soziale und methodische Handlungskompetenzen,

⇒Vermittlung spezifischer Qualifikationen zur Teilnahme an dem Reformprozeß,

⇒Qualitätsstandards bei der Personalgewinnung und -entwicklung.

5. Schutz der Beschäftigten

5.1 Der Schutz der Rechte der Beschäftigten hat im Rahmen des Modernisierungsprozesses einen hohen Rang. Daher bekräftigen die Vertragsparteien für die im Zusammenhang mit der Verwaltungsreform stehenden Maßnahmen, daß niemand entlassen wird.

5.2 Bei Übernahme eines anderen Arbeitsplatzes hat das Prinzip der Freiwilligkeit Vorrang. Soweit Mitarbeiterinnen und Mitarbeiter den Arbeitsplatz wechseln müssen, werden die jeweils geltenden Regelungen zur Sicherung des Rechts- und Besitzstandes der Betroffenen genutzt.

5.3 Die Mitwirkung am Modernisierungsprozeß ist Arbeitszeit.

6. Beteiligung, Zusammenarbeit und Zusammensetzung von Gremien

6.1.1 Zur Festlegung der politischen Ziele, zur strategischen Steuerung des Reformprozesses, zur Erarbeitung und Festlegung von Grundsätzen, zur Initiierung neuer Vorhaben sowie zur Information über den Reformprozeß werden eine „Reformkommission“ und eine „Steuerungskommission“ eingerichtet. Die genaue Aufgabenverteilung zwischen den eingerichteten Kommissionen wird von der Reformkommission festgelegt.

6.1.2 Der Reformkommission gehören an:

- die Mitglieder des Plenums der Senatskommission für das Personalwesen und
- vier Beauftragte der Vertragsparteien auf Arbeitnehmerseite

Die Senatskommission für das Personalwesen wird der Reformkommission als Geschäftsstelle zugeordnet, sie bereitet die Sitzungen vor und begleitet die Beratungen.

Die Reformkommission kann Beauftragte anderer Dienststellen und Organisationen bitten, an den Beratungen als Gäste teilzunehmen. Die Vertragsparteien gehen davon aus, daß Empfehlungen einstimmig verabschiedet werden.

6.1.3 Der Steuerungskommission gehören an:

- der Staatsrat bei der Senatskommission für das Personalwesen und ein von ihm beauftragter Mitarbeiter seiner Dienststelle,
- vier Beauftragte von Senatsressorts, die der Senat bestimmt,
- sechs Beauftragte der Arbeitnehmerseite (GEW, GdP, ÖTV, DAG, DBB und GPR).
- Die Landesbeauftragte für die Verwirklichung der Gleichberechtigung der Frau und der Gesamtvertrauensmann der Schwerbehinderten nehmen an den Sitzungen teil.

Den Vorsitz führt der Staatsrat bei der Senatskommission für das Personalwesen oder ein von ihm benannter Vertreter.

Ziel der Beratungen ist es, einvernehmliche Empfehlungen auszusprechen. Sollte dies nicht möglich sein, werden Empfehlungen mit Stimmenmehrheit gefaßt. Die Minderheitsmeinung ist in dem weiteren Verfahren darzustellen.

6.2 Zur Steuerung des Reformprozesses, zur Initiierung neuer Vorhaben sowie zur Festlegung der Reihenfolge der zu bearbeitenden

Einzelmaßnahmen innerhalb eines Ressorts können in jedem Ressort Lenkungsgruppen eingerichtet werden. Zusammensetzung und Arbeitsweise sollen entsprechend der Grundsätze in Ziffer 6.1.3 festgelegt werden. Die Lenkungsgruppen in den Ressorts arbeiten mit den Kommissionen eng zusammen.

6.3 In den Dienststellen können aufgabenbezogene Projektgruppen unter Beteiligung der Beschäftigten, des Personalrates, der Frauenbeauftragten und der Schwerbehindertenvertretung eingerichtet werden. Diese sind der Steuerungskommission und der eingesetzten (Ressort)-Lenkungsgruppe bekanntzugeben.

6.4 Die Kommissionen und die eingesetzten (Ressort)- Lenkungsgruppen können für konkrete Arbeitsvorhaben aufgaben- und prozeßbezogene Projektgruppen initiieren, auch ressortübergreifend. Die Beschäftigten der betroffenen Dienststellen, die Personalräte, die Frauenbeauftragten und die Schwerbehindertenvertretungen sind zu beteiligen.

6.5 Bei der Anzahl der Teilnehmerinnen und Teilnehmer ist zu berücksichtigen, daß die Arbeitsfähigkeit der gebildeten Projektgruppen gewährleistet ist.

Die betroffenen Beschäftigten haben ein Initiativrecht für die Einbringung eigener Vorschläge in die Projektgruppen.

Der zeitliche Aufwand der Beschäftigten für die Mitwirkung im Beteiligungsverfahren ist Arbeitszeit.

7. Schlußbestimmungen

7.1 Dieses Verwaltungsabkommen gilt ab 1. November 1997 und kann mit einer Frist von drei Monaten unter Ausschluß einer Nachwirkung gekündigt werden. Unbeschadet einer Kündigung werden -

Maßnahmen, die im Rahmen dieses Abkommens begonnen bzw. veranlaßt worden sind (u.a. Qualifizierungsmaßnahmen), durchgeführt.

7.2 Unverzüglich nach einer Kündigung werden Gespräche über ein neues Abkommen aufgenommen.

7.3 Die Vertragsparteien verpflichten sich, bei unterschiedlicher Auslegung dieses Verwaltungsreformabkommens unverzüglich Gespräche mit dem Ziel einer Einigung aufzunehmen. Gleiches gilt bei unterschiedlichen Auffassungen darüber, ob eine beabsichtigte Maßnahme dem Verwaltungsreformprozeß zuzuordnen ist oder nicht.

7.4 Sollten Fortschreibungen geltender Regelungen in Verbindung mit dem Reformprozeß notwendig sein, werden die zuständigen Vertragsparteien auf eine entsprechende Anpassung hinwirken.

7.5 Das Verwaltungsreformabkommen ist weder Dienstvereinbarung noch Tarifvertrag.

7.6 Ergänzungen und Änderungen bedürfen der Schriftform

Bremen, 21. Oktober 1997

Für den Senat der Freien Hansestadt Bremen:
gez. Bürgermeister Dr. Scherf gez. Bürgermeister Perschau

Für den Deutschen Gewerkschaftsbund:

Gewerkschaft Erziehung und Wissenschaft - Landesverband Bremen-
gez. Yasmina Wöbbekind

Gewerkschaft Öffentliche Dienste, Transport und Verkehr
- Bezirksverwaltung Weser-Ems -
gez. Jan Kahmann

Gewerkschaft der Polizei - Landesbezirk Bremen -
gez. Dieter Oehlschläger

Für die Deutsche Angestellten-Gewerkschaft
- Landesverband Niedersachsen/Bremen -
gez. Werner Klimm

Für den Deutschen Beamtenbund - Landesbund Bremen -
gez. Hartmut Voigt

Für den Gesamtpersonalrat
für das Land Bremen und die Stadtgemeinde Bremen
gez. Gerhard Tilsner

Peter Lang · Europäischer Verlag der Wissenschaften

Hans-Joachim Schubert

Planung und Steuerung von Veränderungen in Organisationen

Frankfurt/M., Berlin, Bern, New York, Paris, Wien, 1998.
XII, 290 S., zahlr. Abb., 13 Tab.
ISBN 3-631-32470-7 · br. DM 89.–*

Die Frage, wie Veränderungsprozesse zu behandeln sind, d.h. Planung, Initiierung, Ausweitung und schließlich Stabilisierung von Änderungen in einer Organisation, umschreibt das zentrale Anliegen der Arbeit. Über eine Bewertung vorhandener Ansätze und die verstärkte Beschäftigung mit verhaltenswissenschaftlichen Grundlagen in Zusammenhang mit der Durchführung organisatorischer Veränderungsprozesse wurde versucht, ein integratives Konzept zur Steuerung von Veränderungen zu entwickeln, das als Rahmen für die konkrete Ausgestaltung dienen soll. Fragen der Evaluation von Veränderungsmaßnahmen in Organisationen bilden zusammen mit der Darstellung von Ergebnissen aus einer eigenen Studie zur Evaluation von Organisationsentwicklungsmaßnahmen in Werkstätten für Behinderte den zweiten Schwerpunkt der Arbeit.

Aus dem Inhalt: Veränderungsmanagement · Grundlegende Gestaltungsprinzipien zur Planung und Steuerung umfassender Veränderungen in Organisationen · Organisationsentwicklungskonzept · Strategisches Management · Japanisches Management kontinuierlicher Veränderungsprozesse · Integration entsprechender verhaltenswissenschaftlicher Aspekte

Frankfurt/M · Berlin · Bern · New York · Paris · Wien
Auslieferung: Verlag Peter Lang AG
Jupiterstr. 15, CH-3000 Bern 15
Telefax (004131) 9402131
*inklusive Mehrwertsteuer
Preisänderungen vorbehalten

FSC
www.fsc.org
MIX
Papier | Fördert
gute Waldnutzung
FSC® C083411

Kolibri 360 GmbH
Ferdinand-Jühlke-Straße 7
99095 Erfurt, Deutschland
produktsicherheit@kolibri360.de

Druck:
CPI Druckdienstleistungen GmbH
im Auftrag der
Kolibri 360 GmbH
Ferdinand-Jühlke-Str. 7
99095 Erfurt